社会教育丛书 Social Education Series

From Main in the Street of a Power to People of a Rich and Powerful Country

National Spiritual Transformation Guide

从大国小民到富国强民

国民精神文化转型指南

华智库　刘伯奎◎著

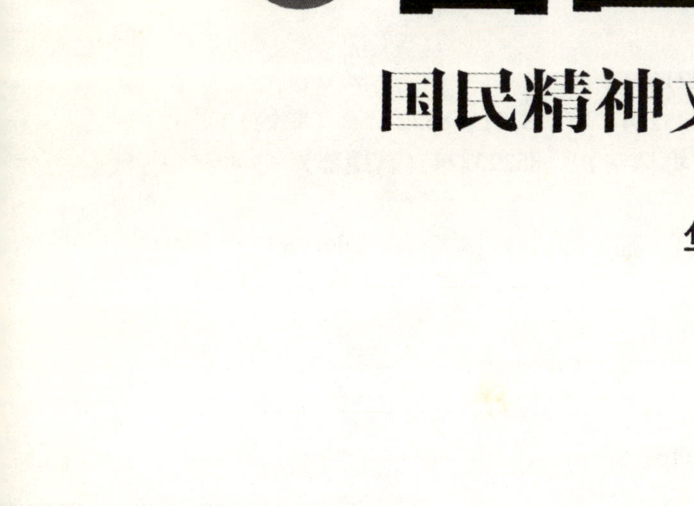

暨南大學出版社
JINAN UNIVERSITY PRESS
中国·广州

图书在版编目（CIP）数据

从大国小民到富国强民：国民精神文化转型指南／华智库，刘伯奎著．—广州：暨南大学出版社，2014.6
（社会教育丛书）
ISBN 978－7－5668－0977－3

Ⅰ.①从…　Ⅱ.①华…②刘…　Ⅲ.①民族精神—研究—中国
Ⅳ.①C955.2

中国版本图书馆CIP数据核字（2014）第065519号

出版发行：暨南大学出版社

地　址：中国广州暨南大学
电　话：总编室（8620）85221601
营销部（8620）85225284　85228291　85228292（邮购）
传　真：（8620）85221583（办公室）　85223774（营销部）
邮　编：510630
网　址：http：//www.jnupress.com　http：//press.jnu.edu.cn

排　版：广州良弓广告有限公司
印　刷：湛江日报社印刷厂

开　本：787mm×960mm　1/16
印　张：13.5
字　数：220千
版　次：2014年6月第1版
印　次：2014年6月第1次
印　数：1—3000册

定　价：29.80元

跨越30年的思考（代序）

“从大国小民到富国强民”这个问题是我在20世纪80年代初大学毕业未久，读了台湾作家柏杨先生《丑陋的中国人》后就开始思考的，至今已有30年。

如果说，一开始是漫无边际的散漫思考，那么，由散漫的思考转入定向分析研究，则始于20世纪90年代初。当时，我写了一组以“我是小市民”为开场白的系列文章，原定在国内某刊物连载，大概是因为文字风格“逆”了什么人的胃口吧，结果，刚发表两篇就被全系列封杀。受此打击，至21世纪初，我开始社区教育研究时，又重新开启“小市民”研究，并且一发不可收拾。其间，先后出版了《中华文化与中国社区》（2005）、《中华文化与〈圣经〉文化》（2008）等5部专著，至2011年，又出版专著《大国小民——中国市民精神解剖报告》和《突发事件社区化解》。2013年，在20余年研究积累出版的基础上动笔，终成《从大国小民到富国强民——国民精神文化转型指南》一书。

回顾自己关于国民性研究的思想成型过程，可以把《中华文化与中国社区》、《大国小民——中国市民精神解剖报告》以及眼下这本《从大国小民到富国强民——国民精神文化转型指南》分为三个解读层次的代表作（其他著述分属于这三个层次）。

其中，《中华文化与中国社区》为第一个解读层次。

《共产党宣言》早就告诉我们，思想的历史证明，“精神生产随着物质生产的改造而改造”。如果说，改革开放30多年来是举国上下从管理体制到行为观念的大变革、大更新，从自我陶醉的梦境中痛苦警醒，开始“物质生产的改造”，以“推动中国人民经济上富裕起来”的过程；那么，社区教育将是一个随着“物质生产的改造”而在人们的日常生活中平静展开、渐次深化，并在人们的工作、学习、生活，乃至日常交际往来中逐步显现其变革价值的“精神生产的改造”。这一改造的价值在于，民族精神文化体系由此按照现代化的要求进行升华更新，进而更为有效地推进“物质生产的改造”。

正是在这样的理念指导之下，我开始研究中国社区（“社区”是“社会”的最小单位），发现中国传统社会（社区）是建立在以小自耕农为主体的自然经济基础上的，并由此形成了传统精神文化体系中的“家族亲情文化”要素（以“胳膊肘朝里拐”为形象描述）与“等级人格文化”要素（以“人分三六九等”为形象描述），并由此推证，当代中国社区教育的历史任务是将传统的原发社区精神文化改造成为现代社区精神文化，继而将现代社区精神文化优化提升为未来社区精神文化。

至于《大国小民——中国市民精神解剖报告》一书，最初定名为《三只眼看上海人》，因为原本是想从“贬、中、褒”三个不同的角度给“上海人”做一次“精神画像”，但是书稿初成以后，向上海的多家出版社屡次投稿不成，几近碰得鼻青脸肿。一气之下转投给人民出版社，人民出版社的责任编辑在看到书稿后回复，“认真拜读后，觉得此书稿对于国民性批判颇有见解，文字也很有力度，具有出版价值”，同时认为书中所谈并不仅仅是上海人，谈的是中国人，谈的是“中国国民性”问题，因此建议我将该书更名为“大国小民”。荣幸的是，该书同样得到了意外的评价。人民出版社的责任编辑认定“本书对中国人目前的精神文化状态拉响了红色警报”。

随后，该书出版时，在将该话语作为全书的宣传用语套红印在封底之后，又加上了从书中摘取的以下一段文字以强化宣传张力：

在中国的国家政治形象、经济形象越来越积极、越来越强大的同时，中国国民的个人精神文化形象在世界舞台上却仍然常常显得消极、弱势。其中一个非常突出的表现就是，中国国民在越来越多地进入国际环境的同时，也正在越来越多地受到“丑陋”的指斥，目标所指，既包括暴发户式的粗俗、张扬，也包括小市民的猥琐、自卑。种种迹象表明，我们这个民族还远没有在精神文化层面上真正觉醒。文化觉醒的任务凸现在我们民族面前，凸显在全体国民面前。

而《从大国小民到富国强民——国民精神文化转型指南》一书的思考重点则是：中华民族从以小自耕农为经济基础的“桃花源”向以市场经济为基础的“地球村”过渡，决不仅仅是经济基础的转型，伴随着经济基础的转型，还将出现上层建筑的适应性调整更新（同样也表现为一种“转型”）。而在整个上层建筑的调整更新的转型中，难度最大且“瓶颈”最多的，则要数至今仍在强有力地控制着全体国民精神心态和言行举止的传统精神文化。

因此，在本书结尾处我提出：“当今时代，一个民族的成员，尤其是普通国民，如果在国内能够坚持自立、自强且勤奋努力，在国外能够保持自尊、自信且能善待他人。同时，身处陋室而能眼观世界，‘先天下之忧而忧，后天下之乐而乐’，保持对外部世界的关注、关心，与外部大环境融洽和谐，那么，他离成为‘地球村’的合格村民也就不远了。”

由此推知，我们这个民族在政治经济生活转型过程中必须认真面对的是，怎样推动与原先的小自耕农自然经济生活相适应的“大国小民精神文化”的优化升华，进而构建与现代市场经济精神文化相适应的“富国强民”精神文化。因此，面对中国的国家形象越来越强势，而国人的形象却似乎存在越来越“被丑陋”的尴尬，需要认真思考探索的是怎样才能通过精神文化转型尽早摆脱这一尴尬？

在本书的中编，特别列出了中西方民族精神文化的20点翔实比对。通过这20点的比对可知，民族精神文化转型看起来很宏大，其实又很细密，可以精确到普通国民个人的一言一行、一举一动。

需要对此比对作出说明的有两点：一是这样的比对具有开放性特点，也就是说，中西方民族精神文化的不同点绝非仅此20点。二是尽管我们民族的精神文化面临着从“桃花源”转向“地球村”的优化升华，但这并不意味着我们对自己的传统精神文化就应当全面否定。而所谓优化升华，应当是一个否定之否定的辩证思考过程，是一个“取人之长、补己之短、当扬则扬、当弃则弃”的扬弃过程。

与此同时，在某种意义上还可以形象地借助“木桶短板理论”作出评价，民族精神文化的优化升华必须是全民意义的，如果只是精英人物的优化升华或者只是部分国民的优化升华，那么这个优化升华的历史任务在事实上就还没有完成。显然，在全民族意义上，要想完成这一精神文化转型过程的周期将是漫长的，是难以一语断定期限的。

从这一角度思考，《从大国小民到富国强民——国民精神文化转型指南》一书由《中华文化与中国社区》、《中华文化与〈圣经〉文化》、《大国小民——中国市民精神解剖报告》和《突发事件社区化解》等前期研究成果一以贯穿而成，它们构成了一个以国民性研究为内在联系的有机系列。

目录

中编

融凝厚重的文化特立

上编

瑕不掩瑜的历史辉煌

作为历史悠久的四大文明古国之一，中国曾经创造了绵延数千年之久的举世瞩目的辉煌成就，并且至今仍然充满生命活力。但不能不指出的是，我们传统文化的辉煌是深深地扎根于以小自耕农生产方式为主体的农业文明经济基础之上的，于是，自 19 世纪中期以来，仰仗着更为先进的工业文明敲开了中国国门的西方列强，在拼命掠夺中华瑰宝的同时，更是竭力以西方文化为标准来丑化中华文化，打击中国人的民族自信。

究竟应当怎样评价我们的传统精神文化，怎样看待来自外部世界的百般挑剔与求全责备？这是我们民族在进入历史转型期以来，必须率先完成思考才能昂首阔步迈向远方的一个重大问题。

伴随着中国改革开放的逐步深化，伴随着中国国门的进一步打开，伴随着中国普通国民与外部世界直接交往面的日渐扩大，国人与外部世界怎样进一步实现交融与和谐的任务目标已经出现在眼前。夸张一点说，如果中国人一旦和外国人接触，很快就会引发“中国人丑陋”等诸如此类的指责批评，恐怕就非常值得认真思考，追究根源所在，进而探索问题化解的有效途径。

将这个问题予以形象化表述，也可以称为“中国人为什么是中国人?”因为只有弄清楚了自己为什么会是这个样子，问题的根源究竟在哪里，才能更为有效地彻底解决问题。这也是撰写本书的主要目的。

第一章 困惑反思：为什么国家形象强势国民形象反而“丑陋”？

笔者在进行社会研究的第一部著作《中华文化与中国社区》(2005) 的开篇，曾经摘引了一则来自国外的报道。据2003年4月21日《报刊文摘》报道，近年来，在国外的不同地方出现了“内容不同但都是针对中国人的”公益广告海报，该报道中引用的三张海报主题均是外国的中文告示。第一则广告的背景图案是一个港湾，中央的旗杆飘着美国的国旗，确切的地点是美国的珍珠港，而广告的主标题是“垃圾桶在此”，副标题是“在美国珍珠港，这句话只写给中国人看!”第二则广告的背景是一座宏伟的教堂，它的名字是巴黎圣母院，广告的标题为“请保持安静”，副标题是“在巴黎圣母院，这句话只写给中国人看!”最后一则广告的背景图是一群庙宇式建筑物，标题是“请便后冲水”，副标题是“在泰国皇宫，这句话只写给中国人看!”

当然，对于这样一篇报道，我们可以找到任意一种辩护理由（笔者就曾经不止一次因为引用这则报道而受到“为什么以偏概全”的指责）。例如，我们不难认定，即使海报对于中国人的这些批评全部是准确的，即使在世界各地都有中国人随地乱扔垃圾、在公共场所高声喧哗，以及如厕以后未能随手放水冲洗便池等情况的存在，这些单个的中国人充其量只能是“一部分”，或者说是“一小部分”，他们不能代表中华民族，更不能代表中华民族总体的、实际的文明水平。何况，这些都是一些小节方面的不文明行为，有着这些行为的人，至多是“不拘小节”而已，有什么大不了的呢……

其实，想方设法地进行诸如此类的应答式辩解是没有意义的，简单地就事论事也是没有任何意义的，因为时至今日，离 2003 年的那篇报道已经过去了 11 年，但问题依然存在却始终是一个不争的事实。而尤其需要我们加以认真思考的是，一个有着五千年文明传统的优秀民族，为什么在和世界开始广泛交流以后，会如此频繁地受到“行为不文明”的指责。

一、为什么国民生活陋习矫正竟然如此之难？

2004 年 4 月 26 日《人民政协报》刊登了一篇《墙上写着字》的批评文章。文章写道：

在国外看到汉字是亲切的，宛如在异乡看到熟人。澳洲也有汉字，很多汉字，其中两处，我看了，心里却至今不舒服。

墨尔本市至菲利普岛的途中有个小动物园，园子萧条而且破败。不过，看上去像是有不少中国人光顾过，所以有了汉字。汉字先是出现在一扇小门前，歪歪扭扭地写着：厕所。与之并列的还有英文与日文。但踏进小门，前行几步，进入女厕后，英文和日文都不见了，只剩下中文。“手纸用后请扔入桶中，便后请冲水”，真是再普通不过的几个字了，小学生都认得。主人把他写了，白纸黑字，贴在墙上，不仅一处，小小的不足 10 平方米的女厕所内，竟贴了三处，都在最显眼的地方。

这是个文明程度并不高的厕所，我指的是它的内外部建设：低矮、潮湿、幽暗、简陋、微臭，与我们国内城市中稍像样点的公厕都没有可比性。然而，就是它，居然还有了嫌弃谁的资格，还如此毫不客气地反复提醒前来的人“手纸用后请扔入桶中，便后请冲水”，只用中文提醒。

无独有偶，悉尼湾的轮船厕所内也有中文，也写着类似的字。

一个很简单的逻辑：日本人和其他洋人懂得上厕所有什么规矩，他们不需要提醒，而中国人却是需要的，因为他们不懂得怎么上厕所，当然，这里主要是指不懂得该怎么上公共厕所的人。我的第一个反应跟自尊心有关，我觉得我们被歧视与侮辱了。但是后来，导游跟我们讲了一个相关的例子：墨尔本一家宾馆大堂里立着垃圾桶，桶分两层，下面扔废物，上面一层铺着细纱，用来掐灭烟蒂。中国人现在有钱了，来澳洲旅游的人很多，简直多极了，到处可见黄皮肤的中国人。中国人也住得起相当高级的宾馆了。但中国人进出宾馆、路过垃圾桶时，习惯的一声“呸”就将痰吐到那一层细沙上了，而且吐得东一处西一处，黏糊糊地挂在桶的边沿。主人于是写了字，汉字，赫然贴在墙上：“请不要往里面吐痰。”

如同厕所人人都要上一样，外国人不是不吐痰，他们吐在纸上，再把纸揉好，扔进桶的下面一层，如此而已。这样的举动并不需要多么高难度的理解力，更无须任何技巧，却被我们忽视了。导游也是中国人，来澳多年，普通话仍然说得字正腔圆，他说：“真是不好意思。”

随着能够自由出国的人群越来越大，中国人在海外引起的不良评价也越来越多，网络上甚至出现了境外媒体对内地一些游客不文明行为做出的七点总结，大意为：一脏：一些内地游客缺乏公德心，不注意公共卫生，所到之处留下满地垃圾；二吵：出外旅游都是三五成群，可能因为难得在海外相聚，都有讲不完的话题，一些游客在飞机上、车船上、餐厅里，甚至在酒店大开着房门，毫无顾忌地大声喧哗；三抢：不守规则，不讲秩序，干什么都要抢先，在航班上时常看到游客争抢行李箱空位，有的还任意摆放行李，堵塞通道，影响后来者；四粗：在一些内地游客身上，看不到对他人起码的尊重及礼仪，如问完路没有一句“谢谢”就扬长而去，不管旅游景点和某些公共场合是否为禁烟区，依然一烟在手，吞云吐雾；五俗：一些中国游客将家乡习以为常、但难与国际接轨的行为举止带出国门，如在豪华酒楼赴宴，竟脱了鞋赤脚搁在椅子上，或盘腿而坐；六窘：衣着不整或不雅，衣着光鲜却举止不适当，同样令人尴尬，如有的人西装革履蹲在街头，有些人身穿睡衣在入住酒店的房间串门，引起其他旅客误解；七泼：一些内地游客在海外遇到纠纷的时候，显得火气特别大，碰到不顺心的事，不是粗言恶语就是拳脚相加。

面对来自世界各地的批评声浪，2006 年 8 月 16 日，中央精神文明建设指导委员会办公室（以下简称中央文明办）、国家旅游局向社会公开征集“中国公民旅游不文明行为表现”和“提升中国公民旅游文明素质建议”。与此同时，中央文明办、国家旅游局将组织专家对征集作品进行评审，选取部分质量高的应征稿件在媒体刊发，并依据作品质量选取20位优胜者给予奖励，颁发证书。奖励名单在中国精神文明网和中国旅游网等网站公布。

“近几年来，一些中国公民的旅游陋习，严重损害了中国‘礼仪之邦’的形象，引起海内外舆论的广泛关注和批评，人民群众反应强烈。”中央文明办协调组组长李小满表示，国家将用3年左右的时间实施“提升中国公民旅游文明素质行动计划”，维护国家的荣誉和尊严，增强国家的“软实力”。

然而，情况并没有得到改变。2011年，《南方周末》重新摘登了石岩、马捷宁于2006年9月28日在该报发表过的文章《中国游人，你丑陋吗?》，文中写道：

“中国人，便后请冲水”，“请安静”，“请不要随地吐痰”……这种仅以简体中文标出的警示牌，正在中国人出境游的主要目的地国——法国、德国、日本、泰国、新加坡等频现……

中国人是最讲究面子的。当今中国，走出国门这一行动本身就是一个非常有面子的事，而能够走出国门的中国人与没能走出国门去的人相比，往往也多为有身份、有面子的人。可是，正当这些人理应以自己的文明举止来显现自己的身份、面子时，当一批又一批的中国人重复着诸如此类的不文明行为却似乎从未感觉到自己的不文明时，问题就不是那么简单了。

二、为什么国民陋习百年以前就受指斥却至今犹存?

如果有谁难免对这种直言不讳的“负面报道”感到不满，很自然地就会以“只是个别人所为”来进行推挡，何况，诸如此类的问题，毕竟只能属于“小节”问题。也许正因为是基于这样一种认识，当年，柏杨先生在其演讲集《丑陋的中国人》中对国民日常生活表现从诸多方面进行了细节批评，一时间竟然会在全国引起强烈反弹就应当不难理解了。当时，相当一大群人挥笔直书：“英俊的中国人”、“中国人丑陋吗?”……声势之大、声浪之高，也曾经热闹一时，但喧嚣过后，反驳者心满意足地“鸣金收兵”了，再看国人的言行举止（也就是被柏杨先生指斥为丑陋的言行种种），由于不再被人关注而照样滋生蔓延，甚至随着普通国民活动范围的扩大，一步一步蔓延到了国外，变为由外国人来直接抨击了！

其实，只要我们冷静地进行反思就不难回忆，外国人鄙视、排斥中国人的言行举止习惯，并非始自当今时代，而是早在百年以前就发生了，这其中最为典型的事件，莫过于曾经一再被视为中华民族深受帝国主义凌辱的标记的、据说当年在上海租界公园门口高挂过的、所谓“华人与狗不得入内”的那块牌子。

近几年来，经多方人士的调查考证，一个已经基本清楚的历史事实是，将“华人与狗不得入内”作为中华民族深受帝国主义列强凌辱的铁证，实际上从一开始就有点“风马牛不相及”。这里，借用《先锋国家历史》2008年6月号的一篇综合论述文章《上海百年：那块“华人与狗不得入内”的地方》（作者：黄艾禾），将这一事件至今仍然值得反思的部分简述如下：

这起一百多年前的事件发生地，就在今天的上海黄浦公园，当时属于“英租界”范围，建造之初，就和跑马场、英国总会、德国总会一样，定性为“专为外国人使用”。

1881年，公园已经建成13年。就在这一年的4月5日，虹口医院的华人医生恽凯英等8人路过外滩，想进公园时，被门卫挡住了。气愤之下，他们第二天给工部局的总董韬朋（Thorburn）写了一封英文信：“先生：我们都是租界的居民，而且是纳税人，想请问你有什么条文规定中国人不可以进入公共花园?”4月20日，韬朋的回信来了。他称：“公园不大，不可能让所有的中国人都进来游赏。门警曾得到过指示，只让文雅的衣冠整齐的中国人进入花园。”4月25日，韬朋又一次回信，说：“工部局并不认为中国人有进入花园的权利。”他说，工部局是根据十几年前的英国驻沪领事温斯达致上海道台的一封信作出的这个决定。温斯达在这封写于1868年6月20日的信中说：“这块地方（公共花园）是给在上海的外国社区的居民作为娱乐场所或公园之用。”信写了一个多月后，外滩公园于当年8月8日正式开放。而且当时的上海道台对此并没有表示出一个“不”字。

华人们的第一次抗议没有产生什么实效。4年后，即到了1885年，工部局打算扩展外滩公园。很自然地，华人们的抗议又来了。这次带头发难的是唐茂枝等 8 人，唐茂枝乃是怡和洋行的买办，其余七人，或是曾经的海关总翻译，或是房地产富商，或是教堂牧师，他们都无不属于“上等华人”之列。11 月 25 日，他们联名给工部局写信：“中国人与外国人在使用公共花园方面遭受到不同的对待是令人不满的，希望工部局想些办法来消除这种招人怨恨的矛盾。”他们指出：“工部局拒绝华人入园，仅仅是从种族方面来区别，这不管以权宜之计或国际礼仪作为理由，都是站不住脚的。”

而且，令他们最感气恼的，是外滩公园连日本人和朝鲜人都可以进，独独中国人不能进！唐茂枝等人一边抗议，一边也给出建议：可以给华人发券，允许部分“高贵阶层的中国居民”入园。这次抗议得到了媒体的声援，《申报》连篇累牍发表文章，抨击工部局，上海的华商团体也为此联名上书。

在压力之下，工部局只得同意花园自 1886 年 5 月 4 日起有条件地向中国人开放，让华人凭券入园，每券限用一星期。据统计，在 1889 年那一年，共发了 183 张。

但是，自从允许中国人入内之后，老问题又回来了。原来，外滩公园始建于 1868 年，开园之初，中国人是可以进去游玩的，为什么直到 13 年后的 1881 年才不准中国人进去了呢？根本原因就在于中国人对于公园环境的糟践。在外滩公园允许华人凭券入园后，华人“有挟妓以入者，此已犯西人之所忌，而妓又爱花成癖，往往一见鲜花，必欲折取”，“中国人入适园后，往往不顾公益，任意涕唾，任意坐卧，甚而到大小便亦不择方向……”1919 年出版的《上海游览指南》称：“此公园建筑之初，西人亦本有中外与共之意，因华人既人数众多，占其良好之座位，复因无公德心之华人，箕踞眠卧，遍地吐痰，以致见憎于西人，大下逐客之命，使华人如观海上三神山，可望而不可即，五十余年来不能分其一席之地也。”

今天，根据所能查到的工部局最早的相关文件，是 1885 年的《公共租界工部局巡捕房章程》第 24 项的 6 条规定，其中第 1 条说“脚踏车及犬不准入内”，第 5 条说“除西人之佣仆外，华人一概不准入内”。这其中，就难免包含着工部局因为部分中国人言行举止不文明，却又不肯虚心接受管理，被迫无可奈何地对中国人“全面排斥”。

但为什么仍然有那么多的文人、名人言之凿凿地说，他们确实亲眼看见过“华人与狗不得入内”这块牌子。对此，上海社会科学院副院长熊月之先生在《关于上海外滩公园的历史记忆》一文（该文于2006年“首届‘晚清国家与社会’国际学术讨论会”上发表）中写道，当年洋人限制华人入内很重要的一条理由，就是华人不守公德、摘花践草。但是，为什么在1900年以前的文献中，并未见到将公园规则第一条和第五条相提并论的情况，到1900年以后“相提并论”就多起来了？这有两种可能：一是1900年后公园确实出现过写“华人与狗不得入内”的牌子；二是民族主义兴起后，人们很容易从这种公园规则中品出辱华的味道，从烦琐的规则中演绎出简单的“华人与狗”。

一个简单的“条款合并”，就彻底改变了问题的原意，同时也转移了原本应当重视的问题焦点，而理应冷静地自我反思却在情绪激昂的指斥中被遗忘了。

这样的冷静反思早在当时就已经出现，《上海百年：那块“华人与狗不得入内”的地方》一文提道：1913年，时任北京大学教授的杨昌济先生就这样写道：“试观汉口、上海之洋街，皆宽平洁净，而一入中国人街道，则狭隘拥挤，秽污不洁……上海西洋人公园门首榜云：‘华人不许入’，又云：‘犬不许入’，此真莫大之奇辱……平心论之，华人如此不洁，如此不讲公德，实无入公园之资格。”杨昌济说，西方人虽然是欺人太甚，但中国人如果不改习惯，“养成与西人平等交际之资格，则此等耻辱终湔洗之期”。

令人遗憾的是，像杨昌济先生这样冷静理性的反思，后来几乎全部被情绪化的反驳式指斥淹没。时至今日，新中国成立已经60余年了，从100年前外国人只要在中国占有一块地方，马上就宣布“华人不得入内”，到今天，虽然中国人走向世界了，但不受欢迎的大有人在。这其中，中国人的言行举止乃至于待人处事的做派，仍然一直是导致“被丑陋”的重要原因之一。

三、为什么国人读书学习早就被西方指斥“丑陋”？

如果说，我们这个民族人分“三六九等”，普通国民因为常年生活在社会底层，接受教育较少，以致言行举止方面不够文明而被西方世界指斥“丑陋”，尚且可以理解，那么，被国人代代相传、人人引为自豪的“爱读书、爱学习”的优良传统，早在一百多年前国门初开之时，就同样被洋人发现“丑陋”而评价不佳，恐怕就有点费解了。

然而，历史早已无情地将其记录在案。早在19世纪60年代，经历了“鸦片战争”的惨败的中国，终于于1861年开始了“洋务运动”，而此后不久，日本于1868年开始“明治维新”，两个国家先后派出大量人士前往欧洲。当时，普鲁士铁血宰相俾斯麦看到了来到欧洲的中日两国人士的不同学习态度。梁启超在《变法通议》中写道：“同治初年，德相俾斯麦对人说：‘三十年后，日本其兴，中国其弱乎？日人之游欧洲者，讨论学业，讲究官制，归而行之；中人之游欧洲者，询某厂船炮之利，某厂价值之廉，购而用之。强弱之源，其在此乎。’”应当看到，在那样一个年代能够迈出国门的中国人，几乎没有一个不是精英式人物，没有一个不是符合官方认定的文明规范的。然而，俾斯麦恰恰面对这样一些来自古老中国的精英人物作出了“30年后，日本将兴起，而中国将衰弱”的预言，偏偏俾斯麦一言中签。1894—1895年爆发甲午战争，中国惨败于日本，国际地位一落千丈，而日本进入列强行列，时间也恰恰过去了30年！

如果说俾斯麦首相作为政治人物，他的这一番话还难免有点算命先生式的“言简意赅”，用语措辞还显得比较婉转，那么，20年后，1883年8月24日，在美国出版的《科学》杂志上，全文刊登了美国物理学会第一任会长亨利·奥古斯特·罗兰在美国科学促进会年会上发表的题为“为纯科学呼吁”的著名演讲，其用语措辞就严厉得多了。这是一篇美国科学发展史上的经典文章，它曾经直接影响了美国科学的发展。而在这篇演讲中，罗兰认为：“中国人已远远落后于世界的进步”，“我们现在只将这个所有民族中最古老、人口最多的民族当成野蛮人。”而他将中国人认定为“野蛮人”的依据，竟然是中国人的读书学习方式！

我们不妨看看罗兰究竟是怎样说的。在《为纯科学呼吁》一文中，他写道：“我时常被问及，科学与应用科学究竟何者对世界更重要，为了应用科学，科学本身必须存在，如停止科学的进步，只留意其应用，我们很快就会退化成中国人那样，多少代人以来他们都没有什么进步，因为他们只满足于应用，却从未追问过原理，这些原理就构成了纯科学。中国人知道火药应用已经若干世纪，如果正确探索其原理，就会在获得众多应用的同时发展出化学，甚至物理学。因为没有寻根问底，中国人已远远落后于世界的进步。我们现在只将这个所有民族中最古老、人口最多的民族当成野蛮人。……当其他国家在竞赛中领先时，我们国家（美国）能满足于袖手旁观吗？难道我们总是匍匐在尘土中去捡富人餐桌上掉下的面包屑，并因为有更多的面包屑而认为自己比他人更富裕吗？不要忘记，面包是所有面包屑的来源。”

弹指一挥间，谁能想到，百年以后，中国人竟然用自己的行为证实了罗兰先生的百年指责——中国人仍然“匍匐在尘土中去捡富人餐桌上掉下的面包屑”！

2010年2月20日，《环球时报》报道《德国颁“剽窃奖”给中国产品　称仿冒品54%来自中国》。

《莱茵邮报》18日报道，法兰克福展会近日公布了2010年“金鼻子剽窃奖”，共有11个奖项。其中，来自中国的获奖产品最多，共有5个。中国广州市某酒店的一款刀具商标和外形都被认为“剽窃”索林根市双立人的刀具，获得特别奖。此外，来自上海的一款冰块容器，还获得“剽窃一等奖”。而另外的来自中国宁波、广东的3款产品获得优秀奖。

文章还表示，德国每年因仿冒造成的损失多达300亿欧元。在被欧盟查获的仿冒产品中，有54%是来自中国。不过，报道也承认，仿冒是个“全球化的问题”，除了中国，也有来自波兰、卢森堡和意大利等国家，甚至德国本地也有仿冒者。

2012年7月间，中新社又有一则报道震动了中国社会：《279名中国赴新西兰留学生材料造假》（记者：刁海洋、肖冥思），报道称：据新西兰《先驱报》报道，新西兰移民局近期对来自中国的1 800份留学申请材料进行随机调查时发现，有超过15%（279份）的申请存在假学历、假银行证明等情况。目前，有48名学生已经离开或尚未入境，其余231名中国学生全部身在新西兰，他们目前分散在20所不同的学校进行语言学习。同日，人民网堪培拉7月12日电（记者：韩超、王佳可），称：据澳大利亚广播公司12日报道，新西兰已经开始启动相关程序，驱逐部分涉嫌伪造签证申请文件的中国留学生。

伴随着中国改革开放的逐步深化，伴随着中国国门的进一步打开，伴随着中国普通国民与外部世界直接交往面的日渐扩大，中华文化与西方文化如何实现交融的问题将日益出现在普通民众的面前。夸张一点说，如果中国人和外国人一接触，很快就会引发“中国人丑陋”等诸如此类的指责批评，恐怕就非常值得认真思考了。

将这个问题予以形象化表述，并力求以形象化的思考追根求源，探索更新的成功之路，这也是笔者撰写本书的宗旨。

第二章　上溯求源：国人陋习难改是因为“文化”吗？

通过上一章文字不难看出，100 多年来，我们就一直面对着逐步推进到中国国民面前的“中西方文化交融”方面的问题，即我们与西方之间，在精神文化方面客观地存在着相互排斥的成分。这就像人体器官移植，原本长在甲身上的器官现在移植到乙的体内，甲的器官与乙的身体内在的不同质性导致双方未能成功实现“有机融合”，从而出现了“排异”。

进一步思考，随着 30 多年来改革开放的逐步深化，中国普通国民走出国门去国外留学、经商，甚至移民定居已经不是什么新闻了。那么，诸如此类的“排异”问题是否已经得到解决或者正在消解？

这个问题其实远不是因为一句简单的“解决了”或“没有解决”就不再是问题了。

首先，可以看到，当今中国的开放程度已经与过去的“闭关锁国”不可同日而语了。仅据 2012 年 7 月 14 日上海《新闻晨报》报道，7 月 12 日，美国国务院受理的中国公民签证申请比上一年同期猛增 43%，突破了百万大关。另据《中国教育在线》2012 年 6 月 25 日讯，2012 年北京参加高考的人数是 7.3 万余人，而这届学生在 2009 年中考的时候人数为 10.3 万人。记者从北京市部分中学名校了解到，2013 年高考前收到国外大学录取通知书的毕业生人数上涨了 40% 左右，其中，被世界知名高校录取的学生比例也在大幅上升。而 2011 年中国出国留学人数达 35 万人。至于普通国民出国经商、移民的，数额就更大了。

面对如此高涨的出国热情，中国国民与世界各国在行为文明到精神文化心态方面的对立与冲突，是否也进入了快速消解的阶段呢？

答案恐怕难以令人满意。固然不能说依然如故，完全没有消解，但是，一个显而易见的事实是：离成功化解显然还有着非常遥远的曲折路程。

我们不妨根据近年来官方媒体从国外发回的相关报道中，“管中窥豹”地考察一下这个问题。

一、中国企业在海外暴露的是文化问题吗？

中国在海外经营的企业可以分为民企与国企两类，我们不妨先看一下民间企业在国外的境遇。

2004 年，浙江温州鞋商在西班牙埃尔切市遭遇了鞋店仓库被当地游行示威者烧毁的事件，而此前，在俄罗斯、德国、意大利、法国等国家也先后发生了中国商人在经营国遭到排挤打击的事件。究竟是什么原因导致中国商人在国外如此令人讨厌呢？

“西班牙烧鞋事件”发生后，有关方面在调查总结中发现，在诸如此类事件中，中国商人中某些人的所作所为实际上已经成为刺激事件发生的负面原因。例如，埃尔切市制鞋业协会总书记门德斯表示，中国商人仿造高档商品，不为西班牙政府向消费者收取增值税，不遵守西班牙政府规定的营业时间，星期天和节假日也营业，每天的营业时间特别长，有时候甚至半夜还在做卸货等工作，这都是西班牙法律不允许的；还有，中国鞋商不遵守西班牙政府规定的卫生标准，鞋店门前卫生情况不佳。

曾较早报道西班牙烧温州鞋事件的《温州商报》记者告诉《经济》杂志，西班牙中国商会执行主席、西班牙 3E 国际集团董事会主席王绍基曾私下告诉他，为了抢地盘，某些温州商人互相之间免不了斗来斗去。他们拉帮结派扎堆到一个地方，发展了一定时间后，就会变得比较蛮横和傲慢，在发生纠纷和问题的时候，甚至会采用和当地人武斗的方式解决。而且还有人在公开场合举止过于随意，表现令人失望。你守时，我就迟到；你安静，我就喧哗；你整洁，我就纸巾满地扔。据媒体报道，一个中国商人在意大利的一家高级商场里吸烟，店主劝说无效，只好派一个专人手持烟灰缸跟随他。作者认为，现在欧洲发生的很多纠葛中国人的事件已经成为这种对中国商人行为不满的延伸。

王绍基先生在接受《南方周末》记者采访时指出，温州鞋商在西班牙既没有保持在国内已经形成的良好的企业文化，也没有主动去融入当地的文化，而是靠打价格战，不仅与当地商人打价格战，而且温州人内部也打价格战。许多质量相当稳定、在国内知名的温州品牌，到了西班牙也就只能到打价格战的鞋城销售，好产品变成了低档货。结果，温州鞋商在互相伤害的同时，又被当地商人视为共同的敌人。

埃尔切人对温州商人不满的另一原因则是，内地来的中国商人赚了钱从来不肯承担社会责任，“认进不认出”。温州移民在异域经商始终处于一种自我封闭的状态，即使在做生意的时候，也是派其中一两个能够与当地人沟通的人负责商谈各种事宜，其他人只在温州人自己的圈子里面生活，不与欧洲主流社会积极交往沟通，“鸡犬之声相闻，老死不相往来”。

2011 年 7 月 16 日，中国新闻网报道《析旅西华人抱残守缺地融入观念　从政府发布会谈起》（记者：九柏），文中称，随着今年年初西班牙各地方大选的拉开，许多重要城市的政权进入新老交替时期，这一时期除政权交替之外，新任政府也会更改前一届政府的各种施政纲领，以完善前任政府在执政过程中所做的不足之处。6 月 30 日下午，由巴塞罗那市政府、加泰罗尼亚商业联合会及街道商户社团联合举行的，专门针对华人中小型企业的中文信息发布会，就近期巴塞罗那商业、服务业、公司企业等相关的法律、政策、信息的变更和改动拟与华商们进行沟通和交流。然而，让主办方大失所望的是，尽管主办方在会议举行的前一个月就前往批发街、仓库区及 Fondo 华人聚集区广发宣传帖，号召华人代表、华商代表前来参加这个非常重要的信息发布会，但是 30 号下午前往会场的只有 2 名华人代表和几名华文媒体记者……

2010 年 9 月 8 日，《环球时报》驻外记者的一篇《海外华人形象频遭非议　不文明行为常引冲突》的联合报道同样值得关注。现摘录如下：

几位中国专家对《环球时报》记者表示，海外华人的形象其实就是发展不均衡中国的缩影，就像在北京同时存在高楼大厦和脏乱差的地方。要想给世界留下中国人文明、素质高的形象，恐怕还需要几代华人的“刻意为之的努力过程”。

在俄罗斯，中国人以勤劳肯干和报酬低廉深得当地雇主的青睐。《俄罗斯报》曾报道称，相比独联体国家移民，俄罗斯雇主更愿意雇用中国劳工。不过，在许多有关在俄中国人的新闻里，华人勤劳的美德被淹没在俄罗斯记者对他们污染环境等的指责中。不久前莫斯科切尔基佐沃夫市场被突然关闭，俄媒体称理由之一就是华人搞得这里环境脏乱差，“市场里的垃圾要用推土机来运”。

离开了切尔基佐沃夫大市场，一些华商好不容易找到新的落脚地，但抱怨却接踵而来。《环球时报》记者日前从俄罗斯中国总商会了解到，莫斯科市政府已经正式通知总商会，称收到大量投诉，指责华商素质低下，把位于市东南名为“莫斯科”的商贸中心“变坏了，变不文明了”。

在捷克斯洛伐克等东欧国家，20世纪八九十年代，前往“练摊”的一些“中国倒爷”曾在当地做出不负责任地给房东留下大笔电话费、逃避社会保险金、偷漏税等事，给当地留下不好的印象。至今《环球时报》记者居住的楼里一旦出现点脏乱，该楼一名当地老人立即会把怀疑指向中国租户。

至于在海外生产经营的部分国有企业，也同样与所在国存在精神文化方面的冲突。

据一份在网上广为传播的博客报道《阿尔及利亚“排华”风波：注意“孤立事件”中的非孤立因素》（博主：陶短房；时间：2009-08-22 15：35：02），博文中写道：“当地时间8月3日，在阿尔及利亚首都阿尔及尔市郊，爆发了中国人和当地人之间的冲突。这场冲突被某些媒体称为‘排华’风波，而被另一些媒体渲染为‘中国侨民寻衅’，尽管事件旋即平定，人员伤亡和物质损失也并不严重，却在倏忽之间惊动天下。”为此，该篇博客从中国企业的管理行为和中国人在当地的言行举止等多个角度，探讨了冲突的内在原因。在谈到中国企业的管理行为时，文章写道：

中国在非洲各地热衷于接手大型项目，这些项目往往是政府间合作，收益大多归于政府的“私人”，而所在地居民获利甚微，加上中国公司习惯于大量雇佣中国籍员工，令当地民众有丧失工作机会之憾，如处置不当，便极可能引发冲突。在阿尔及利亚和许多非洲国家，法律规定必须雇佣一定比例的当地工人，但由于当地工人的个人素质和工作效率较低，且在中方看来“不听招呼”、不便管理，因此经常绕过法律条文，超额雇佣中国劳工。如在阿尔及利亚，住房部（AADL）招标项目的当地用工比例不得低于50%，但许多中国中标项目，所用中国劳工比例都达到80%~90%。非洲是平均失业率最高的大洲，这类做法虽有一定苦衷，但客观上却危及当地人的根本利益，是酝酿一个个“孤立事件”的普遍性温床。

传统上，中国企业、项目在非洲习惯于用“封闭式管理”来避免类似事件发生。但随着中非经济交往的多层次化……“封闭式管理”在封闭了麻烦的同时，也封闭了沟通、交流及融入当地社会的渠道，让中国人在当地成为格格不入、“老死不相往来”的神秘人群，一旦偶发“孤立事件”，矛盾很可能因沟通和认识障碍而扩大、蔓延。

很显然，埃苏亚区所发生的事是孤立的、偶发的、瞬发的，但酿成类似孤立、偶发、瞬发事件的因素，却在非洲许多地方不同程度地存在。

二、中国国民在海外暴露的是文化问题吗？

2010年10月16日，在北京举办的中国国际教育展上，美国乐学网市场运营副总监帕特李夏·萨默思表示，这家公司目前正在加紧进行美国文化评估测试的开发，并将于2011年秋季率先在一批美国大学试点推广。具体地说，就是美国决定对申请赴美求学的外国学生认识美国文化的水平和融入美国社会的准备程度进行评估，其他企业和机构也可通过这项测试对在美工作的外国人进行跨文化交流的能力测试。

美国乐学网国际交流部主任西丽雅·华格娜指出，通过与全美主要高校的招生办公室密切合作，他们了解到，许多赴美留学生的英语考试分数很高，但这并不代表这些学生可以在美取得很好的学术成绩。而来自中国留学服务中心的数据显示，2009年中国赴美留学人数达到98 510人。但一些学生由于缺乏文化适应能力，无法融入美国社会，也出现了心理问题，引发极端行为。

据中国广播网2012年4月8日报道（全球华语广播网　欧盟观察员刘杨），中国80后海外留学生不堪学业压力，自杀事件已经频频发生。为此，中国在国外的使领馆教育处开始对此类事件密切监督，他们要求，学生出国的第一件事就是要在所在国中国使馆教育处报道注册，然后加入当地的学联组织，最起码在生活无助的时候还有其他人可以向你伸出援助之手。可是就算这样，还有一些中国留学生生活得过于分散，有些学生还故意避开教育处、学联这样的组织，因此仍然有一部分学生因不适应环境，学业或者生活压力过大导致精神和身体出现问题。

而更有一些对留学环境难以适应者，则干脆打道回府，重新回国读书。例如，2011年10月20日《武汉晨报》刊登了《留学失败回炉充电　武汉“富二代”回国上技校》（记者：杨佳峰、焦阳），文中写道：“近日调查发现，各高校举办的中外合作办学机构或者国际教育学院，每年总会接纳数量不等的海外留学生‘回炉’。仅在武汉理工大学国际教育学院，2 000名在校生中就有20多人。还有的人回国后干脆不再追求高学历，转而去读毕业以后职业取向比较好的中等技术学校。”所学专业难过关、国外生活难适应，是导致他们留学失败的主要原因。

当然，对这些学生来说，最难以适应的还是学习。国外学校没有国内这样的编班，每天在教室里，身边的同学他都可能不认识。每周只有一两节课可以讨论问题，其余时间总是孤军奋战。而想向老师请教问题，还需要提前预约。国外的课程看似很少，但在课下的时间依然很紧很吃力。假若出勤率降到80%，学校就会警告，第二次移民局可能就会来函通知，弄不好还会吃官司。

至于为什么会出现学习困难的问题，有的人则是因为当初对出国留学的误听误信，以为国外留学是一片“自由的天地”，于是，为了出国，在申请材料中造假、作弊。例如，英国著名的纽卡斯尔大学早就注意到华人留学生申请材料造假的问题。仅2008年，就共有50名中国留学生在11月被学校开除，其中包括49名大陆学生和1名台湾学生。其中有33名研究生，17名本科生。至于本书前面提到的新西兰一次查出中国留学生279人申请材料造假，更是近年来的一个典型案例。

国外生活难以适应，更是“富有中国特色”，年轻的小伙子、大姑娘在家生活有人照顾，但到了国外就要自己管自己，此外，在国内办一张信用卡很容易，在国外却异常复杂，各种证明跑出来都不容易，用钱方面很不方便。

而在留学国站住脚后，又难免有人将在国内“见多不怪”的行为照搬到国外，以致触犯侨居国法律，留下“一失足成千古恨”的遗憾。

据2011年9月4日中国新闻网转发英国《华商报》报道：“记者从英国巴斯大学获悉，近日三名中国留学生因涉嫌考场舞弊被捕，三人中两人已被正式起诉。而根据巴斯大学记录在案的材料，中国留英学生替人代考在过去十年从未停止过。”

2012年5月18日中国新闻网报道《中国留英高材生代考获刑引关注　英媒：莫酿千古恨》，文中写道：“据英国广播公司BBC英伦网报道，留学英国名校的中国高材生、24岁的余俊骅（Junhua Yu），持有伪造护照替非法移民考英语，被判刑一年。”

“在余被捕后，其背后的人口走私犯罪的团伙成员也相继被逮捕。为了赚取数额不菲的替考费，被揭发进而锒铛入狱的案例，余已经不是第一人。”

伴随着国民向海外移民的人数逐渐增多，中国人与当地人发生的种种矛盾冲突也在增多。其中，国人把自己在国内“见多不怪”的生活陋习照搬到国外的日常生活中，也是引发矛盾冲突的原因之一。

例如，网上有一篇题为“阿曼的医院为何仅向中国人收费”的文章广为传播，文中写道：

阿曼虽是一个仅有200多万人口的阿拉伯半岛小国，经济上也排不进世界最富国家行列；然而，实行的却是全民免费医疗和教育制度。不仅从幼儿入托到大学毕业全部费用都由国家负担，而且看病、吃药、开刀、住院所有支出也无须个人掏一文钱。尤其值得称道的是，这样的医疗制度还同样适用于在阿曼的所有外国人。望着如此好事，一些在阿曼的华夏子孙便拨响了自己的如意算盘。

为了节省房租，一些华夏子孙要么没病装病要求住院；要么小病装大病乞求住院；要么病愈装没愈赖着不出院。久而久之，阿曼有关方面在万般无奈的情况下，竟像《水浒》里被牛二激怒的杨志一样，居然手起刀落地对医疗免费制度进行了修改：除中国人外一律免费。

此制度一出，到医院作假的华夏子孙顿时烟消云散消失了踪迹。运行一段时间以后，面对这种犹如“华人与狗不准入内”的歧视性规定，和中国关系一直比较友好的阿曼也自觉不太妥当，但同时又担心作假的华夏子孙会旧习不改卷土重来，于是对制度再次进行了修改：凡外国人一律收费。

还有网帖写道：“中国人的贪小便宜已经在国外激起‘鄙视’，例如，美国购物讲究诚信，一般一个礼拜之内凭发票可以退换，电器一个月内都可以换。于是就有中国顾客将买的衣服在规定期限去换新衣服或者退钱，这样就可以永远穿新衣服。”

令人遗憾的是，诸如此类的矛盾冲突即使在逗留国外时间较长的国人身上也是频频出现。例如，有的人已经移居国外，却仍然以在国内养成的社区言行规则来应对国外的社会生活规则，以致同样发生冲突。

[案例 2－1]

2013 年 8 月 7 日，《深圳晚报》转载美国《侨报》的报道（原标题：公园里排练声大遭投诉 纽约华人舞蹈团被控罪）。

报道称，纽约布鲁克林的日落公园成为华人晨练、休闲、健身的重要场所，但随之而来的音乐扰民问题不断遭到周围其他族裔的投诉与抗议。日前一支华人舞蹈队在该公园排练时，遭到附近居民的多次报警，前来的警员将领队王女士铐起来并开传票，王女士 6 日出庭应诉。

据悉，这支华人舞蹈队在日落公园十分活跃，凡是华人社区的大众性活动或大型活动，都会出现她们的身影，为中外民众展示腰鼓、中国传统舞蹈等。平日里这支队伍就在布鲁克林的日落公园里排练，但因前去该公园锻炼或跳舞健身的华裔民众越来越多，且华人大多喜爱在音乐的伴奏下大跳集体舞或交际舞，结果总是引来不堪这些音乐与噪音骚扰的周围居民的抗议与抱怨。日前这种抱怨升级至报警。而警方给王女士列出的控罪理由是：“在公园内没理由地制造噪音。”

据《侨报》后续报道，对于被邻居以练舞时噪音扰民而告上法庭的舞蹈队领队王女士，法官念其是初犯作出了销案处理，不过法官警告称，如果她第二次再收到同类传票，将追究其责任并作出处罚。王女士当庭承诺，不会再有下一次。

[**案例** 2-2]

2013 年 8 月 10 日《新闻晨报》刊登报道《纽约华人沿街晾晒内衣裤 当地居民愤而投诉》（晨报记者：徐惠芬）。

美国《侨报》称，近日，在华裔新移民比较集中的布鲁克林日落公园地区，会见到不少沿街阳台或花园里有晾晒的内衣内裤在空中飘舞。据美国警员介绍，一些不堪忍受华人当街或在公众视野内晾晒内衣内裤的当地居民经常愤而上门，希望华人能将内衣内裤收到隐私的地方晾晒。但是，不少临街的华人经常以“no English”（不会英语）回答，弄得老外邻居没有办法，只得转身向警局投诉。

对此，美国警方表示，尽管没有法律规定不能晾晒内衣内裤，但警局接到投诉后，一般都会上门劝阻。警方建议，华人居民可以考虑在屋内或不沿街的后阳台或后花园内晾晒内衣内裤，尤其是内裤更不要晾晒在公共视野内，这是美国当地最基本的习俗与习惯，希望华人居民也能遵守。

除了美国外，在欧洲国家也发生过华人晾晒内衣内裤惹警察上门的事情。2012 年 9 月，一名华人女士从北京飞到英国伯明翰南部，与新婚的英国籍先生开始共同生活。由于初到英国的几天都下雨，一日天晴，这名女士就将洗好的内裤挂到窗把手上晾晒，然后出门。回家后，有人告诉她，当日有邻居来敲门，说看到窗户上晾着女性内裤，表示诧异，问这儿是不是提供色情服务。为了避免误解，这名女士很快将内裤收了回来，但没想到还是收到了当地警察局的来信，称附近居民向警局投诉，该住户可能在从事“非正常活动”。

三、国民“陋习难改”也是因为文化问题吗?

通过前两小节的剖析，应当不难看到，随着国内改革开放的逐步深化，随着普通国民与国外交流往来的逐步深入，国民“陋习难改”的问题似乎越来越受到“国际非议”，而要想为此找到一个最为简捷的辩解理由，莫过于要认定普通国民的相关教育没有及时跟上。

事实也是如此。几十年来，新中国对国民的文明教育始终是抓得很紧的，但是，认真反思，这一抓得很紧的工作实际上并不是在全民意义上展开的，而始终是针对某一部分人群，尤其是重点人群展开的。

例如，改革开放以前，出国留学、出国经商、出国务工人员原本相对较少，这些少数人在各自的行业领域往往原本属于精英，一旦被选中出国，那就还要接受另外的专门培训，合格后才能派出去。显然，经过如此的选拔与教育，其在国外理所当然地会表现得比较文明得体。至于在国内工作生活的绝大多数老百姓，在他们的日常生活与工作、学习中，既没有与外国人直接交往的机会，更谈不上接受这一方面的教育、培训了。因此，他们在这一方面缺乏应有的礼仪知识，不懂得如何规范自己的言行也就没什么可奇怪的。

与此同时还应当看到，尽管教育是必需的，但教育并不是万能的。尤其是新中国成立几十年来，针对国人在言行举止方面的“不文明表现”的大规模教育从来都是紧抓不放的，为什么至今仍然“事倍功半”，甚至“事倍功微”？显然，这与其曾经长期的生活现状有着密切的内在联系，多年习惯成自然，这远远不是几次正面教育就可以彻底改变的。

我们不应当忘记，对绝大多数国人来说，家中有卫生间、厨房，有个人使用的房间，也不过就是近几年才开始的新生活。毛泽东曾经说过一段非常著名的话：“在阶级社会中，每一个人都在一定的阶级地位中生活，各种思想无不打上阶级的烙印。”如果把这一段语录略加改动，“在阶级社会中，每一个人都在一定的社会阶层中生活，各种思想无不打上阶层的烙印”就可以非常形象地说明“国人为什么被丑陋”的问题。大家都知道，媒体上常可见到一些由贫寒的社会底层起步的成功人士的报道，其中，记者也会在字里行间透露，即使他们已经成为千万富翁、亿万富翁，仍然会不经意地保留着当年贫寒时期养成的生活习惯，甚至还包括某种可能被上层社会耻笑的怪癖陋习，其根本问题就在于，当年的“社会底层生涯”已经在他的精神上留下了“底层生活价值标准”的文化刻痕，或者称之为烙印。

美国 19 世纪著名作家杰克·伦敦曾写过一篇著名的小说《热爱生命》，其中写到一位前往北极圈淘金的人，终于从连续多日完全没有任何食物下咽的濒临死亡的绝境中挣扎而出，爬到海岸边被人救起以后，在很长时间里都难以摆脱对饥饿的恐惧阴影，以至于没完没了地从餐桌上带回一片一片的面包塞满自己房间的每一个角落。小说中的几块面包对于一个生活在日常环境中的人来说，它们都只能属于不值得一提的

"鸡毛蒜皮"，然而，当这些"鸡毛蒜皮"对于一个人的生活乃至生命的延续具有重大价值时，它就不再是鸡毛蒜皮，甚至值得为之拼命了。由此则不难想象，当国人中的很多家庭，三世同堂甚至四世同堂地被困在"蜗居"中，室内走路都要侧着身体，睡觉也要晚上临时打地铺时，你还怎么能指望他们举手投足之间不失优雅华贵呢？

这就告诉我们，在日常生活中，一个人的言行举止的养成受制于他赖以生存的环境，而一群人乃至一个民族的言行举止的养成则受制这群人乃至这个民族赖以生存的环境。当习惯养成并延续了相当长的一段时间以后，就会逐步形成这一群人乃至这个民族的言行规则或者称之为价值标准，进而形成文化理念。而这个价值标准（文化理念）一经确立，就会对全体成员产生"一律如此"的张力制控。

何为张力？《辞海》中有专条解释，只不过解释得有点学术化。其表述为："（张力）即物体受到拉力作用时，存在于其内部而垂直于两相邻部分接触面上的相互吸引力。"《现代汉语词典》的解释则比较浅白："（张力）即拉力，拉拽的力量；物体所承受的拉拽的力。"对于这一解释，我们不妨借助一个生活现象来进行延伸式的理解：向一个玻璃杯内注入清水至杯满，然后再一点一点往里滴，便可能会看到在玻璃口表面，水面会慢慢地形成一个"凸起的面"，此时停止往里滴水，这个凸起的面就能保持不动而水不会外泄，这就是水的表面张力所致，水分子之间的这种由于互相拉拽而能够不外泄的力就叫作张力。

将张力研究转移到文化上，我们便不难理解，一种观点理念之所以能够成为某个民族的精神文化理念，必然表现出一种对该民族成员具有"自觉地认为必须一律如此"的"拉拽的力"即张力。而所谓文化张力，也正体现为某种文化原则"无须借助外部规定或提示就能促使该民族成员自觉遵循"的无形的控制力量。

这种"必须一律如此"的张力制控看似无力而极其有力。一个民族（或群体）的精神文化，在说话风格、思考特点以及行为规则的遵守方面，和法律条文不同，无须附有"如果不遵守就将如何"的惩罚性规定，而只要是生活在这个民族（或群体）精神文化的张力制控下，其成员就难免会像佛教徒只要看见菩萨就会磕头一样，自觉地、严格地按照"老祖宗的规矩办"。

眼下国人的一个现状是，能够走出国门的人绝大多数都是不太缺钱的人，但是，他们走出“缺钱窘境”的日子其实并不久远。因而，一方面，他们急于向外部世界表明“自己已经不再缺钱”，另一方面则是，过去的“缺钱生活”刻痕以及举止习惯尚未来得及改变。于是，几乎普遍存在的心理（内）和举止（外）的矛盾反差也就显得非常刺眼了。

只是，无论其在众人眼中的表现是如何刺眼，真正要他立即改正恐怕还是要费一番功夫的，因为“习惯成自然”，这恐怕也就是中国国民的言行举止被海外“丑陋”百年，却至今难以断根绝迹的原因之一。

第三章　宏观俯视：为什么说文化觉醒之路近在眼前远达天边？

全民意义上的精神文化转型，是一个内涵丰富、解读复杂的重大话题。为能给读者提供一种“深入浅出”式的形象解读，笔者自开始进行民族精神文化研究以来，就在多部著作中，一直借助“桃花源”与“地球村”这两个概念进行形象演绎。根据东晋时期陶渊明的《桃花源记》的相关文字，将“桃花源”看作以小自耕农为经济基础的、对外封闭对内自成体系的、以伦理亲情为主导的、“熟人社会”精神文化的形象代表，与此相对应，把“地球村”看作以市场经济为经济基础的、对外全面开放的、以法制—法治与契约—合同为主导的、“陌生人社会”精神文化的形象代表。进而对从“桃花源”社会结构模式到“地球村”社会结构模式将如何转变，从“桃花源”居民心态到“地球村”村民心态将如何改变进行逐层次地分析，力求管中窥豹，进而努力把握民族精神文化的觉醒之路。

一、怎样认知“桃花源”文化？

从字面上看，《桃花源记》描绘了一个没有压迫、没有剥削、人人劳动、平等自由的社会生活的空想世界，但是通过对于这部农耕社会“乌托邦”的个案分析，我们可以探知中华民族精神文化体系的构成基础以及特点形成的内在原因。

首先，我们看到，农耕社会的人们出于对土地的生存依赖，往往除了自然灾害、战争动乱等原因之外，整个民族（或部落）很少流动迁徙。例如，桃花源的形成原因就是："先世避秦时乱，率妻子邑人来此绝境，不复出焉；遂与外人间隔。"请看，至少是整整一个部落，原本只是为了躲避战乱（临时性的原因）而来到桃花源，然而只因为找到了新的可供依赖的土地，于是弃祖忘宗，从此不再离开桃花源（永久性的结果）。农耕社会里，人们对于土地的严重依赖是显而易见的。

其次，由于人口的流动迁徙度低，宗法制的农耕社会结构主要表现为一种"熟人社会"。例如，《桃花源记》中的人际构成，除了妻、子之外，就是邑人（乡亲），以至于"见渔人，乃大惊……村中闻有此人，咸来问讯"。不难想象，这种邻里之间互相熟悉——"阡陌交通，鸡犬相闻"的结果，很自然地会导致农耕社会的人们往往比较注重如何与熟人打交道，而对于与自己生存关系不大的外部世界，不仅不予关注，甚至也不想关注。例如，桃花源尽管被作者设定在中华大地上，但是，"源"中之人不仅对国家、社会从不关心，"不知有汉，无论魏、晋"，而且当误闯入桃花源的武陵人离开时，还一再叮嘱他："不足为外人道也。"不希望被外人知道这里有个桃花源，桃花源里面还生活着那样一群人。《桃花源记》就这样通过一个微观小环境的描写，揭示了农耕社会人们的精神文化心态：他们往往只关心与自己有关系的小天地，对于外面变化发展中的大千世界，觉得"山高皇帝远"，完全没有交际往来的兴趣。

"桃花源"的文化心态之所以可作为我们这个民族曾经人人如此的文化标志，实在是因为这种文化心态具有很强的精神制控力（即"文化张力"），它使得我们这个民族无论身处何处，都会有基本类同的表现。结果形成了在中华大地上，一方面，"桃花源"看似虚无缥缈，无处可寻；另一方面，桃花源现实存在，到处都是。

例如，笔者在2007年出版的《中华文化与中国社区教育》一书中，就列举了中国三大村落作为"桃花源"文化心态的实例旁证。

第一村是现已入列全国重点文物保护单位的浙江兰溪市的诸葛八卦村，该村村民皆姓诸葛，据传皆为1700多年前的蜀国宰相诸葛亮的后代。该村的神奇点在于，建村700多年来，历经元、明、清的朝代更替，其间战火纷飞，无数名楼古刹、园林台阁，或焚于战火，或毁于天灾，但这座大村庄硬是像个"桃花源"，避过了天灾，躲过了人祸。这还不算，该村作为旅游景点向外界介绍得更多的，还有两个堪称“神奇”的实例。一则是1925年北伐战争期间，南方国民革命军萧劲光的部队与军阀孙传芳部队在诸葛村附近激战三天，竟然没有子弹炮弹落入村子，整个村庄完好无损。另一则是抗日战争时期，一队日军从村外高隆岗大道经过，竟然没有发现这个村庄，对于处于战乱年代，期盼能够躲灾避难的人来说，这里实可堪称与世隔绝的“桃花源”了。

第二村为悬空村。山西浑源的悬空寺，喜欢旅游的人大概无人不晓。但是在山西还有一个更加神奇的地方，那就是山西宁武县的悬空村。悬空村深藏在满目林海和奇岩怪石的群山峻岭中，峡谷绵延、山路曲折，不但进村之路崎岖陡峭，就连村民的牛圈、羊圈、骡圈等也建在悬崖绝壁边上。人们为什么会在这种根本不适合生存的地方建立村寨？据介绍，悬空村已有200多年的历史，早在清乾隆年间，他们的祖先为躲避灾难和战事，来到这人迹罕见的宁武大山深处，在半山腰上建立了家园，从此与世隔绝，代代延续，不再搬迁——请看，这又是一个与世隔绝的“桃花源”。

第三村是主要分布在闽西、闽南的永定、南靖一带的福建土楼。早在1 900多年前，中原一带历经变乱，举族南迁的客家人几经辗转来到闽西南一带的山区，他们恃山经营，聚族而居。用当地的生土、砂石、木片建成单屋，继而连成大屋，进而垒起厚重封闭的土楼。楼内凿有水井，备有粮仓，若遇战乱匪盗，大门一关，自成一体，对外界封闭，万一被围，也可数月之内粮水不断。加上冬暖夏凉、防震抗风的特点，土楼成了客家人代代相袭、繁衍生息的住宅。

本书之所以将《桃花源记》看作传统精神文化体系的“形象标志”，还有一个原因：中国各地的民居各有特色，不胜枚举，但只要是百姓群居之处，都可以发现一个共同特点，即“对内有序和谐，对外排斥封闭”，同时遵循“各人自扫门前雪，莫管他人瓦上霜”，“鸡犬之声相闻，老死不相往来”等生存理念。而种种理念，无不可以在《桃花源记》里找到出处，且这也正是“桃花源”精神文化理念的重要构成之一。

二、“亲情文化”对国民的张力制控

拥有五千年文明发展史的中华民族，其文明的主要显现是以血缘亲情为中心的所谓“亲情文化”，简单来说就是，亲缘关系越是密切，互相之间注重文明的程度越高。例如，父母兄弟姐妹等直系亲属之间，交往的文明程度最高，隔代亲次之，姨表亲比姑表亲又次之，依此类推。另外，我们这个民族尽管出了五服就可以不再相认亲缘关系，但是，在没有根本利害关系冲突的前提下，国人对“八竿子也打不着”的远房亲戚，要比对没有这种曲里拐弯的亲戚关系的人更为注意文明礼仪。

古代的由“卧冰求鱼”、“割股疗亲”等故事构成的《二十四孝》，以及“孟母三迁”、“养不教，父之过”、“忤逆不孝为十恶不赦之首”等一系列以伦理道德为基础的亲情文化的逐步形成，使得中华民族在“亲情文明”这一点上，处于世界上其他民族只能是“叹为观止”的巅峰位置上。

这一特点不仅导致了人们在古代的一言一行都必须严格遵从伦理亲情原则的制控，要求父慈子孝、兄友弟恭，以及子女即使已经成年，也应当是“父母在，不远游”。甚至直至当今时代，社会上还在继续演绎着“举家负债供孩子读书”、“背着父亲去上学”等催人泪下的伦理亲情故事，尤其是在农村，这一方面仍然有着非常突出的表现。但与此同时更应当看到，亲情文明要求对于与自己没有什么亲缘关系的人可以不去关注，甚至可以不讲文明。

任何一种理念，只要转而成为民族精神文化要素，那么，这个民族的全体人民往往都会无师自通、不言而喻地以此作为自己的行为准则与价值标准，即使是没有什么文化的下层人物也不例外。例如，2003 年 6 月 17 日《杂文报》上曾发表过一篇《窦娥的另一种悲剧》（作者：红帆）的短文，因为篇幅不长而又能颇为形象地说明这个问题，特全文摘录如下：

重读《窦娥冤》，她含冤餐刀悲愤难当，我们少不得要为之一掬同情的泪水。可是，我觉得，有一件事情被我们遗忘了。窦女士死前三愿：血飞白练；六月雪天；楚州亢旱。前两个愿望无可厚非，情节煞是凄美绝壮，而第三个就颇值得商榷了。且看窦娥说道：“大人，我窦娥死得委实冤枉，从今以后，着着楚州亢旱三年。”大旱三年，的确足以惊动圣上，视为天兆，而事情也的确以恶人伏法为结果。可是，这三年的大旱，又要伤害多少平民百姓？他们与窦女士往日无冤，近日无仇，更不与张驴儿沾亲带故，却被窦女士挟一己之仇的毒誓害得颗粒无收。饿殍满地的三年，他们的冤屈又向何处诉？也许有人要说，这是恶人起的因。可黎民百姓又有什么理由来承受如此的果？既然窦女士对誓言的实现怀着绝对的信心，那么直接诅咒解决掉害她的人不就得了？偏偏采用这种迂回的毒辣方式，真真教人无法理解。

窦女士赴刑场路上要求刽子手绕道而行，以免婆婆撞见伤心。窦女士对自己的家人的确是考虑周详，可对不认识的人却是那般冷酷无情。她怕婆婆伤心而避走别街，却在深信自己誓言必会实现的心态下发出累及无辜的毒愿。造成她悲剧的，是官场的黑暗，她的反抗，目标虽然对准恶人，可首当其冲的受害者却是善良无辜的。看来对于她，善德，只是讲私德；公德，可能连如何写都不清楚。

在“亲情文明”的理念中，当亲情关系由于某种原因消失以后，人与人之间就有可能从原先的文明礼遇转变为不文明的处置。

在鲁迅先生的小说《祝福》中，主人公祥林嫂的命运波折就可以作为“亲情关系消失后立即遭遇不文明处置”的一个典型例证。祥林嫂原先的家中，夫妻二人，一个婆婆，一个小叔子，倒也相安无事。可是儿子一死，在她的婆婆的眼里，祥林嫂就不再是自己的儿媳妇，而成了可以变卖生钱，以供小儿子再娶媳妇的一件什么东西（由“婆媳关系”的亲情维系转为无须文明对待的物件处置）。不仅如此，在将其从鲁镇抢回去变卖时，她婆婆所做的也只是考虑“如何通过变卖使利益最大化”，完全不顾及祥林嫂本人的感受，于是，祥林嫂被卖进了女人一般不愿意去的深山野坳。而她的婆婆卖掉她的根本原因，一是因为大儿子的去世（与祥林嫂的亲情关系链断裂，她成了亲情关系的“网外人”），二是因为小儿子要娶亲（需要一笔财礼）。被卖进深山里的祥林嫂，后来又遭遇丈夫贺老六伤寒死去、儿子阿毛被狼吃掉的厄运。孤立地看待这第二场灾难，此时的祥林嫂上面又没有婆婆，房子也是自己的，自己又肯劳动，总不至于活不下去，但是，却冒出来一个大伯子，他来收回房屋，使得祥林嫂即使在深山野坳也失去了立足之地。而大伯子之所以能前来收屋，也正是缘于他与贺老六有着永远的兄弟亲情关系，贺老六在，则大伯子必须对弟媳祥林嫂以礼相待，贺老六死，再加上贺老六的亲生儿子阿毛一死，祥林嫂与贺家坳的亲情关系链断裂了，她成了贺家坳“亲情关系网外之人”，于是，大伯子就前来“收屋”了。

与此相对应的则是，在社会交往过程中，当人们面对没有亲情关系的交际对象，而又需要表示友好关注和文明礼让时，往往会自觉或不自觉地设法与其建立一种“仿亲情关系”，并且，也似乎只有转化为这种关系后，双方（或多方）之间的相处才能进入友好关注与文明礼让的高水平与稳定状态。在这一点上，最有代表性的莫过于流传久远的“刘关张桃园三结义”的故事及其影响，刘关张三人经过了兄弟结拜（结成“仿亲情关系”）的仪式后，不仅从此真的亲如兄弟，而且胜似兄弟。以关羽为例，在被曹操俘虏后，曹操对他不仅宽宏大度，任其所为，而且关怀备至，礼遇有加，况且曹操本人当时无论是从政治实力还是胸怀气魄方面，都远比刘备更具有交往的魅力，对关羽而言，当然也就更具有个人发展前途。但是，当初在桃园的一个简单的结拜仪式所构成的“仿亲情关系”，竟使得关羽一旦时机成熟，就对曹操“过五关、斩六将”，来了一场“以怨报德”的大砍大杀。“亲情文明”只关注“亲情关系网内的文明”，而对“非亲情关系网则不予关注或不讲文明”，关羽堪称一个典型代表。

［**案例** 3－1］

2011 年 8 月 31 日，《中国青年报》刊登报道《上海轻生女孩跳楼现场：两看客打赌是否会跳》（记者：赵涵漠）。报道称，8 月 23 日，在上海一幢居民楼上，一个女孩坐到了 5 楼的窗台外面，在长达四五个小时的时间里，她只是用右手紧紧攥住镶在窗框上的把手，左手拿着手机，“打打、哭哭、停停”。随着抢救人员赶到现场，围观者也越来越多。

上海当地一家媒体的记者接到市民的爆料电话后，在下午两点左右赶到现场。那时的他感觉到，旁边已经有人“等急了”。大部分人都从来没有在小区见到过这个女孩，他们嬉笑着议论起这个已经走到生死边缘的陌生人的职业和相貌："长得不错嘛，是不是选错路啦。"

当时的气温接近34℃，楼下那些已经站了几个小时的人开始"不耐烦了"。

"好下来嘞！走下来要么跳下来都可以的。"有人笑着说。

"你爽气点儿，要跳赶快跳。"也有人抬头向楼上喊。

还有人评价说："这才多高啊，跳下来也不会死。"

就在这位记者的身旁，两个中年男人甚至设立了"赌约"："她肯定不会跳，不信我跟你打赌，跳了，晚上我请你。"

这些人都让这位记者觉得，自己并不是在一个跳楼现场，而更像是在一个"热闹的片场"。这位记者痛心地回忆起，就在自己一年零两个月的突发新闻报道生涯里，这次已经是他第六次接触跳楼现场，"几乎每一个现场都会有起哄者，但这次的人数特别多"。

而同样的跳楼现场，这样刺耳的起哄声，曾出现在2007年的海口和成都，2009年的成都和上饶，2010年的鞍山。

[**案例**3－2]

2009年4月28日新闻网发表《回访地震遗址请不要"娱乐"!》的报道。文中写道："转眼间距离汶川大地震一周年的日子就要到了，4月24日，新闻网记者来到四川绵竹汉旺镇汉旺广场。这里的'四面钟楼'永远定格在14时28分，吸引了不少游客照相。作为地震遗址保留相对完整的区域，这里已被列为地震遗址公园。满街只看到拿着照相机的路人，道路两旁裂开的居民楼，废墟中掩埋的一只拖鞋，一只在碎砖中溜出的猫，一切凋零的记忆，都进入了他们的镜头。一名戴太阳眼镜的游人兴奋地告诉身边的同伴：'哎哟，比电视上惨哪！帮我拍张照！'当地人望着她，眼神冷漠。"

此情此景中，还有什么样的表现更让人感觉到我们的精神文化确实有着"不文明"的一面呢？很难想象如果死者中有他们的亲人，他们还能如此兴奋、如此欢笑吗？

仅此两例，我们就不难感觉到，"亲情文化"对于"非亲情关系则可以不予以文明关注"的特点是如何绵延千年，并时至今日仍然在控制着我们的一言一行了！

三、“等级文化”对国民的张力制控

所谓“等级文化”理念，则是在亲情文化的基础上，以“君臣父子”的等级差异作为调整处理人际关系的标准。由于中华文明的形成基础主要是建立在宗法制的农耕社会上的，而农耕社会主要是以亲缘关系为中心的聚族而居，形成村、庄、堡、寨等社会细胞。以这样的“熟人社会”为细胞单位建立起来的国家社会，很自然地仿照“父子伦理”构建，君为天，官员为“父母官”，老百姓为“子民”、“小民”，整个国家就这样形成了一种金字塔形结构。

汉武帝时，董仲舒提出了一套唯心主义的“君权神授”理论。他说，皇帝所以叫天子，是体现了“天意”，“皇天佑而子之”，号称“天子”，把天子的王位说成是上天赐予的，是上天在人间的代表，能沟通天人之间的关系，他所掌握的生杀大权是“受命于天”的。东汉时班固说：“庶民不可一日无君。”要人们树立忠君思想。蔡邕为加强皇权也提出一套理论。他提出汉天子正号称“皇帝”，自称为“朕”，臣民称之为“陛下”，其言曰“制诏”，印曰“玺”等规则，将皇帝尊至至高无上的不受世间（国家）法规约束的地位。这就导致了在传统法制双重标准之上，其实还有一个皇帝免受法律钳制的最高标准。

如果说，这一理念本身就已经使得恢恢法网出现了不受其制约的人，那么，根据从国家到诸侯属地的“大宗”、“小宗”的衍生理念，诸侯在其属地也就很自然地成为不受其属地法规制约的“小王”。这样一来，在法规理念上，逐级如此的现实就逐步形成了这样一种精神文化：不仅任何一部法规都在事实上存在着可以不受其制约的人，而且在任何地方，从国家、邑县到村寨、里甲，都有了大家认为可以不受当地法规、乡规、民约制约，或者因为“在这一亩三分地上我说了算”，因而自己觉得自己可以不受这一亩三分地界的法规制约的人。

历史地、客观地评价“君臣父子”观念，之所以能稳固统治中国社会数千年，确实有其合理性的一面。因为这一观念体系并不只是强调“君大于臣，臣小于君；父高于子，子低于父”，它同时也非常强调“君（要像）君、臣（要像）臣、父（要像）父、子（要像）子”，也就是说，这一制控原则不仅就当好臣子、儿子（下属）提出了明确的要求，而且就怎样当好君主、父亲（上级）也同样提出了要求。

从理论角度考察中华民族的精神文化体系，其中也并不是只有“一级压一级”的等级观念。例如，儒家思想的“民贵君轻”观对于“上尊下卑”意识就表现出了一种否定。但是，这种从思想家角度提出的主张和呼唤毕竟带有较强的理想主义式的空泛色彩。自从等级观念在中国正式渗入管理体制以来，深深刻在人们心头的，则是“君大于臣，臣小于君；父高于子，子低于父”的等级差异。就以人们常常挂在嘴边的一句老古话“民以食为天”来说，又有多少人在说这句话时，同时提起这句话其实还有着后半句——“官以民为天”呢？这大概早就被人们有意无意地删除了！

而伴随着这种下大上小的“等级文明”而来的，则是“权利与义务成反比”的文化理念，即越是位居上层者，拥有权利愈大，承担义务愈少；越是位于下层甚至底层者，拥有权利愈小，其承担义务愈多。当然，即使位居最高层如皇帝者，也不能简单认定皇帝只有权利享受而不承担任何义务。打一个比方，皇帝尽管可以拥有“三宫六院、七十二妃”，甚至可以声称“天下的女人都是朕的女人”，但是，历朝历代的皇帝几乎都没有将自己最爱的女人立为皇后的权利，他必须服从政治需要，接受政治联姻。这就是即使是皇帝也需要承担义务的一个例证。当然，将皇帝与其他等级上的任何人进行比较，我们还是不难看出，他的权利最多而承担的义务最少。于是很自然地，“官大一级压死人”的理念，也就成了“等级文明”的又一个鲜明特点。

法治社会的精神文化要素之一，就是法律面前人人平等，即使是最高等级的王也不例外。但是，农耕社会将人明确地分为三六九等，并制定了“礼不下庶人，刑不上大夫”的原则，这就直接导致人们在法规面前的不平等。虽然这一规则的理论解释从表面上看有其合理之处。例如，“礼不下庶人”的本意据说是，由于庶人要忙于生产劳动，因而不可能时时处处按照贵族的礼仪来行事，所以“礼制”并不是为庶人而设立的，但是，这并不意味着庶人就可以不受礼的约束；而“刑不上大夫”，是指大夫级别以上的犯罪者可以免受某些带有污辱性的刑罚，但是这绝不是说大夫以上的犯罪者可以不受刑罚制裁。尽管这种解释具有一定的合理性，但是，无法否定一个实际存在的事实：传统法制是用双重标准来对待庶民与大夫的。

由于传统法制在实施中，越是面对社会上层就越是显得苍白无力，而越是位居高位者，越是有权势者，就越是敢于藐视法律；与此同时，对于位居下层而又缺乏位居社会上层的亲情关系保护的百姓，在其个人权益受到侵害时，则显出法律保护不足。这种“保护不足”同样也会导致位居下层的弱势群体表现出一种“漠视法律”的心态，他们在权益受到侵害时，首先不是想到如何拿起法律武器来自卫，而只能像窦娥或秦香莲等，期盼执法如山的“青天大老爷”；或者干脆自己抱成团，梁山好汉聚义式地以群体力量自定“社会游戏规则”，“替天行道”。

于是在中国社会就长期存在着这种现象：一方面是“疏而有漏”的法制管理，一方面是斗心斗力的人治文化。官场讲究为官的权术，人们争着向上爬；民间则是凭势力说话，讲究强势的武术，拉帮结派，抱成团伙。又或者，“胜者为王败者为寇”，赢者沐猴而冠，从此他的话就是法则，说一不二；败者则重新组合，以图东山再起，重新开始“话语权”的抗争。显然，这种来自民间的“拳头势力文化”不仅对于法制社会的存在表现出一种销蚀作用，而且进一步思考，它对于那些没能抱成团、没有形成势力的最基层的民间弱者，更是难免形成一种侵害，使得他们的生存环境“雪上加霜”。

从上述三个方面的分析中，我们不难发现，首先，传统的法制从制定之日起，就受到“人分三六九等，越是面对上层，越是苍白无力”的由上而下的消解；其次，律法条规在执行中又受到亲情文化、“为尊者讳”的互相钳制的制约；最后，还受到来自下层弱势群体的“抱团文化”的干扰。所以，尽管中华民族早自几千年前就已经有了条分缕析的法规，但是始终难以进入严格意义上的法治社会。

而在阻挠中国形成法治社会的种种原因分析中，还有一个原因也是不应当忽视的。那就是农耕时代的中国社会是一个宗亲伦理社会，在最基层的社会单元中，家规、族规，以及乡规民约等在维系基层社会的秩序、格局以及道德平衡方面，一直发挥着极为重要的作用。这种不出家门、不出乡村就能自行解决矛盾纠纷的制度，比起去县衙大堂走司法程序打官司，不仅更简便，而且更价廉，因而也更易于被基层民众接受。这种过于强大、活跃的道德伦理管理对于法制—法治精神的日益深入人心，显然也是一个阻碍因素，时至今日仍然存在的“有法不依”也就在这里找到了一些历史原因。

四、“桃花源”文化对转型地球村的干扰思考

2012年7月20日，凤凰卫视播放了主持人阮次山先生与中非商会副会长陈安华先生的一场对话。其内容恰好比较贴切地说明了我们的传统精神文化中“亲情文明”、“等级文明”等要素存在着另面表现，而这另面表现已经对国民成为地球村村民产生了消极影响。篇幅不长，这里节录如下：

阮次山：我们现在非洲这些投资人也好，新的意义上的移民也好，这些人有没有融入当地的社会？

陈安华：我感觉99%没有，我为什么这么说？咱们国有企业就不用说了，因为国有企业本身就是，这个领导人明天就换掉了，我谈的就是民企。民企还是以盈利为目的的，我干多少年，因为这个地方现在有很多机会，我用最短的时间，我们有的砍树的就说我用最短时间，根本就不管，砍完运回来这个钱我赚到了，剩下的就是那些开杂货铺的，把中国的假冒伪劣商品运过去，其实像这些做小生意的造成不良影响是最严重的，我觉得他们造成的不良影响应该占对中国看法总体的80%以上。

阮次山：有没有中国人跟非洲当地人通婚的？

陈安华：很少，我在这里这么多年，我只听到一个，而且这个非洲的小伙子当时在中国上学，听说他是一个酋长的孩子，一个中国人嫁给了他，这只是我听到的，我想全面的应该不是这样。我还看到电视上面讲中国人嫁给非洲人，太少了。他们曾经跟我说过，其实你们中国人是最有种族歧视的，说很少有中国人跟他们通婚，但是有很多白人跟他们通婚，白人嫁给黑人，黑人嫁给白人的就很多，当地随时就可以见到的，但是中国人是真的很少，这个可能是中国的一种民族文化，让人家误会是中国对他们有种族歧视，当然人家这样去理解，我觉得也是在情理之中。

阮次山：这也难怪人家理解，我们到世界各地工作的时候，也有很多人跟我们讲，“事实上你们中国人的种族歧视比其他种族还厉害”。

陈安华：还有一点，我觉得中国人等级观念太重，这是非常不好

的，可能我们使馆工作没有做好，也是原因之一……好多中国人在那里做生意的，别管开的店大还是店小，我是老板，就摆那个谱。这个不好，因为在西方国家，他们毕竟还是接受西方，不管说是被统治的还是什么，但是他看到的也还是老板很少在雇员面前去摆老板的谱，但是这在中国人开的店里是太普遍了，我觉得这样不好，所以我说的是俗随乡变。

阮次山：所以事实上我们与非洲的这种关系，从陈先生您的分析来看，其实应该是全面的，方方面面，从政府，从使领馆，从到那边工作人员，从我们的国有企业、民营企业，这是个整体的概念，问题是我们现在整体的概念又没有一个统和整体的方向，所以这个值得中国社会深入思考。

这一期电视访谈节目的价值在于，尽管篇幅不长，却上从国家政府代表、使领馆工作人员开始，一直向下，直到民企的业主以及工作人员、普通移民，对他们的言谈举止以及言谈举止背后的精神文化理念——亲情文明、等级文明进行了言简意赅的总结。

应当看到，这场对话虽然谈的是中国人在非洲的表现，但是诸如此类的表现，近些年来，正伴随着普通国民越来越“0”距离地渗入其他国家的日常生活中，同时表现为一种“涟漪”式的扩大化。

伴随着向海外移民、赴海外留学的人数的增多，中国人与当地人发生的种种矛盾冲突也在增多。其中，国人把自己在国内“见多不怪”的生活陋习照搬到国外的日常生活中，也是引发矛盾冲突的原因之一，甚至会随着自己一方群体的扩大，“强龙敢压地头蛇”，与当地人打起群架……

要想成为一名合格的地球村村民，究竟需要具备什么样的条件，满足多少项要求，恐怕谁也没有办法像制定《小学生守则》那样编制出条款明确的“读本”来，但是，有一点则是可以肯定的，那就是言谈举止、行为习惯一定要能得到绝大多数“地球村村民”的认同。假设在一个由多民族成员共同居住的村落里，来了这么一个人，爱贪小便宜、爱钻空子、损人利己、爱摆阔、爱要横，各种各样坏毛病不断，而且还不注意保护环境卫生，在公共场所大声喧哗、随地吐痰，甚至随地大小便，而碰到村子里有了什么需要大家共同商讨决定的实务，通知他开会，他却像没事人一样，还会反问“关我什么事?”那么，这个人能够成为受大家欢迎的邻居吗？如果有投票表决是否接纳这样的人入住本村，他能获得“一致同意”的赞成票吗?

第四章 微观把握：为什么要对“精神文化”进行独立研究？

2006年11月7日，《人民日报（海外版）》第一版上发表了时任国务院新闻办公室主任的赵启正先生的文章《中国文化在传播中增强生命力》。文中写道：“玛格丽特·撒切尔夫人（前英国首相）在2002年出版了《治国方略——应对变化中的世界》一书，书中在谈到所谓‘中国威胁’的时候说：‘中国不会构成冷战时期苏联的那种挑战。因为中国现在还不是一个军事超级大国，今后也不太可能成为一个军事超级大国。’这话本应该让人轻松起来，但是，撒切尔夫人紧接着又解释说，还因为中国没有那种可用来推进自己的权力而削弱我们西方国家的具有国际传染性的学说。今天中国出口的是电视机而不是思想观念。”

乍一听到撒切尔夫人的这个观点，没有一个中国人会点头首肯的。想想看，中华民族实实在在地拥有着五千年的文明史，历史如此悠久的一个民族，怎么可能没有文化？

然而，赵启正先生还是非常认同撒切尔夫人的观点，在他的另一篇文章《民族的振兴需要文化的振兴》中，他又写道：“和中国对外贸易‘出超’相比，中国的对外文化交流和传播则是严重‘入超’，存在‘文化赤字’。以图书为例，多年来我国图书进出口版权贸易大约是10:1的逆差，出口的图书主要是到一些亚洲国家和我国的港澳台地区，面对欧美的逆差则达100:1以上。2004年，从美国引进图书版权4 068种，输出14种；从英国引进2 030种，输出16种；从日本引进694种，输出22种。2005年，对美版权贸易是4 000:24。文艺演出也有类似状况。从1999年到2002年，仅俄罗斯就有285个文艺团体到中国演出，同期中国到俄罗斯演出的文艺团体只有30个，大约相差10倍。从2000年到2004年，中国进口影片及影视作品4 332部，而出口影片却屈指可数。美国电影的生产量只占全世界的5% ~6%，但放映时间占全世界放映总时间的80%。在语言文化方面，中国和西方的交流也处于严重逆差状态。美国高中有大约2.4万人学中文，但学习法语的美国高中学生是100多万。美国3 000多所大学，只有近800所开设了汉语课程。英国财政大臣布朗2003年来中国时说，英国在继续进口越来越多的家电、服装和其他东西的同时可以用出口一样东西来平衡，这就是英语。英语教学作为一项出口，它的价值在五年里已经从65亿英镑增加到了103亿英镑，大约占GDP的1%。”

显然，文化现状早已无情地展现在我们面前，只不过由撒切尔夫人发现、提炼并写成著作，又由赵启正先生将其观点转换成了汉字，向国人敲响了“警世钟”！而这个警世钟已经在推动国人甚至在迫使国人进行“究竟什么是文化”的思考。

给“文化”作出界定，进而便于人们准确把握、宏观考察，当然是一件好事，这有助于提升民族精神文明的水平，然而，流派过多、界定过杂也难免让人找不着北。点击“百度搜索”可知，各家各派关于“文化”的界定已经多达200个。为了更为准确地阐明本书的立场，特地在此分解一个界定、确立一个界定。

拟分解的界定是：“文化是人类社会历史实践过程中所创造的物质财富和精神财富的总和。”

一、为什么要将“精神文化”从“文化”中剥离出来？

我们可以也应当这样理解——“文化是人类社会历史实践过程中所创造的物质财富和精神财富的总和”吗？

毫无疑问，这样界定是没有什么问题的，但是，没有问题不等于必然就有价值，就有实际指导意义。而且，应当进一步思考的是，这样一个“什么都可以往里面装”的箩筐式界定是有助于推进我们更深入地开展文化研究？还是有可能将我们引入一个认知的误区？

笔者之所以认定这一界定是“什么都可以往里面装的箩筐”，是因为如果我们坚持“文化是物质文明与精神文明的总和”，那么，面对撒切尔夫人的评断以及赵启正先生的警世之言，所有可能引发关于中华文化的“居安思危”的问题思考要素就都不复存在了。因为，这个界定面对着我们民族“没有文化”的批评，几乎堪称立起了一块“一夫当关，万夫莫开”的巨大屏障。有了这个界定，还有什么东西不可以视为文化？还有什么现象不可以看作文化，还有什么理论不可以认定是文化？……只要看看我们的地下还埋藏着多少古董宝藏，只要看看我们居然能够举办多少种祭祖大典，只要看看我们在书刊出版方面是怎样始终保持着世界领先的数字记录，只要看看……谁敢说我们国家与民族“没有文化”？谁能说我们国家与民族“没有文化”？依照这一界定，我们恐怕确实可以阿Q式的昂首挺胸地去质问撒切尔夫人：“你凭什么说我们没有文化？你看，我们祖上可比你们有文化多了！说我们没有文化，你哪里配！”

顺理向前延伸，只要我们坚持“文化是人类物质文明与精神文明的总和”，另一个严重问题也就算不得是问题了。例如，赵启正先生在文章中曾转引了英国财政大臣布朗的一段话：“英国财政大臣布朗 2003 年来中国时说，英国在继续进口越来越多的家电、服装和其他东西的同时可以用出口一样东西来平衡，这就是英语。英语教学作为一项出口，它的价值在五年里已经从 65 亿英镑增加到了 103 亿英镑，大约占 GDP 的 1%。”面对布朗先生的这段表述，现在，我们完全可以根据“文化是……总和”的界定，只要转换一个角度，就可以轻轻松松地驳倒了。例如，我们完全可以这样说：“尽管中国在英语的‘进口’上花费了大量的金钱，但是，我们已经通过家电、服装和其他商品的出口达到了平衡，所以，我们可以进一步认定，赵启正先生的所谓‘文化逆差’的说法完全不存在，因为家电、服装和能够出口的任何中国产品也都无不是物质文明——文化。”

如此观之，我们关于“文化”的理解与界定是不是有必要做一番清理？我们是不是有必要认认真真地、冷冷静静地思考：究竟什么是文化？什么又是能够“出口”的文化？再进而思考：我们真的并不拥有撒切尔夫人所说的那种“可用来推进自己的权力而削弱……的具有国际传染性的学说”（也就是具有“排异”与“张力”）的文化吗?

为此，笔者坚持认为，应当将民族精神文化从“文化是人类社会历史实践过程中所创造的物质财富和精神财富的总和”中剥离出来进行独立研究，明确反对大而化之地评价“文化问题”，以推进更细化的具体分析。

2005年，笔者在撰写《中华文化与中国社区》一书时，曾经特地提出了“民族精神文化”的概念，实际上也就给自己此后长达数年之久的民族精神文化研究奠定了基础。这里，特地摘引旧作，以再次作为《从大国小民到富国强民——国民精神文化转型指南》的研究基础。

二、关于“精神文化”的内涵界定

为了与读者诸君统一认读理解的角度，本书直接借用《中华文化与中国社区》的已有阐述，对“精神文化”与“文化”、“（精神）文明”加以对比并阐释如下。

（一）“精神文化”与“文化”

两相比较，精神文化的内涵似乎小于文化的内涵。因为根据《辞海》中关于“文化”的定义，它不但可以包括“人类社会历史实践过程中所创造的物质财富和精神财富”，而且还可以包括“社会意识形态，以及与之相适应的制度和组织机构”。而本书中所拟重点分析的“精神文化”，既不包括“制度和组织机构”，也不包括“物质财富”，而且本书还认为，严格地说，“物质财富和精神财富”都应当属于文化产品，而不宜笼统地称之为“文化”。

这里试举一例分析如下：

据2004年4月29日《南方周末》报道，美国马萨诸塞州的一个博物馆新添了一件藏品，或者说新开了一个展馆，那是一栋正宗的中国徽州明代古宅。报道说，此宅为徽州某黄家所有，年代已久，维护不易，又占着地皮。黄家后人图发展，正商量把老宅拆了。恰好此时，美国博物馆的人经过此地，正想买一栋正宗的老宅子，以代表博大精深、源远流长的中国文化。一个想拆，拆出来碎砖旧木也值不了几个钱；一个想买，那不是在买一栋老房子，那是要买老房子所象征的中国历史文化。

机缘成就了这个计划。老宅子卖了多少钱，我们不知道。博物馆方面公布的是，这个项目一共花了他们 1 500 万美元，合 1.2 亿人民币。

作者写到，让我们感到震动的不是这个数字，而是报纸上一张照片：黄家的后来人，来到了马萨诸塞州的这个镇，走进了“黄家老宅”，毕恭毕敬地在祖先留下的老屋里祭拜祖宗。从照片上看，美国人的活儿干得绝对地道，不仅地砖、隔扇、家具，一眼就能看出是正宗的乡下老货，就连墙上陈年的贴纸，粉刷层的斑斑驳驳都照样原封不动。照片上黄家后代的姿态表情也绝对肃穆诚恳。他们面对祖宗牌位，拈香叩头。

从这个实例中，我们应当不难领悟到对于“精神文化”的一个新的理解角度。所谓精神文化，并不只是构成文化的物质材料（例如，建造黄家老宅的砖瓦木料），更应当是指建造老宅的规则程序。在某种意义上可以这样说，越是一丝不苟地按照某一民族文化的规则程序来规范自己的一言一行，就越是显得有（该民族的）精神文化。美国人能够利用黄家老宅的砖瓦木料造成一座黄家人视为正宗的老宅祖屋固然珍贵，但是，实在没有了这些原汁原味的砖瓦木料，只要严格遵守老屋建造的规则程序，在美国就地选材，也同样可以造出非常正宗的中国徽派的明代建筑。

由此我们则不难理解，当我们同时面对佛教庙宇、伊斯兰教清真寺和基督教礼拜堂时，之所以能够将它们明确区分，并不是因为它们是用不同材料建造的（此类建筑所用的原材料多取自当地，多使用同样的砖瓦木料），而是因为它们有着对比鲜明的建筑风格。这些不同的建筑风格的形成，是因为在建造过程中，各自遵循了不同的构建规则，而人们之所以在世界上任何地方都能一眼分辨出这一座建筑物是佛教庙宇，还是伊斯兰教清真寺，抑或基督教礼拜堂，其实也就是因为三者之间对比鲜明，但是他们在各自所属的同类建筑中，却又是风格一致的。这些不同宗教之间互相对比风格各异，而在本教内部又高度一致的构建规则，我们才可以称之为文化，或者还可以进一步细化为“宗教建筑文化”，而佛教庙宇、伊斯兰教清真寺、基督教礼拜堂这些建筑物本身，则不宜称之为“（宗教建筑）文化”，为了更为准确地把握概念界定以推进研究，不妨将其称之为“（宗教建筑）文化形式”。

（二）“（精神）文化”与“（精神）文明”

“精神文化”与“（精神）文明”同样是一对互有关联，但是内涵有所不同的概念。

从词性上看，“（精神）文明”是褒义的（被其排除在外的还有“不文明”），而“精神文化”则应当是中性的（包括了“不文明”），因此，“精神文化”的内涵远比“（精神）文明”丰富，“精神文化”在涵盖“（精神）文明”的同时也应当包括“（精神）不文明”。

例如，中国人在酒桌上是有一系列“言行规则”的，诸如不停地劝酒劝菜，不醉倒一两个客人就难免会觉得喝得不痛快；如果酒菜都动得很少，主人会觉得尴尬；如果宴请时酒菜被吃得一干二净，主人同样也会觉得尴尬等。中国人在酒桌上的诸如此类的言行规则，在某种意义上就表现为一种“文明与不文明”的混合。其中，礼貌与热情是文明的，但是，一过分就不文明了。尤其是在和来自异域的客人做文化交流时，常常会使对方觉得不舒服，甚至会觉得“中国人不文明”，但是，不管是将诸如此类的言行认定为“文明”还是“不文明”，它肯定都属于中国酒文化的有机组成。所谓酒文化，也就是人们在饮酒过程中所遵循的一套言行规则。而在改革开放的今天，审视中国的酒文化对于国民的影响，则表现为一种“以内地为核心向外扩散，越是接近沿海地区则影响力越弱”的特点。例如，在我国的广州、上海等地，在酒店里“喝酒如果不同时高声嚷着划拳就觉得没劲，酒桌上如果没有人当场醉倒就觉得没有喝好”的现象就已经几近绝迹了，与此同时，对于吃不了的菜“打包带走”则被视为自然。种种变化的根本原因，乃在于这些地方受到来自国外的“异质文化”影响较大。

三、民族精神文化对其成员的制控特点

在此我们将民族精神文化界定为：一个民族或群体的精神结晶，是其在千百年的繁衍生息、成长发展过程中逐代积累并融聚形成的，涵盖其生存发展与社会交往等方方面面的内容的，能够体现其价值观、审美观等多方面思想内涵，同时对其全民族成员（或群体全部成员）的思想、言行具有规范、制约性质的行为规则与价值指导体系。

精神文化体系对其成员个人的言行“制控”，不但是全民意义上的，而且是全方位的。也就是说，只要你是这个群体中的一员，并且接受过这个精神文化体系的熏陶，那么，无论是什么时候，也无论你身处何地，你都会自觉，或不自觉地遵守这一套言行规则与指导体系。转而论之，无论你作为个人已经发生了多么大的改变，哪怕你已经旅居海外多年，甚至改变了国籍，人们也还是不难从你无意中暴露的、对某种言行规则与指导体系的下意识的遵守和服从，就可以判定你的民族文化归属。

民族精神文化体系看似无形实而有形，套用心理学的一个概念，它沉淀在一个民族的“集体无意识”中。这就正如19世纪挪威著名戏剧家易卜生曾经在他的《幽灵》一剧中所描绘的：“不但我们从父母承继下来的东西在我们身上出现，而且已经死去了的旧思想与迷信也在我们的心中作怪。那些东西虽然不是在我们身上活着，但睡在血液中不肯离去。”也就是说，无论它是以什么样的隐蔽形式深藏，只要这个民族（或群体）中的个人一开始说话或行动，立刻就会通过某种程序化的表现显现出这个民族（或群体）的民族精神文化体系的特点。尤其是某种行为方式或规则，一旦上升到“精神文化”的高度，也就随之产生了对其属民的强制控力。只要是生活在这个民族（或群体）精神文化的制控下，这个民族（或群体）中的成员就难免会像佛教徒只要看见菩萨就会磕头一样，自觉、严格地按照“老祖宗的规矩办”。

而值得注意的是，民族精神文化对于其人民的渗透力、控制力之强，有时候，即使在受到异域文化长期浸润和强烈冲击时，也还是能够驱使人们“按传统文化办”，“按老祖宗的模式办”。

就以大名鼎鼎的胡适为例吧，他是中国新文化运动的领袖人物，曾经留学美国多年，一生共获得36个博士头衔，在政治上还曾提出过“全盘西化”的主张。但是，他的人生实践中，就留有民族传统精神文化的鲜明痕迹。这其中最为突出的就是，这位名扬海内外的新文化巨匠的妻子江冬秀却是个没有文化的小脚女人。对于这一点，国内外的学者们也都早已做了深透的研究。人们发现，即使他在美国留学期间，就在他已有美国女友——堪称终身红颜知己的韦莲司的情况下，他仍始终认定小脚女人江冬秀是自己的未婚妻，坚持与她的婚约“不可毁”、“不必毁”、“不当毁”。而他之所以坚持这样做，从他的日记记载中追究其思想根源，就在于他对自己违背了“父母在，不远游”（自己到海外留学）的古训感到深深的愧疚。此外，还因为母亲希望早日抱孙子的愿望，因为他的求学一再推迟婚期而未能实现，在他的心中，深恩难报的愧疚感竟变化为母命难违的使命感。

正是由于传统精神文化观念对于胡适的有力主控，胡适留学美国七年，尽管在许多方面，如政治思想、教育思想、治学方法等无不深受西方观念的影响，但是，在家庭生活方面，他仍坚持东方观念。在他的心目中，家庭生活应当是：父（母）慈子孝，夫唱妇随，四世同堂，尽享天伦。他在日记《容忍与各行其是》中写道：“于家庭之事，则从东方人，于国家政治之见解，则从西方人。”胡适是这样说的，更是这样做的。传统精神文化对于其属民的强烈制控，通过胡适的例子可见一斑。

再如马寅初先生，他是留美博士、北京大学教授、著名人口学家、现代新文化学者。新中国成立以后，由于他提出了人口控制理论，和西方的马尔萨斯人口理论一同在国内遭到严厉批判。但是，当我们转而用他的人口控制主张来检查他的私人生活时，只能使人感到他的观点、理论、主张和他的精神文化倾向明显存在着不一致性。

在20世纪初时，马寅初被当时的北洋政府保送至美国耶鲁大学官费留学，而在出国留学时，他已经为人夫、为人父，但是，他接受西方教育近20年，独处海外10年，却没有接受西方开放式社会的影响，移情别恋。如果说，这一点是他坚持中华民族传统道德的光辉点的话，那么，他同样没有接受西方的男女平等平权思想和一夫一妻制的家庭结构，恐怕就只能说他是未能摆脱旧中国封建社会一夫多妻制的窠臼了。他一生有两个妻子（两个妻子之间相处得非常融洽、彼此互相关心、体贴照顾），五个女儿，两个儿子（另有一个儿子早年夭折）。他的人生实践（两个妻子和七个子女）和他的社会主张（人口控制）之间显然存在着一种对立与矛盾，对于这种对立与矛盾，只能用民族精神文化所具有的强制控力（海外多年留学也未能有效改变）来解释了。

四、怎样精准把握我们的传统精神文化？

一旦离开文化的物质形态来谈精神文化，文化似乎立刻就变得有点虚无缥缈了。例如，书籍不是文化吗？音乐不是文化吗？节庆（如传统节日）不是文化吗？建筑（如古典建筑）不是文化吗？……如果这些都不是文化，那么，什么是文化？它有什么样的基本特点？我们能够按照自己的意愿打造文化吗？

我们不妨先顺着这个思路思考下去。

例如，书籍是文化吗？严格地说，书籍还就不是文化，而是文化形式或文化载体，书籍及其中的文字所承载的思想理念才是文化；饮食是文化吗？严格地说，食品制作及其食用程序也都是文化形式或文化载体，只有透过食品制作及其食用程序所显现出来的精神倾向才是文化；那么，端午节、中秋节、春节等节庆是文化吗？严格地说，这些也都不是文化，而是文化形式或文化成果，通过这些文化形式或文化载体显现出来的思想理念才是文化；再如，故宫、长城之类的建筑物是文化吗？严格地说，它们也都不是文化，而分别是文化形式或文化载体，通过它们显现出来的精神倾向才是文化……从“思想理念、精神倾向”这一角度思考，文化似乎就是既看不到也摸不着的。

然而，转换一个角度，我们可以发现文化的一个基本特点，那就是文化具有多样性，或者叫作多类别性。例如，通过书籍及其中的文字所承载的思想理念，我们可以称之为典籍文化；通过食品制作及其食用程序所显现出来的精神倾向，我们可以称之为饮食文化；通过节庆以及节庆活动所承载的思想理念，我们可以称之为节庆文化；通过故宫、长城等古典建筑透露出来的精神倾向，我们可以称之为建筑文化……

那么，我们究竟怎样才能精准把握民族精神文化呢？

由上述剖析可知，所谓民族精神文化，是一个民族在其千百年的繁衍生息、成长发展过程中逐代积累并融聚形成的，同时该民族全体成员将不约而同地、自觉严格地遵循言行规则与价值评价体系。

顺延着这一角度，我们不难发现，尽管现在常常听到一些“打造文化”的口号，其实，文化（尤其是精神文化）是不可能凭主观打造并能打造成功的，在很多情况下，我们能够打造的只是某一种新的文化形式或文化载体，而不是文化。

那么，“地球村文化”与“桃花源文化”究竟有什么不同？

尽管本书已经在第三章中对我们民族的“桃花源”文化做了一定的描述，但是还远远不够，因为这其实是一个既宏大而又细密的课题，而且，需要在不同精神文化的比对中进行逐步深入的思考，本书中编还将用第五、第六两章的篇幅再次就这个问题展开翔实的比对。这里先强调指出，尽管笔者已经就这个问题进行了20多年的研究，也出版了一系列的专著，但是认真思考，仍然觉得挖掘还是不够深，还需要深入研究。

这里，暂且对这两种文化作出简洁比对分析如下：

首先，桃花源文化是“单一文化”，地球村文化是“多元文化”。在《桃花源记》中我们读到：桃花源中居民的生产生活方式是比较单一的，大家从事的都是没有什么差异的农桑生产，春种秋收，日出而作，日落而息。甚至连理想目标也都是共同的，那就是“秋熟靡王税”，自己劳动的收获如果没有官府的苛捐杂税来盘剥就好了，除此而外，也就不再有什么更加远大的追求了。因此，总体上说，桃花源文化是一种以能够存活并能够延续后代为目标的单一生存文化；而地球村文化则是典型的多元发展文化，这一特点即使在现代城市的居民小区中也已经可以看得比较清楚了，大家职业各不相同，身份各不相同，目标追求也各不相同。在同一个小区里，可能有的人还在为解决温饱问题而努力，有的家庭已经达到小康水平，还有的家庭则在策划是在国内还是去国外度假旅游……

其次，桃花源文化是“排异文化”，而地球村文化则是“共容文化”。《桃花源记》中我们读到，桃花源中的居民是因其先祖“避秦时乱，率妻子邑人来此绝境，不复出矣”，显然，这种同宗同文的一代一代群居延续，最终必然形成一种“排异文化”。例如，大家都知道，人的左手也是可以正常书写汉字的，但是，在中国，除了个别残疾人，或者书法家，我们较少看到以左手写汉字的人。这就是传统精神文化中“排异文化”的一种细节表现。我们的孩子从小就被教导，应该这样而不允许那样，以至于中国人成年以后，往往千人一面的共性大于各显其特色的个性。反之，在电视中我们则常常看到，有外国的新闻记者用左手进行正常书写，这正是从家庭到社会中“文化共容”的一种细节表现。

再次，桃花源文化是“少有往来文化”，地球村文化是“注重交流文化”。《桃花源记》中我们读到，当“不知秦汉，无论魏晋”的桃花源中居民见到从源外进来一个陌生人时，皆“咸来问讯”（足见其与外部联系之少），得知外部世界早已发生了沧海巨变时，尽管也很感慨，“皆叹惋”，但是他们对一个全新的外部世界却丝毫没有进一步了解的兴趣。所以他们尽管对“武陵人”以礼相待，但并不热情，直至武陵人数日后辞行之时，他们反复叮嘱的则是：不要再把我们的情况告诉别的人了。果然，武陵人原路返回后再次去寻找，就找不到了。显然，他们并不希望有什么外人搅扰他们久已习惯的封闭式生活。反之，地球村文化则显然是注重交流的文化，地球村居民往往来自世界各地，大家住在一个社区，不仅互相尊重，而且更喜好交流。例如，我们不仅可以通过电视看到，分布在世界各地的华人华侨如何在异国他乡欢度春节、端午、中秋等传统节日，同时也可以目睹那些来自世界各地的居民如何在中国社区里欢度他们的民族节日。而正是在这种潜移默化的交际往来过程中，地球村，尤其是在中华大地上逐步形成的地球村社区，也在接受以推进交流的方式融注着“地球村文化”。

随着日益深化的改革开放与日益扩大的对外交流，“地球村”这个概念也日渐普及，纵观国内媒体的宣传以及国人日常交谈话语，“地球村”俨然就在身边，而自己也自然而然地转为了地球村的村民。

其实，对于我们这个民族来说，从对外封闭的“桃花源”到全面开放的“地球村”，从以伦理亲情主控的“熟人社会”到以法律契约调控的“陌生人社会”，堪称是一个重大的历史转型，而且对于每一位国民来说，尤其是那些一直生活在传统精神文化制控下的国民来说，要想成为合格的“地球村村民”，在精神文化方面，可能要经历一个堪称“脱胎换骨”的洗礼。反之，如果对于我们这个民族融入“地球村”的意义、价值，以及这一融入过程要突破什么样的（尤其是精神文化层面的）瓶颈不能具有足够的认识，对于从“桃花源”居民转变为“地球村”村民没有提前做好准备，只怕不仅难免类似“华人与狗不得入内”的历史尴尬会重现，还有可能遭遇更为严重的冲突。

1814 年，不可一世的法国皇帝拿破仑被欧洲反法联军击败后东山再起，1815 年他组织 30 万大军向欧洲反法联军发动进攻，结果在滑铁卢再次遭到惨败。6 月 22 日，拿破仑被迫退位，不久就被英国军队押送到遥远的大西洋的圣赫勒拿岛监禁起来。在他被监禁的第三个年头，一个名叫阿美士德的英国人在前任失败的基础上，再次率领英国贸易使团前往中国，企图敲开中国的国际贸易大门，结果又一次在嘉庆皇帝那里碰了壁。垂头丧气地回国途中，他经过圣赫勒拿岛，特地上岛去拜访了囚徒大皇帝拿破仑一世。见面之后，阿美士德讲述了自己在中国的经历，认为只有通过战争才能敲开中国的大门。而拿破仑对英国的做法充满了蔑视，他对于英国用战争解决问题的提法发表评论说："要同这个幅员广大、物产丰富的帝国作战是世上最大的蠢事。"他接着说："开始你们可能会成功，你们会夺取他们的船只，破坏他们的军事和商业设施，但你们会让他们明白他们自己的力量。他们会思考，他们会建造船只，用火炮把自己装备起来。他们会把炮手从法国、美国甚至伦敦请来，建造一只舰队，把你们打败。"阿美士德反驳说："中国在表面强大的背后是泥足巨人，很软弱。"但拿破仑认为，中国并不软弱，它只不过是一只睡眠中的狮子。以今天来看，狮子睡着了连苍蝇都敢落到它的脸上叫几声。拿破仑接着又说："中国一旦被警醒，世界会为之震动。"

百余年来，拿破仑关于中华民族的"睡狮"评价，一方面极大地激励着我们这个民族的自信心，另一方面，民族精英们也一直在试图运用各种手段"唤醒"这头东方睡狮。其中，历经鸦片战争中的多次战败、推翻满清政府至建立民国，再历经抗日战争至中华人民共和国成立，人们曾经一次又一次地认为中华民族终于觉醒了。然而，直到新中国成立65年以后的今天，拿破仑这句"睡狮觉醒"名言的真正含义才算逐步凸显。那就是中华民族只有学会了如何与世界平等交流，不仅是如何与世界公平合理地做生意，而且还要与世界各民族友好平等地相处，它才将成为一只真正的醒狮。反之，对其他民族与国家的态度，无论是盲目自大、傲慢无礼，拒人于千里之外，还是奴颜婢膝、低三下四，连月亮都是外国的圆……都只能认定为这个民族还远没有在精神文化层面上真正觉醒。

现在，文化觉醒的任务凸显在我们民族的面前，凸显在全体国民面前——怎样推动我们这个民族迈开从苏醒到清醒，再从清醒到觉醒的坚实步伐呢？

中编

融凝厚重的文化特立

我们的民族精神文化在世界民族之林中，不仅以其自身的融凝厚重显著于世，任外部力量如何摧残也“打不倒、压不垮”，而且能够包容多元文化，与其共存且并行不悖，特立独行数千年而不衰亡。

怎样在新的时代条件下重新认识我们的民族精神文化，辩证地把握我们的民族精神文化体系，既认准哪些是应当继续弘扬的优点，也看到哪些是应当改正的不足，既不虚无自卑，也不盲目自傲，踏踏实实地推进民族精神文化体系的完善与更新，这是时代交给我们的任务。

对于传统民族精神文化，我们既不能以暴力革命的方式全盘否定（历史早已一次又一次地证明，全盘否定是不可能的），也不能以盲目赞美的态度，只看亮点，不看黑点，甚至文过饰非，嗜痂成癖。因为，就精神文化而言，一方面是高度凝练的，绵延千年逐步熔注的，另一方面又是随处可见的，透过日常言行就可以清晰把握的，而且，越是历史悠久的精神文化体系，越可能是精华与糟粕共存，需要更新与完善。通俗地说，我们只能是：凡是能适应现代社会，并有助于推动提高民族精神文明水平的，则弘扬之；还能有助于显现民族精神文明水平的，但是已经暴露出缺陷的，则完善之；对于明显不能适应现代社会，而且明显有损于民族精神文明形象的，则废弃之。需要指出的是，废弃不能等同于清除，因为无论我们发现某一精神文化要素已经多么丑陋，只要当初推动这一要素形成的社会经济基础还没有完全改变，哪怕已经只剩下些许残留，那么，这些残留就会成为这一精神文化要素的存在依据，只要出现合适机会，这一精神文化要素就可能会顽强再现。

只是，在传统精神文化体系中，究竟哪一点文化要素是需要“扬”的，哪一点文化要素又是需要“弃”的，只有通过具体分析之后才能得出结论。

本编在此展开了中西方精神文化体系的20点比对，在展开具体比对之前，有三点需要加以说明：

第一，单一谈及“西方文化”，难免概念的内涵与外延都会出现过于宽泛的问题，因为就西方世界而言，民族多元、文化多元，是很难进行单一比对的。为便于展开论述，特选取在西方世界历史最为悠久、内涵最为完备，同时在西方各民族文化中也最具有源头性、权威性的《圣经》文化为西方文化代表，以其内含的非宗教文化与中华文化进行比对。

第二，就我们民族传统精神文化而言，其自身也和“圣经文化”一样，实际上是一个开放的、动态发展的精神文化体系，同样很难进行界定明晰的定量比对。就本书作出的比对而言，笔者在2008年出版的《中华文化与〈圣经〉文化》比对点共有12个，4年过去了，本书比对点增至20个，继续研究下去，比对点还会有所增加。

第三，在这20点的逐一比对中，哪一点该“扬”，哪一点该“弃”，本书没有一一说明，因为只要一转换比对的考察角度，结论就会像万花筒似的以变应变。因此，为保持本书动态的开放性特点，在此只做事实比对，至于对某一观点究竟应当“扬”还是“弃”，最好由读者诸君“仁者见仁，智者见智”，各持已见吧！

第五章　形象描画：言行规则方面的精神文化对比

在本章10个小节的文字比对中，关键词是“注重”，“注重”在这里具有排他性，即如果注重这一点，相应就会排斥另一点。

一、中华文化注重“知足常乐”西方文化注重“不知足常乐”

本书上编将东晋时期陶渊明的《桃花源记》作为以小自耕农为经济基础的传统精神文化体系的形象标志，与以市场经济为经济基础的“地球村”文化进行对应，之所以这样链接，实在是因为中华传统文化的诸多理念，几乎都可以在《桃花源记》里找到文字依据。例如，中华文化注重“知足常乐”，《桃花源记》中就有着形象具体的刻画。

首先，农耕社会的人们由于对土地的生存依赖，直接导致只要有了土地就能“知足常乐”。桃花源中人入住桃花源的直接原因就是：“先世避秦时乱，率妻子邑人来此绝境，不复出焉；遂与外人间隔。”请看，至少是整整一个部落被封闭在“桃花源”这个小天地里，不是常怀“知足常乐”之心，怎么能一住就是几百甚至上千年？

其次，尽管武陵人的意外闯入也曾经唤起他们对位于外部世界的家乡的思念，“咸来问讯”，并且为外部世界发生的变化而“皆叹惋”，但同时，他们因为“自我满足”而对外部世界“无所求而并不关心”的心态也非常鲜明。其证据有三：一是根据“武陵捕鱼人”在一次迷路之后，沿着一条小溪很快就可以到达桃花源的记载来看，桃花源离外部世界并不遥远，然而，历史已经越过千年，而桃花源中人“不知有汉，无论魏晋”；二是他们也不希望外部世界了解桃花源里面的情况，所以他们告知这个武陵人，桃花源里面的情况“不足为外人道也”；三是武陵人出来后重寻桃花源，发现找不到了，显然，他们把自己重新“隔绝于世”了。

在《桃花源记》正文之后，陶渊明还附有一首诗，对说明中华文化为什么注重“知足常乐”也非常重要。这里附录如下：

嬴氏乱天纪，贤者避其世。黄绮之商山，伊人亦云逝。往迹寖复湮，来迳遂芜废。相命肆农耕，日入从所憩。桑竹垂余荫，菽稷随时艺。春蚕收长丝，秋熟靡王税。荒路暧交通，鸡犬互鸣吠。俎豆犹古法，衣裳无新制。童孺纵行歌，斑白欢游诣。草荣识节和，木衰知风厉。虽无纪历志，四时自成岁。怡然有余乐，于何劳智慧！奇踪隐五百，一朝敞神界。淳薄既异源，旋复还幽闭。借问游方氏，焉测尘嚣外？愿言蹑轻风，高举寻吾契。

通过所附诗篇我们看到，桃花源中人“俎豆犹古法，衣裳无新制”。也就是说，他们不仅待人接物礼仪和先朝古制一样，而且连穿的衣服样式也和古时一样，没有任何更新变化，这显然可以作为满足现状的一个旁证。至于“虽无纪历志，四时自成岁。怡然有余乐，于何劳智慧？”则更是显现其“知足常乐”。

由于小农经济、个体家庭对天灾人祸、风雨霜雪存在难以忘却的畏惧心理，所以，一年辛苦能够最终“风调雨顺、颗粒归仓”，不仅就已经非常幸福，而且《桃花源记》中还实现了“秋熟靡王税”，就更是农耕社会人们的一种企盼与理想。也正是农耕社会对于土地劳作的可预期性的收获的高度依赖，导致了人们一般不会去奢望什么巨富、暴富，而注重循规蹈矩的简单积累，在可以预知的财富中安排自己的生活，并且“知足常乐”。

应当看到，“桃花源”固然是一个虚无缥缈的乌托邦，但是，桃花源人的这种生活态度，在某种意义上，却可以看作是农耕时代小自耕农人生理念的一种现实反映。

这一理念不仅成为数千年来华夏子民代代相传的生存理念，而且，即使是在中国共产党领导下的中国革命进程也常常难免受到此伏彼起的“知足常乐”思想的侵蚀。就以毛泽东的那篇雄文《将革命进行到底》来说，当时，伴随着战争的节节胜利，另一种思想也在同时泛起，那就是盼着能早日回家。当时这种“革命成功即回家”的标志性口号就是“三十亩地一头牛，老婆孩子热炕头”，也就是说，全国革命即将胜利。自己如果能早点回家，能够有三十亩地，有一头牛，和老婆孩子在热炕头上过起小日子，就非常理想化了——应当不难理解的是，导致这种思想泛起的根源，其实正可以上溯到小自耕农“知足常乐”的民族精神文化理念。

而与农耕社会生存方式不同的是，较多地依赖海洋生活的西方世界，则表现出另外一种精神文化特点，那就是“不知足常乐”。

古希腊文学经典著作《荷马史诗》早自公元前就开始传世。其中，在《奥德赛》中我们便可以读到，英雄俄底修斯是如何在异域的长期漂泊中凭借个人智慧战妖斗魔，取得人生一次又一次的成功的，而且通过他的人生闯荡，史诗展现了大千世界的瑰丽与神奇。此后，历史进入中世纪，西方人的冒险探索精神受到宗教蒙昧主义思想的沉重压抑，但是西方的人文精神也仍然昂扬蓬勃，探索不止。例如，在意大利著名诗人但丁的名著《神曲》中，我们可以读到，但丁一方面作为中世纪最后一位诗人，根据宗教神学理念，将一生勇于冒险的希腊英雄俄底修斯送进了地狱，另一方面又作为新世纪最初一位诗人，虚构了俄底修斯历尽漂泊之苦终于回到家乡以后，不顾妻子的挽留，再次出海游历遇险，最终死于风浪的故事。但丁不仅以此对人类冒险与探索的精神表示赞赏，而且他还让俄底修斯即使已经身陷地狱仍然坚持表态：“人不应当像走兽一般地活着，应当求正道，求知识。”

至于被马克思盛赞为“奥林波斯山上的宙斯”的德国大文学家、大思想家歌德，更是在他的传世之作《浮士德》中，借浮士德与天帝打赌时明确提出，人生在世，只有在“永不知足”的追求探索中才能感受到生命的价值与快乐，所以永远不能知足常乐。而正因为人生理应永不停止追求，浮士德和天帝立下赌状：只要自己有一天说出了一句知足的话，那么自己立即死掉，并且灵魂归魔鬼所有。《浮士德》中，浮士德最终获胜，灵魂得以荣升天堂。

追根求源，西方民族精神文化中“不知足常乐”的生存文化，其实正是与西方诸多民族永不满足“衣食饱暖”的浅层次生存状态，一代又一代地坚持向天空探索、向大地探索、向历史探索、向人类自身探索的求索精神始终一致的。他们之所以能够形成这种“不知足常乐”的“探索文化”，原因当然是多方面的，其中，在精神文化层面，“圣经文化”所竭力宣扬的“不知足常乐”理念的推动，不仅功不可没，甚至可以这样理解，在某种意义上，也可以说是西方民族精神文化体系形成的动力源之一。

在《圣约·旧约》（以下简称《旧约》）“出埃及记”中，我们读到，以色列人原先生活在埃及人当主人的世界里，当时，他们都是埃及人的奴仆，生活中固然难免有做苦工的辛劳，但是，毕竟居有定所，食有鱼肉，而且也可以生养子息、延续生命，比起东方中国封闭停滞千年不变的“桃花源”，实际生活水平可能高一些。但是，正是耶和华上帝向他们灌输了一种不能安于现状的理念，鼓动他们与埃及法老们抗争，争取自己的人生自主权，又亲自带领他们离开沿袭已久的生存环境，去寻求“流奶与蜜之地”，由此开始了逐步改变“满足衣食饱暖”的浅层次生活状态，转而投入不断追求更高目标（精神自立）的苦苦求索。在某种意义上可以这样说，是耶和华上帝改变了以色列人的生存状态，推动着他们从静态的、被动的、消极的生命延续转向了动态的、主动的、积极的发展追求。

不妨做一个设想，假定有一天，耶和华上帝也真的亲临了与世隔绝状态下的桃花源，看到人们以“衣食饱暖”为目标进行着简单的生命延续，成百上千年地与外部大千世界“鸡犬之声相闻，老死不相往来”，他恐怕也会以“流奶与蜜之地”为诱饵，鼓动人们走出“桃花源”，前往大千世界寻求自己人生的新发展吧！

二、中华文化注重“圣人教化管理”
西方文化注重“人类自我管理”

农耕社会对于土地的高度依赖，往往会导致人们的“弱者心态”：一年到头的精耕细作，最后仍然无法与旱、涝、风、虫等自然灾害相抗衡，只好转而四处跪拜，先是烧香磕头、仪式隆重地求龙王、拜观音，乞求老天爷恩赐“风调雨顺”，以保证一年辛劳最后能有个好收成。如果老天爷不愿意显灵而降下灾难，那就转而求“青天大老爷”（当权的管理者）能够怜悯开恩，减免赋税、放粮赈济。如果“青天大老爷”也没能有效解决问题，那就再转而去跪拜、祈求当地的富人、善人，希望他们能够从自己的仓库中拿出些微以解救命悬水火的穷苦百姓……一代一代的人们生活在这种“弱势”境遇中，不得不承认“人算不如天算”、“人能能不过命运”，不得不将自己定位在“我不行”的弱者角色上，于是转而盼望“救星”来帮助自己，盼望“青天大老爷”来关心自己，年复一年，代复一代，进而形成一种“被管理者”的心态文化。

在中华传统文化中，“天”、“地”、“君”、“亲”、“师”五者始终处于一种至尊地位，其中，“天”、“地”、“君”是管理者，地位至尊；“亲”是长辈，堪居尊者地位；“师”者更是以“传道、授业、解惑”为业，承担人生教化与指导功能……以此五者为代表，我们看到这样一种文化心态：只要是比自己强势的，他们全都高高在上，也应当高高在上。传统精神文化就这样时时处处提示着中国的老百姓：圣人行管理教化之责，百姓唯有“被管理、被教育”式地听命服从之义务。这种源自小自耕农生存状态的“弱者心态”的普遍存在，又直接导致了一种所谓“必须接受圣人教化”的被动心理。

当这种弱者心理逐步上升，进入到精神文化层面以后，又会以精神文化的形式反作用于弱者心理。它一代复一代地迫使人们接受宗法制社会人分三六九等，以及宗族势力对法制—法治的排斥；它迫使人们接受“上智与下愚不移”，同时曲解“劳心者治人，劳力者治于人”的理念（原为强调社会分工的进步性）；此外，还有“礼不下庶人，刑不上大夫”的规定、亲情文化“胳膊肘朝里拐”的侵蚀……以至于我们民族在法制建设方面，尽管起步甚早且历史久远，但是法制—法治的精神文化迟迟没有在民族精神文化层面上深深扎根。

有一首流传甚广的歌曲似乎可以为这种“精神文化丑陋而不自知”的现状作一个形象的说明，那就是《小草之歌》。

我们先看一段歌词：“没有花香，没有树高，我是一棵无人知道的小草；从不寂寞，从不烦恼，我和我的伙伴遍及天涯海角……”不难看出，这首歌的核心理念也就是：不要看我这也不如人，那也不如人，我简直一无所能，但是那又怎么样呢！我既不寂寞，也不烦恼，因为像我这样的人多了去了……

这首歌之所以受到欢迎，流传甚广，其实与它形象地描绘了相当一部分国民的精神平庸、不思进取有着很大的关系。可是问题到此并没有结束，再唱下去问题更大！

接下来的歌词是这样写的："春风啊春风你把我吹绿，阳光啊阳光你把我照耀，河流啊山川你抚育了我，大地啊母亲把我紧紧拥抱……"请看：当我们国家、我们民族已经迈开富国强民的步伐，正需要举国上下无论尊卑，都应齐心合力拼搏奉献以振兴中华之际，《小草之歌》却一连用4个排比句只谈如何索取，只谈被关怀，拒谈努力奉献（"被吹绿、被照耀、被抚育、被拥抱"，自己没有任何作为）。而理由却只有一个：因为我不是大树，而只是小草！

中国有一句话叫作"不怕不识货，就怕货比货"，这首歌曲宣扬的精神文化理念究竟如何，究竟是丑陋还是俊美，我们只要去对比一下"国家有难，匹夫有责"、"位卑未敢忘忧国"、"卧薪尝胆"、"三更灯火五更鸡，正是男儿读书时"等古训就不难看出。如果再将眼界放宽，去对比一下《国际歌》中的价值观："从来就没有什么救世主，也不靠神仙皇帝，要创造人类的幸福，全靠我们自己！"就会看得更加清楚明白。《小草之歌》中宣扬的"自甘平庸、贪图安逸、拒谈奉献、只讲索取"的精神文化理念，其实是绝对谈不上俊美的，但问题的严重性更在于，举国上下对于这种明显暴露出"大国小民"精神丑陋具体所在的理念毫无反思批判之意，反而津津有味、没完没了地传唱！

我们这个一贯自诩"勤劳、勇敢并敢于担当责任"，尤其注重"修身、齐家、治国、平天下"的中华民族怎么会对于"小草之歌"的萎靡与丑陋完全没有一丝警觉呢？

对于这个问题的回答，话语说得更加尖刻一点，那就是：没有哪一只兔子会对同类被猛兽追赶时的狼狈逃离感到羞耻，也没有哪一只狼会对同类咬杀小动物的凶残表示反感，因为他们都是同类。换句话说，"小草之歌"之所以能够如此广泛传唱且影响久远，根本问题在于我们这样一个"下大上小"的金字塔形结构的国家，处于底层的"小民"的人数过于庞大，尽管小民之间可能会有社会层次、社会职业的差异，但同类之间对于共有的"丑陋"不自知或者感觉不到丑陋则是非常正常的。

当我们转而关注《国际歌》的精神文化特点时，则又不能不看到，《国际歌》之所以能发出这样的呐喊，也并不是因为歌曲作者是什么超人、圣人，他的理念同样出自西方的民族精神文化传统，而这一传统同样可以上溯千年，甚至可以将《旧约》文化理念视为其源头。

仔细阅读《旧约》，从字面上看，《旧约》“出埃及记”开篇，耶和华上帝就以“带领以色列人前往流奶与蜜之地”为引诱，推动以色列人摆脱埃及法老的“统治管理”。但是，令人感到神奇的是其后发生的一系列事件，耶和华上帝呕心沥血、不厌其烦地在以色列人中推行的，实际上是一个“自我管理”的历史大工程。

我们看到，这一工程是从四个方面系统化推进的：

第一，耶和华上帝向以色列人传授物品用具的统一制作方法，如“造柜之法则、造灯台之法则、造幕幔之法则”等，以此从全民角度大大提升以色列人的物质文明水平。

第二，为以色列人设定各种祭祀、节庆活动，如“设定守圣安息日、设定赎罪祭、设定逾越节礼仪”等，以此从全民角度大大提升人们的精神文明水平。

第三，耶和华上帝以《摩西十诫》为标志，为以色列人条分缕析地制定了方方面面的律条法规，要求以色列人按照律条法规行事，由此开始了以色列民族社会管理法制化的历史进程。

第四，耶和华上帝命令摩西，聚集以色列长老70人，组成最高管理层，将全部以色列人十二支脉分立十二根柱子为标记，再从以色列人中选拔有才能的人，分别担任“千夫长、百夫长、五十夫长、十夫长”，由此开始以色列民族自己管理自己的系统构建。

在《旧约》中，以色列人刚出埃及时，他们的独立自主意识也不是非常强的。他们饿了、渴了就直呼耶和华上帝并提出要求，要求没能得到满足时甚至抱怨耶和华上帝，而耶和华上帝在听到以色列人的诅咒时，也曾发怒，也曾惩罚过以色列人。但是最终，耶和华上帝一步一步地放手不再管理，以色列人也终于在耶和华上帝的这种引导模式下，得以在人类处于蛮荒的远古时代，迈开了向文明高峰一步一步升登的坚实步伐。

在对爆发于欧洲中世纪的文艺复兴运动的高度评价中，很重要的一点就是“以人学反对神学”，认定文艺复兴运动向中世纪宗教神学一统天下的黑暗时代引入了人文主义的阳光。其实，在审视这一定论时，有一个重大问题是不能忽略的，那就是文艺复兴运动其实是两大分支，一大分支是在文学艺术领域，以“人文主义”反对“神权主义”，而另一分支则是宗教改革，它并没有将《旧约》与“圣经文化”全盘否定、全盘封杀、一棒子打死，而是将其中的理念精华转化成为西方民族精神文化的精髓，实实在在地对“圣经文化”完成了哲学意义上的“扬弃”。

也正因为如此，在西方世界，由于人们并没有经历过中国式的“捣毁庙宇、砸烂菩萨”的大骚乱，没有经历过“打倒孔家店”式的精神扫荡，而得以始终没有间断地从《旧约》中汲取着养分精华。例如，在耶和华上帝面前“人人平等”，无论什么人违反了耶和华上帝的规定，都将受到同一尺度的惩罚等，因而，西方民族在上千年的“耶和华上帝的法制—法治意识”的浸润中，自然而然地会对“法制”怀有敬畏之情，并且很自然地，从《旧约》鲜明的“以人为本”理念、法制与契约理念中受到人格平等的启蒙，并由此而一代复一代地坚持着自己管理自己。

三、中华文化注重“靠”不注重“立”
西方文化注重“立”不注重“靠”

我们这个民族的传统社会是一个以“君臣父子”的亲情伦理为原则构建的等级排列社会，越是处于社会上层，拥有权利越多，承担的义务却越少；同理，越是处于社会下层，承担的义务越多，而拥有的权利却越少。正是这样一个社会构建，导致越是处于社会下层的人越是想向上登攀，以力求能够进入上一层次，进而拥有更大的权利而减少自己必须承担的义务。

由于“向上爬”远远不是一蹴而就的事情。于是，面对着“心有余而力不足”的自身现状，我们这个以小自耕农为主体的民族，很自然地就养成了以“攀附投靠”为手段来壮大自己的力量与声威的习惯，几千年来，这种习惯终于融注成一种独特的“重靠不重立”的精神文化理念。

所谓“攀附投靠”，大致有两种类型，一种是向上攀靠，通过个人向上一层攀附，攀上有势力、有实权或者更有势力、更有实权的人或部门；另一种则是与地位或实力相近的个体形成一个组织或团伙，然后再“攀靠”这个团伙来实现目标。

这种“靠”的理念，在现实生活中有着多方面的具体表现。诸如“在家靠父母，出外靠朋友”、“背靠大树好乘凉”等。如果说“朝里有人好做官”是一种对想改变现状最好能“靠”上有权势的人的期盼的话，那么“攀龙附凤”则是对“靠”的理想化憧憬，“一人得道，鸡犬升天”，则更是“鸡”、“犬”等处于下层者如果没有靠山就不可能成功，只有通过攀靠才能实现自己的目标追求的反思与总结。而“靠山吃山，靠水吃水”，则是提出了一种最为便捷的“能靠什么就吃什么”的生存理念，至于“恃强凌弱”，则是一种“有了强靠山”以后的言行举止基本特点的显现。诸如此类的观点，时时在提醒着下层小民，个人的力量永远是孱弱的，“靠”是壮大自己力量的快捷方式。

“孤立看待”这种理念之所以能够流传千年，自然有其内在的合理性。因为千百年来，以一家一户为单位的小农经济生产模式，面对天灾人祸，无不时时感受到自己的弱小，“靠”当然也就不失为一种自我壮大与抗衡天灾人祸的手段。日常生活中，我们常常会见证这样的事实：“众人拾柴火焰高”、“团结就是力量”、“一个篱笆三个桩，一个好汉三个帮”、“一根筷子容易断，十根筷子断亦难”……

但是，无论“靠”文化理念在一个以小自耕农为主体的“弱者社会”曾经具有多么高的合理性，从今天的时代条件反思历史，我们还是不难看到，“重靠不重立”的文化理念其实原本就存在着一定的负面影响。例如，与“靠”相对立的显然就是自主自强的“立”，过多地肯定“靠”的理念，相对应地就会弱化“立”的意识。又由于人生途中，在同等条件下，主“立”者要比主“靠”者付出的代价更大，因此难免会产生这样的现象：“出头的椽子先烂”，“木秀于林，风必摧之”……显然，它可能腐蚀人们的自立自强意识，扩散开去还可能干扰整个民族奋发图强的前进步伐。

再如，“靠山吃山，靠水吃水”，在某种意义上，应当是一种最为便捷的择业理念，但由此而出现的另外一面则是“不思变革、不思进取”。因此，一旦所“靠”的对象发生变化，立即就会出现生存危机。如近些年来，由于近海诸多传统渔场资源接近枯竭，“渔民无鱼可捕”

已经给渔民带来了生存危机。同样，放眼中国西部、北部，有不少“百年矿城”，由于资源开采殆尽，随之而来的竟是数十万乃至上百万代代“靠矿吃矿”的居民如何迁徙外地、如何再就业的大问题。

这就迫使我们不能不去思考，为什么西方很多民族虽然并不具有中华民族那么辉煌、悠久的历史，并不具有中华“地大物博”的优势，却能在短时间内，一下子就跃进世界各民族的前列，在多个领域引领人类文明的发展方向？这其中，西方民族“重立（不重靠）”的文化理念是尤其值得注意的。

需要强调的是，本书之所以在这里写成“重立不重靠”，实在是为了醒目、对仗工整而已。深入思考，就其内涵而言，也就是一个打比方的说法而已，完全没有评价西方民族不重视团结合作的意思（西方民族重视团结合作的实例俯拾皆是，例如，股份制就是最先在西方出现的，再如，《国际歌》高唱的就是“团结”，而《共产党宣言》高呼的口号则是“全世界无产者联合起来”），因此，对西方民族“重立不重靠”的准确理解应当是：西方民族不仅重视个人自立，而且同样重视在团结、联合、合作的过程中，合作体内部的“个体独立意识”（而“股份制”就是一个形象的例证）。

而西方民族这种“重立”意识的养成可以在《旧约》中找到“源头”，正是耶和华上帝率先向以色列人灌输的这种意识。其最典型的表现莫过于引导以色列人脱离“靠在埃及为奴”的生活。

这一引导并不是一帆风顺，而是充满矛盾冲突的。冲突的第一次爆发可见《旧约》“出埃及记”第十四章，刚刚脱离埃及人的以色列人被埃及人追赶，心中害怕，向摩西抱怨说：“难道在埃及没有坟地，你把我们带来死在旷野吗？你为什么这样待我们，将我们从埃及领出来呢？我们在埃及岂没有对你说过，不要搅扰我们，容我们服侍埃及人吗？因为服侍埃及人比死在旷野还好。”从此，每当以色列人陷入困境时，就不断有人怀念起在埃及“虽然为奴但却平静安逸”的生活，但是，正是通过一次又一次的矛盾冲突，耶和华上帝才终于成功地在以色列人中确立了自主自强的“立”文化，并通过以色列人把这种“立”文化向全世界推展。

耶和华上帝为了让以色列人养成“重立”文化，还有一个具体的举措，就是一方面断绝以色列人想“靠”（依赖）他的心理，从“出埃及记”开始，就让他们自己面对没有食物、没有饮水的困难，让他们自己处理战争中的攻守胜败问题；另一方面，他“封人为圣”，《旧约》“出埃及记”第十一章中写道，为了树立摩西的威信，耶和华上帝让“摩西在埃及地法老臣仆和百姓眼中，看为极大”。《旧约》“出埃及记”第十三章中，耶和华上帝晓谕摩西说：“以色列中凡头生的，无论是人是牲畜，都是我的，要分别为圣归我。”《旧约》“出埃及记”第二十九章中，耶和华上帝要摩西的哥哥亚伦和他的儿子出任祭司，也是“使亚伦和他儿子为圣……封人为圣”，不仅使得这个人在心理上离耶和华上帝近了一大步，而且在“自立”意识上，也强化了一大步。

“重靠”与“重立”这两种不同意识的养成对于民族发展的深远影响，也许确实需要一个很长的时间段才能进行比对。然而，“重靠不重立”的不良后果已经出现在眼前，表述方式尽管各有不同（还有的称之为“傍”，有的称之为“啃”），但其实比比皆是。

以家庭为单位作微观考察，我们不难看到，由于“在家靠父母”，我们这个社会出现了所谓的“啃老族”，其中典型者，父母要一直把他照顾到上大学、找工作、买房子，甚至还要照顾他的下一代……

转向社会作宏观考察，“重靠不重立”在各行各业其实也皆有所表现。就教育而言，近些年来，我国高等教育确实发生了很大的变化，但是这些变化究竟是在实现教育自身的内涵发展，还是在以“攀靠”壮大声势，略加剖析则不难明白。

我们看到，国内高校发生变化的第一步是简单合并，本地几所小型学校一合并，中专升格为大专，大专升格为本科，本科升格为具有招收硕士研究生资格的院校，人还是那些人，个人能力还是那样的能力，可学校突然也就声威显赫，“牛”起来了，于是大家一起攀靠上去。

另一种攀靠，就是引进已经成名的院士、名教授；引进不了，就招聘兼职院士、兼职教授；兼职也不行，就弄虚作假，慷国家之慨，搞假兼职，只要能靠上，就立即犹如阿Q觉得自己已经加入了革命党一样，“牛”起来了。遗憾的是，这一点就连北京大学也难以免俗。例如，早几年前，美国哈佛大学教授、世界著名数学家丘成桐先生在接受媒体采访时就曾直言不讳地批评说：“《纽约时报》说北京大学40%的引进人才都是海外的，你去美国调查一下，我担保大部分是假的。”他称北大这样做是可以拿到好处费，“引进一个人，可以拿几千万的资金到学校来，学校拿了几千万，给你（指引进的教授，记者注）一两百万有什么关系？反正不是他的钱，是国家的钱”。此后，北京大学曾对此做强烈反应，但最终也没有拿出任何实质性的反击材料，渐渐地也就拖得人们不再关心了。

放眼世界不难看到，从可持续发展的角度思考，要想保证我们民族走向繁荣昌盛，无疑需要整个民族人人确立“自尊、自信、自立、自强”的心态！如此观之就不难了解，“重靠不重立”的精神文化理念，在改革开放30余年的今天，已经成为一种腐蚀剂了！

四、中华文化注重“见好就收”
西方文化注重“不断进取”

一个民族的精神文化体系，逐步融注并定型于这个民族的生存与发展的进程之中，而其中的诸多具体观点，也就像一个个鲜活生命一样，自有其“理念萌生—观点确立—深入人心”的过程，此后，再伴随着社会经济生活的发展变化而渐趋没落、淘汰、消亡。应当指出的是，即使某一观点和其他民族的同类观点相比，已经显得落后，需要更新，但只要这个民族的成员还没有意识到更新的必要性，那么，诸如此类的观念也会依据其当初形成时的依据而拥有着存在的合理性，也就是说，一个民族，通常是不会在一个相对封闭、静态的固有环境中，主动更新与完善自己的精神文化体系的。

但是，一旦这个民族成员走向外部世界，尤其是通过与其他民族的精神文化理念的具体对比，发现了本民族的精神文化理念的不同点，进而通过实践，进一步认识到某一观点理念的滞后已经不利于本民族的成长与发展，于是很自然地就会逐步对这一观点理念进行扬弃。

也正因为这一原因，在改革开放30余年的今天，我们可通过进一步比对发现，中华文化注重“见好就收”的观点在与圣经文化注重“不断进取”的观点比对下，正在一点一点地暴露出消极、滞后等不足之处。

时至今日，在国人的日常生活中，“见好就收”之类的话语并不少见。而且，“见好就收”这一特点与以小农经济为主体的农耕社会的生产特点是相一致的。农耕生产方式尽管难免会遇到严寒酷暑等诸多方面突然袭来的自然灾害，但是一般情况下，还是有一个逐步推进的特点(例如，旱灾通常总是经过一个阶段才逐步形成，因而可以预期)，而小自耕农由于自身实力的弱小，几乎无力抗衡“天灾”，于是很自然地就会养成一种“怕冒风险，见好就收”的心态，以力求在灾难到来之前追求损失的最小化。应当看到，在数千年农耕社会基础上形成的这一文化心态是具有相当的合理性的。

与之形成显明对比的则是圣经文化。在《旧约》中我们读到，耶和华上帝反复地向以色列人灌输的正是一种“不断进取”的精神理念。在《旧约》“出埃及记”中，当他以“前往流奶与蜜之地”为理想目标，鼓动以色列人与埃及法老抗争，终于取得了自己的人生自主权后，他立即亲自带领他们离开沿袭已久的生存环境进入“旷野之地”。然而，当以色列人终于开始接近耶和华上帝许诺赐给他们的“流奶与蜜之地”——迦南地时，在人群中激起的不是欢呼，而是抱怨。

《旧约》“民数记”的第十三章中写道，为了取得迦南地，以色列人首先派出了“窥地者”了解情况，回复是“果然是流奶与蜜之地”，但随之而来的结论是：“我们不能上去攻击那民，因为他们比我们强壮”，“我们在那里所看见的人民都身量高大，我们在那里看见亚衲族人，就是伟人。他们是伟人的后裔。据我们看，自己就如蚱蜢一样。据他们看，我们也是如此”。

在耶和华上帝的高压下，以色列人开始进攻迦南，《旧约》“民数记”的第二十一章中可以读到，以色列人几经反复，终于“把迦南和迦南人的城邑尽行毁灭”。由此开始，以色列人在耶和华上帝的指引下，不但离开了在埃及人那里“尽管为奴，但是衣食保暖、生活安逸”的平静生活，而且开始了“不断进取”的征战历程。

只要我们暂时不要用现代社会的道德、法律理念来评价这一段不知道形成于什么时期的远古文字，就应当发现，耶和华上帝向以色列人灌输的正是一种“不断进取”的理念。时至今日，这一理念不仅对以色列人，而且对受到“圣经文化”制控的西方各民族均产生了巨大而深远的影响，而且产生了明显的效果。

“中华文化注重见好就收，圣经文化注重不断进取”的不同理念一旦上升到民族精神文化层面，所产生的强制控力不仅是久远的，而且也将是全方位的，即使进入现代社会，也仍然会有鲜活的表现。这里仅以体育竞技为例作一比对。

几十年来，中国早已从昔日的“东亚病夫”变成一个竞技场上的“金牌大国”，但是在这种繁荣的表象之下，一方面是近乎绝对化地“以金牌论成功”，甚至获得奥运会亚军也要称之为“屈居第二”；另一方面则出现了另外一种相当普遍的现象：运动员见好就收，及时转行。例如，有些运动员一旦获得足以改变生活方式的名次成绩，就立即转行，即使自身素质条件从事某项运动非常优异，在这项运动中有着非常光明的发展前途，也毫不犹豫地转行，因而，我国的优秀运动员队伍中，缺乏在国际竞技比赛中、在某一领域坚持多年“不断进取”且长盛不衰的“常青树”。

然而这种常青树在西方的运动员队伍里却比比皆是。例如，美国田径运动员刘易斯，自从1980年入选美国奥林匹克代表队开始，雄霸国际赛场数十年，获金牌无数，国际奥委会官方杂志《奥林匹克杂志》评选他为20世纪5名最佳运动员之一。在2008年北京奥运会上，又出现了达拉·托雷斯，她是美国游泳运动员，年过四十的她，已经是两个孩子的妈妈，北京奥运会是她第五次参加奥运会。

尤其值得注意的是，外国运动员中，有的人曾经遭遇足以结束运动生涯的意外伤害，但是他们仍然能够重返体坛。仅以2008年北京奥运会参赛运动员为例，波兰赛艇运动员亚当·科罗尔，这名老将曾受过严重外伤，运动生涯几乎终止，但于2006年重返体坛。波兰游泳运动员奥蒂利娅·耶杰伊恰克，2004年雅典奥运会200米蝶泳冠军，2005年她遭遇车祸受伤，但2006年重返泳池，2007年12月13日，在她24岁生日那天，她打破了200米蝶泳的世界纪录。美国游泳运动员埃里克·尚托，他是第一次参加奥运会，然而就在前往北京的前几个星期，他得知自己患上了睾丸癌，医生建议立即手术，但是尚托选择了以比赛为先。加拿大体操选手凯尔·休费尔特，雅典奥运会自由体操金牌得主，2007年8月，在训练中意外造成双腿骨折，但现在他已经康复，重新把目光瞄向了奥运会的领奖台。南非游泳选手纳塔莉·迪图瓦，左腿膝盖以下截肢的迪图瓦同时获得了参加北京残奥会和北京奥运会的资格，她将参加奥运会的10公里游泳比赛。迪图瓦将在不装义肢的情况下参赛，虽然她不太可能赢得奖牌，但她一定会赢得大家的尊敬。

中国体坛的运动员情况如何呢？与这些体坛常青树相比，中国运动员更多的却是“见好就收”，只要在冠军的领奖台上取得足以改变自己命运的奖牌，尤其是取得奥运冠军之类的金牌，则赶紧“见好就收”，转到一个保险系数较高的领域，或是去开公司做生意，或是去政府部门担任官员……叫他再去从事体育竞技的拼搏，除非另外再有相当的压力，否则他们基本上是不会再干了。

就以中国的“乒乓球”竞技而言，中国现在几乎堪称进入“独孤求败”的境界，甚至已经在考虑“养狼战略”——即开始考虑如何在外国乒乓球队中培养起能够和中国队抗衡的优秀运动员，以改变中国乒乓球队在国际乒坛上找不到敌手的尴尬局面，但是深入分析，中国真的是天下无敌吗？

瑞典有一个乒乓球运动员，名叫瓦尔德内尔。中国乒乓球运动员几十年来就从来没有一个人能和他抗衡。从1989年到1997年，瓦尔德内尔在世界乒坛上，他总共19次排名第一，堪称实力雄厚，他的第一代中国对手蔡振华早在十几年前就成为中国乒乓球队教练，而他居然先后也与蔡振华的4代弟子进行过对抗，且成绩辉煌。

在改革开放30余年的今天，反思我们民族精神文化中的“知足常乐”理念、“见好就收”理念，已经在诸多方面暴露出不适应市场经济，因为其他民族在“不断进取”，而我们却是“学如逆水行舟，不进则退”、“落后是要挨打的”，在这一方面，我们这个民族吃的亏已经不少了。只是如何扬弃这一理念，使之在一个更高的层面上发挥其正面的积极作用，看来还要有一段漫长的路程。

五、中华文化注重“身份等级差异”
西方文化注重“人格平等公正”

1793年（清乾隆五十八年），闭关自守的古老中国曾经发生过一次外交事件：马嘎尔尼勋爵代表英国政府率领贸易使团访问中国。

马嘎尔尼勋爵当时率领的是一个由近百名园艺师、军事家以及各种科技专家组成的贸易使团，该团随船带来了400箱准备献给乾隆皇帝的英国礼品，其中包括当时最先进的地球仪、太阳系仪、天文钟、铜炮、榴弹炮、大型战船模型等。而马嘎尔尼此行的目的非常明确，那就是通过展示英国的科学技术及军事实力，吸引当时比英国强大得多的中国与其“平等地”互派使节，以实现“自由贸易、协定关税”，进而调整英国为了购买中国的茶叶、瓷器、丝绸等产品而在进口贸易方面不得不付出大笔银子的“贸易赤字”。在某种意义上，这也就是200年后，中国在申请加入WTO时，曾经与多个国家反复协商的问题。这原本是一个送上门来的“推动中国走向世界”的大好时机。可是，从马嘎尔尼登岸开始，他就接连不断地碰壁。他一级一级地到处求告中国官员，甚至向中国官员送望远镜、怀表来寻求两国之间建立国际贸易规则的机会。最后，好不容易才被允许在皇帝诞辰盛典上觐见。可是，觐见刚结束，他就接到了“逐客令”，因为大清朝根本无意和他进行贸易洽谈。最终，他硬着头皮提出两国通商要求（同时保证英国商人将按照中国的税率规定纳税），可是得到的竟然是“不屑于和你做生意”的蔑视：“天朝物产丰盈，无所不有，原不借外夷货物以通有无。”马嘎尔尼最终因为未能完成使命，回国后不久竟气死了。

我们在这里关注的是马嘎尔尼访问中国期间还曾发生的一件轶事，他在获许于皇帝诞辰上接受觐见的同时就被告知，必须双腿下跪拜见中国皇帝。这一要求当即引发马嘎尔尼的不满，他表示，自己是大英帝国的使臣，不能向中国皇帝下跪，如果一定要下跪，那就请中国方面向英国女皇的画像下跪以示平等。这一要求当然被驳回了。据说，双方最后达成妥协：由马嘎尔尼向乾隆皇帝单腿下跪，总算将此事给糊弄过去了。

显然，这是中西方之间的一次文化冲突，而在这一冲突中可以看到，西方民族是不会轻易给谁下跪以表示自己低对方一等的。

然而，1970年12月7日，正在波兰访问的联邦德国总理勃兰特在向华沙犹太人死难者纪念碑献上花圈后，肃穆垂首，突然间双腿下跪，并发出祈祷：“上帝饶恕我们吧，愿苦难的灵魂得到安宁。”勃兰特以此举向“二战”中无辜被纳粹党杀害的犹太人表示沉痛哀悼，并虔诚地为纳粹时代的德国认罪、赎罪。

1971年12月20日，勃兰特因此获得了诺贝尔和平奖。

1973年，勃兰特在接受意大利著名女记者法拉奇采访时说：“我明确区分罪过和责任……尽管我很早就离开德国，但对希特勒上台搞法西斯主义也感到有连带责任。出任德国总理后，我更感到自己有替纳粹时代的德国认罪、赎罪的社会责任……献完花圈后，我突然感到有下跪的必要，这就是下意识吧？”

通过这则新闻，我们又可以发现：西方民族把双腿下跪看成是一件极其重大的行为，是一种极为隆重的“感恩、谢罪”的情感表达方式。

相比之下，我们这个民族对于下跪这个动作的使用范围似乎要广泛得多，尽管老祖宗就已经立下规矩“男儿膝下有黄金”（轻易不能下跪），但是，考察由古至今的中国社会，国人下跪的现象时至今日似乎仍然并不罕见，不仅要跪拜天、跪拜地、跪拜菩萨、跪拜皇帝、跪拜官员，还要跪拜老师，跪拜所有对自己有恩的人，跪拜所有地位高于自己的人。时至今日，下跪之风不仅未见收敛，反而似乎越来越盛。最为典型的莫过于著名二人转演员赵本山先生在收徒仪式上，接受徒弟向其行跪拜礼。

这就是传统精神文化体系的一个非常鲜明的特点，中国人的跪拜并不完全是“感恩、谢罪”，在很多情况下，也就是时时处处凸显人与人之间的“身份等级差异”。这种地位差异总体上呈现为“君尊臣卑、父尊子卑”的“上尊下卑”结构，这种“上尊下卑”的结构又可以含有无数层次的“下大上小”的金字塔形结构。

通俗地描述这种关系，就叫作“人分三六九等”。在这种关系制控的社会结构中，仅仅一个“平起平坐”，对于位居下层者，往往就具有已经得到位居上层者“施恩”的含义。同理，位居下层者如果不能自觉把握这种等级关系，未得允许而与位居上层者“平起平坐”，恐怕就难免会受到“狂妄”、“僭越”的指责，进而还会给自己带来灾祸。

由此我们则不难理解，中国人为什么在社会交往过程中，会自觉或不自觉地使用带有贬低自己的“自谦”类词语，诸如：在下、小的、拙荆（自己的妻子）、犬子（自己的儿子）、寒舍（自己的家）；尊称对方则如：阁下、令尊（对方父亲）、令堂（对方母亲）、贵公子（对方儿子）、府上（对方的家）……

顺延这种对用词背后的文化含义则不难发现，“下跪”除了感恩之外，在中国人的言行举止中，其实还具有一种独特的文化含义：以自贬凸显双方身份等级差异。因为一般情况下，一个人下跪之后，其身高总是低于下跪对象的。

转而思考，马嘎尔尼对必须向中国皇帝跪拜的要求表示抗议，所凸显的也正是对其所附有的文化内涵的抗议。马嘎尔尼认为自己是代表国家来的，英国与中国在国家层面上应当是平等的，不能让一个国家的代表向另外一个国家下跪。而大清朝要求马嘎尔尼下跪，则是因为在大清朝的君臣眼里，马嘎尔尼不过是一个来自远方蛮夷之地的番邦朝贡者，既然是朝贡者，在觐见皇上这样的正式场合，理所应当下跪，以明确双方“主尊客卑”的身份差异。

在这场“跪与不跪”矛盾冲突的表象之下，隐藏着的是两种不同的精神文化理念的冲突。而西方民族这种“人格平等公正”的文化理念，其实源自《旧约》。

通读《旧约》，我们不难发现，几乎从人类形成社会的初始，耶和华上帝就不遗余力地向人类灌输“人格平等公正”的理念，或者说，“人格平等公正”的理念贯穿了《旧约》的每一页文字。

在《创世纪》中我们读到，一度以“真身”和人类朝夕相处的耶和华上帝，不仅与人类保持地位平等，而且能耐心听取不同意见，最为典型的莫过于《旧约》“出埃及记”第十八章中，摩西的岳父叶忒罗初次与耶和华上帝见面时，叶忒罗也只不过送了点见面礼，“把燔祭和平安祭献给耶和华上帝；亚伦和以色列的众长老都来了，与摩西的岳父在上帝面前吃饭”。

《旧约》“出埃及记”第十八章中，耶和华上帝于火中降临西奈山，而摩西率领百姓出营迎接上帝时，也是“都站在山下”。随后第二十章中写道，众百姓看见雷轰、闪电、角声、山上冒烟，就都发颤，但众百姓也仍然是“远远地站立”而不是下跪。

至于耶和华上帝在指导以色列人如何对待穷人、外乡人、女人、老人、客户以及罪犯等时，无不体现出一种“人格平等公正”的理念，囿于篇幅，这里就不再赘述。

由此我们则不难理解，当年马嘎尔尼在中国，对官员要他见皇帝时下跪提出抗议，并不是他个性多么倔强、自尊心多强，而是西方民族的传统文化在指导他的行动。

笔者在《大国小民——中国市民精神解剖报告》中曾经写道：“在某种意义上可以这么说，从新中国成立（1949）至改革开放以前（1978）的30年，国人完成了从‘子民社会（封建王朝）’向‘居民社会（计划经济）’的过渡；而改革开放又推动中国社会从‘居民社会（管理严格）’向‘市民社会（迁徙自由）’的过渡。……要想进入

‘地球村’，还必须推动全体国民从‘市民社会’向‘公民社会’提升。应当看到，这一‘提升’决不仅仅是国民个人身份的变化，更重要的是精神面貌与文化气质的改变，而这同时也是当代中国‘市民教育—公民教育’的重要内容，不过这一步的全民跨越将是一个为时漫长的历史过程。”

六、中华文化注重“私德”的养成
西方文化注重“公德”的养成

我们这个民族，对于个人道德教育的重视大概是其他民族难以相比的。这种道德教育几乎贯穿了人的一生。从幼童的启蒙教育开始，就有《三字经》中“人之初，性本善……”；《弟子规》中“弟子规，圣人训，首孝悌，次谨信……”；另外，还有专门针对女童的《女儿经》中“女儿经，女儿经，女儿经要女儿听。”此外，还有《二十四孝》个案的形象渗透，“非礼勿视，非礼勿听，非礼勿言，非礼勿动”、“慎独”的时时告诫……使得中华民族的每一个成员，时时处处都生活在一种道德教育浸润的环境中。

然而，仔细分析我们这个民族的道德教育体系，便不难发现这个体系的一个重大特点，那就是从启蒙教育开始到老年教育，构成道德体系主线的，往往多表现为一种“私德”教育。

何谓私德教育？通俗地说，则是以血缘亲情为核心，向家族亲情扩散，进而扩散到熟人朋友之间，在这样一个亲情所及的范围内，注重“父慈子孝，兄友弟恭”，注重“君明臣忠，尊卑有序”，以及“言而有信，重义轻利”……至于熟人小社会以外的，主要以陌生人为主的大社会如何讲道德，则基本没有涉及。例如，《三字经》中“昔孟母，择邻处”；《弟子规》中“斗闹场，绝勿近，邪僻事，绝勿问”；《女儿经》中“但遇面生莫开口，休要轻易冒答应”……对于自己原先不熟悉的陌生人、陌生事，基本上都是“能躲则躲、能避则避”。

显然，从传统文化角度审视，我们这个民族对于亲缘关系之外的陌生人，在有所关注之前要先进行道德检验，一旦发现对方道德方面可能有问题就设法远离，至于是不是应当以文明礼遇之，以及如何文明礼遇之，则并不非常关注。

这样一种文明理念一旦进入精神文化层面，就不仅对于全民族成员产生一种强制控力（人人遵守，几乎无违抗者），而且还将产生长远的制控力，使得这个民族的后世之人“无师自通”地就能严格遵循。

笔者在《中华文化与中国社区》一书中，曾经转引了2003年6月17日《杂文报》上刊登的一篇文章（作者：红帆）。该文谈到中国古代著名戏剧《窦娥冤》中的窦娥，在赴刑场路上要求刽子手绕道而行，以免婆婆撞见伤心，对自己的家人的确是考虑周详。但是，她临死之际为证自己清白许下的三宗诉求之第三宗，则是要楚州当地大旱三年，这三年的大旱又要伤害多少平民百姓？他们与窦女士往日无冤，近日无仇，更不与张驴儿沾亲带故，却被窦女士挟一己之仇的毒誓害得颗粒无收，他们的冤屈又向何处诉？

如果说，窦娥作为“对待非亲情关系则可以不予以文明关注”的实例毕竟与我们今天的现实生活差太远，那么，我们还可以选一个时间离我们最近的生活实例。

2009年4月28日新闻网发表《回访地震遗址请不要“娱乐”!》的报道。文中写道，转眼间，距离汶川大地震一周年的日子就要到了，在这个别样的日子里，回访灾区的人们自然多起来，但我们究竟应该以一种什么样的姿态重返灾区，看来这是一个值得商榷的问题。丧失亲人之痛或许还没有让灾区人民完全走出阴影，这个敏感的时期自然会勾起他们对逝去亲人的无尽怀念，这些都是人之常情。而部分游客竟然以一种欣赏、娱乐的态度去观赏灾区，这无异于给灾区人们的心头又撒了一把盐。以致医学专家不得不发出呼吁：重回灾区不要给灾区人民带来再一次的伤害。4月24日，新闻网记者来到四川绵竹汉旺镇汉旺广场。这里的“四面钟楼”永远定格在14时28分，吸引了不少游客照相。作为地震遗址保留相对完整的区域，这里已被列为地震遗址公园。满街只看到拿着照相机的路人，道路两旁裂开的居民楼，废墟中掩埋的一只拖鞋，一只在碎砖中溜出的猫，一切凋零的记忆，都进入他们的镜头。一名戴太阳眼镜的游人兴奋地告诉身边的同伴：“哎哟，比电视上惨哪！帮我拍张照！”当地人望着她，眼神冷漠。

此情此景中，还有什么样的表现能比这位戴太阳眼镜的游人所表现出来的“兴奋”更让人觉得“丑陋”，更让人感觉到我们的精神文化确实有“公德缺位”的一面呢？

在改革开放把中国国门打开，开始引导国人把眼光转向外部世界以后，首先映入国人眼帘的，恐怕莫过于西方世界各民族共同表现出来的社会文明，即个人的公共道德水平。例如，西方国民对于公共秩序的遵守，对于公共环境的保护，人际交往中的尊重与礼让，以及在一个陌生环境中遇到困难时，路人乐于出手相助的热情和关心……

追根溯源，西方社会的公德文明也同样是在千百年的文明浸润中逐步融注而成的，而它的源头则来自《旧约》。值得进一步思考的是，如果我们跳过《旧约》，进一步向上溯源，则可以发现，西方民族的远古文明竟然也是亲情文化：只对与自己有亲情关系的人讲道德文明！例如，在古希腊大悲剧家埃斯库罗斯的《俄瑞斯忒斯》三部曲中，身为妻子的克吕泰涅斯特拉为了给女儿复仇，串通情人杀死了自己的丈夫阿伽门农王。在众神举行的审判中，阿伽门农王的儿子俄瑞斯忒斯指控自己的母亲，她既杀死了自己的丈夫，也杀死了我的父亲，犯了二重罪。答辩者是这样回答的："她跟她所杀死的男人，是没有血统关系的！"——显然，在这里，我们不难看到亲情文化的痕迹。

然而，当圣经文化逐步在西方世界占据主控地位时，西方世界的社会文明水平也被大大提高了，其中一个重要的原因就是，耶和华上帝从一开始，就时时注意以色列人社会公德的养成。

在社会公德的养成上，《旧约》中对以色列人从日常纠纷到杀人案件，从商贸往来到契约合同所做的描述，无不规范明晰，而且，诸多条款的内容恰恰针对着原本并不密切甚至陌生的人际关系。

例如，他要求以色列人："你若买希伯来人作奴仆，他必服事你六年，第七年他可以自由，白白地出去。"（《旧约》"出埃及记"第二十一章）

"不可亏负寄居的，也不可欺压他……不可苦待寡妇和孤儿……我民中有贫穷人与你同住，你若借钱给他，不可如放债的向他取利。你即或拿邻居的衣服作当头，必在日落以先归还他；因他只有这一件当盖头，是他盖身的衣服，若是没有，他拿什么睡觉呢？"（《旧约》"出埃及记"第二十二章）

"在你们的地收割庄稼，不可割尽田角，也不可拾取所遗落的。不可摘尽葡萄园的果子，也不可拾取葡萄园所掉的果子，要留给穷人和寄居的。……若有外人在你们国中和你同居，就不可欺负他。和你们同居

的外人，你们要看他如本地人一样，并要爱他如己。”（《旧约》“利未记”第十九章）

……

伴随着中国改革开放步伐的日渐坚实，与国外交往的日渐频繁，我们的传统精神文化中，国民公德缺乏的问题日渐暴露，在某种意义上，甚至可以堪称国人在世界大家庭中不受欢迎的精神文化原因。

这种现象出现的根本原因，恐怕正是传统精神文化和国民道德教育体系中“公德”教育的缺位，囿于篇幅，这里暂且不再赘述。

七、中华文化注重个人的“义务担当”西方文化注重个人的“权益需求”

现代社会的理念告诉我们，任何人对于国家、社会而言，其拥有的义务与权利都应当是对等的。作为公民，任何人都不应当只享有权利而不承担义务，同理，任何人也不应当只承担义务而不享有权利。

以这样的理念来审视我们这个民族数千年的发展史，不能不看到这样一个史实：我们的传统社会结构是一个以“君臣父子”的亲情伦理为原则构建的、下大上小的“金字塔形”等级排列结构，越是处于社会上层，拥有权力越大而承担的义务越少；同理，越是处于社会下层，承担的义务越多而拥有的权力越小。顺应这样的结构特点，很自然地形成了对国民“注重义务担当”的要求。

对“注重义务担当”的奉献精神作一个形象演绎，那就是“精忠报国、舍生取义”，“位卑未敢忘忧国”，“国家有难，匹夫有责”。而堪称可以作为这种理念的文学演绎，莫过于陆游的《示儿》诗：“死去元知万事空，但悲不见九州同。王师北定中原日，家祭无忘告乃翁。”诗人于临终之际仍然关注国家政局而难以割舍，充分体现了一种“以民族兴亡、国家安危为己任”的精神。

但是，深入分析国民精神文化理念，其实是一个多层次的不同理念的组合。应当看到，“以民族兴亡、国家安危为己任”固然是一种崇高的精神文化理念，但与此并存的，则是底层社会“山高皇帝远”的与己无关的理念。

例如，根据近些年来逐步开放的历史资料，我们还可以看到一系列老照片证实的、令国人难免尴尬的历史事实。以 1900 年八国联军攻入北京的手段而言，当其他几国军队正在拼命进攻时，英国军队却自广渠门攻进外城，又在外城、内城之间找到一个下水道的排水口，由此潜入内城，最先进入了使馆区。而一张张老照片表明，英国军队进入时，下水道口不远处，竟然站着成群的、看热闹的围观百姓，他们平静的神态表明：国家之间的战争与他们无关，即使自己的祖国受到侵略，也和自己没有太大关系。

而另一个历史事实则更令人揪心。1942 年河南大旱，数百万人饿死。灾情被媒体披露后，中央政府派大员到河南宣示“中央旨意”：救灾和减免军粮是两回事，灾要救，但不能为救灾而减免军粮。此后，驻守河南的国民党汤恩伯部不敌日军溃败，而日军在汤恩伯部的仓库中竟然发现，仅面粉便还存有 100 万袋，足够 20 万军队一年之用……

今天，当我们对民族精神文化进行反思时，简单地进行道德谴责已经没有什么意义了，关键是要总结出，在我们这样一个极为重视教育传承的民族，为什么会发生这样的事？

其实，根源就在于，上层统治者对于长期承担了过多义务的下层国民的权利需求（合理合法的利益需求）始终缺乏应有的关注。这里，一个典型的例证就足以说明一切，那就是我们这个民族尽管有着传承久远的法制历史，但是直到 20 世纪初，才从国外引进了“民法与民法学”，而真正付诸实践并有文本为据的，则是 1986 年才正式实施的《中华人民共和国民法通则》，中国国民从此才开始有了护卫自己合法权益的法律文本。至于封建时代，国民要想护卫自己的合法权益，尤其是要想“民告官”，其维权之艰难是不堪想象的。就以清末四大奇案之一的《杨乃武与小白菜》一案为例，一连串的错误判决，竟然是由其姐姐必须先接受“滚钉板”的残酷折磨来证明杨乃武确有冤情，进而引起舆论轰动，并最终得以平反昭雪。

也许正因为数千年来，统治者对底层市民（占人口绝大多数的国民）“义务承担索取有余，切身利益关注不足”，才导致下层社会产生了“山高皇帝远”、“与己无关”的精神文化。

时至 21 世纪的今天，我们应当思考，西方诸多国家和民族人口并不众多，资源并不丰饶，但为何却在当时发展水平远远落后于中华民族的条件下奋起发展，迅速跑到世界文明的前列？仔细阅读《旧约》不难发现，耶和华上帝自始至终就非常关注其民众的“权利与义务”的对等，尤其是关注社会弱势群体利益的“合理需求”，恐怕正是一个重要原因。

在《旧约》“出埃及记”中我们读到，刚刚和以色列人正面接触的耶和华上帝，首先是给以色列人立规矩：公平合理地善待卖身为奴的外乡人和他们的妻子、儿女；不可亏负寡妇和孤儿；不可亏负穷人。《旧约》“利未记”中耶和华上帝又制定“诫民数例”：收割庄稼不可割尽田角，不可拾取遗落的，要留给“穷人和寄居的”；不可欺压邻居，雇佣工人的工价要及时支付，不可过夜；商贸往来要公平公道，买卖要公平等。

如果说关注弱势群体是圣经文化中耶和华上帝的理念的一大亮点，那么，时时注意“满足民众的合理需求”，则应当是圣经文化的又一大亮点。

《旧约》“民数记”第二十七章中写到这样一个事件，西罗非哈的女儿在其父死后，要求以女儿的身份继承父亲的财产，并提出：“为什么因我们的父亲没有儿子，就把他的名从他族中除掉呢？求你们在我们父亲的弟兄中分给我们产业。”

于是，摩西将他们的案件呈到耶和华面前。

耶和华晓谕摩西说：“西罗非哈的女儿说得有理，你定要在她们父亲的弟兄中，把地分给她们为业，要将她们父亲的产业归给她们。你也要晓谕以色列人说，人若死了没有儿子，就要把他的产业给他的女儿。他若没有女儿，就要把他的产业给他的弟兄。他若没有弟兄，就要把他的产业给他父亲的弟兄。他父亲若没有弟兄，就要把他的产业给他族中最近的亲属，他便要得为业。这要作以色列人的律例典章，是照耶和华吩咐摩西的。”

但是，耶和华上帝的这一决定竟然遭到西罗非哈支派族人的反对。他们的理由是，做女儿的一旦外嫁，财产岂不要从本支派外流了吗？令人感到惊奇的是，耶和华上帝非常民主地听取了来自基层百姓的意见，针对新问题的出现，又作了补充的规定。《旧约》“民数记”第三十六章中写道：“摩西照耶和华的话吩咐以色列人说，约瑟支派的人说得有理。论到西罗非哈的众女儿，耶和华这样吩咐说，她们可以随意嫁人，只是要嫁同宗支派的人。这样，以色列人的产业就不从这支派归到那支派，因为以色列支派的人要各守各祖宗支派的产业。”

耶和华上帝这种关心民众个人合理需求的文化理念，对于后世的影响是极其深远的。

1492 年，哥伦布带领一支 120 人的队伍，分成三只小船，历尽艰险，发现了美洲大陆。

时年已经 41 岁的哥伦布对“不成功便成仁”的失败结局无须赘言，他为什么冒着生命危险干这一件事？根本原因在于这是一场有着巨大利益回报的拼搏。当时，哥伦布与西班牙国王签订了这样一份协议，由西班牙国王提供哥伦布发现新大陆的装备、资金，一旦发现了新大陆，“国王与王后对哥伦布发现的新大陆拥有宗主权；哥伦布被封为贵族暨大西洋海军元帅，被准许担任未来所发现的岛屿和陆地的总督，而且这些头衔都将世袭；新发现土地上产品的 10% 归他所有；他也能参与新土地上所有的商业活动，投资和利润占总额的 1/8；而他对前往新大陆经商的船只可以征收 10% 的税，对自己运往西班牙的货物实行免税”。

这就难怪有人要替郑和下西洋叹惋了。郑和在 1405—1433 年这段短暂的时间内，指挥宝船船队进行 7 次英雄式的远航，脚步遍及中国海域与印度洋，从台湾到波斯湾，并远及中国人心目中的黄金国——非洲。但是，郑和出行的个人合理需求在哪里？没有。郑和船队连同郑和本人都只属于皇帝私人所有，他不可能有个人需求，皇帝也不会承诺满足他什么需求。于是有专家评价道：“世界经济史上有哥伦布，但没有郑和，尽管后者下西洋的规模可以称得上亘古未有。”

中华民族正在一步一步走向世界，融入地球村，这能否改变我们这个民族过于强调“义务担当”的文化理念，融入对普通个人“权益需求”的关注，恐怕是我们这个民族能否更进一步地爆发生命活力的至关重要的一个环节。

八、中华文化注重“县官不如现管”
西方文化注重“只知天上的主”

要理解为什么我们这个民族会注重“县官不如现管”，那就应当先把握我们这个民族的经济基础和政体结构。

第一，从经济基础考察，我们这个民族是以小自耕农为主的民族，小自耕农由于自身力量的弱小，很容易形成一种“什么都怕”的心理：怕天（“是不是风调雨顺”），怕地（“能不能五谷丰登”），怕一切能管辖自己的人（“能不能少受一点欺负”）……诸多方面的“怕”，导致这个民族非常务实，同时也缺乏长远规划和理想目标。究其原因比较简单：长远规划和理想目标定得过大、过久，难以自控，所以不如不要想得过于久远。

第二，从政治体制考察，以“君臣父子”的伦理纲常为主导，构成了数千年不变的“金字塔形”社会结构，越是位居上层者，权力越大而义务越轻，越是位居下层者，权力越小而义务越重，这就又导致占社会绝大多数的“下层民众”往往不能拥有长远规划和理想目标。因为过多过重的“义务付出”，往往已经使得他们身心负担沉重，也就不会过多地思考长远规划和理想目标。

这一切，导致我们这个民族的民众往往认定“县官不如现管”。

首先，“县官不如现管”实际上是一种政治因素强弱对比的理智考量结果。即使“县官（上层官员）”实力大于“现管”，而且遵照县官的方针办事，对处于弱势地位的民众比较有利、比较合理，但是，由于县官往往只能管一时，不能管一世，而“现管”尽管权势不强，但近在身边，一旦现管时时处处作梗，难免导致被管理者精力耗尽也无法实现既定目标，于是，当“县官”与“现管”之间发生某种对立时，不如先服从“现管”以避免干扰，减少损失。

其次，“服从县官不如服从现管”往往是一种适应现实的权宜之计，甚至只是表面上作出服从的态势，而内心深处，却时时窥探形势变化发展，以便一旦有利局面出现，立即摆脱“现管”。伴随着这一“表面顺从”的文化理念，我们这个民族还有“留得青山在，不怕没柴烧”、“到什么山上唱什么歌，见什么人说什么话”的变通和曲线对抗。

应当看到，“县官不如现管”对于弱小者群体来说，自有其生存适应的合理性，在某种意义上，甚至是社会下层弱势群体智慧的显现。如果能够适度地自觉把握，就有助于减少发展进程中的矛盾冲突，有助于避免力量与资源的无谓损失。但是，一旦这种理念进入到精神文化层面，它就难免表现为一种适应的普遍性，就不能不注意到它的负面作用。

这一负面作用往往具体表现为：不能坚持原则，不敢迎接挑战，又由于即使是表面的顺从，也是需要耗费时间和精力的。从长远考察，暂时的矛盾冲突的减少实际上可能转化为一种潜在的矛盾的积累，最终导致事业的下一步发展变得更加困难。

当今中国，尽管在经济领域、政治领域已经发生了诸多重大的变化，国民的精神面貌也发生了很大的改变，但是，由于从总体上说，金字塔形社会政治结构并没有发生本质的改变，社会下层弱势群体的普遍存在，为“服从县官不如服从现管”的精神文化理念的滞留提供了合理性依据。

尤其是当我们打开国门，看到外部世界的法治管理的种种表现时，就不能不去反思我们民族法治建设的步履艰难。进而，恐怕就不能不意识到，“服从县官不如服从现管”的精神文化理念正日渐暴露出腐蚀法治社会建设的一面。

而面对西方民主法制社会中民众的表现，我们则不难到“圣经文化”中去追根溯源。简明概括，一部《圣经》分为《旧约》、《新约》两大板块。如果说《旧约》中，耶和华上帝矢志不渝、持之以恒地向以色列民众灌输着一种“应当只知天上的主”的理念，那么在《新约》中，耶稣基督则身体力行、言传身教地在民众中推进“只知天上的主”的理念。

《旧约》中写道，早在西奈山上，从耶和华上帝向摩西传授“十诫”开始，耶和华上帝就向以色列人灌输“除了我以外，你不可有别的神”的观念，此后，“我是耶和华，你们的上帝……”这段话语就在《旧约》的后续篇章中不断出现，基本上是以两种途径表现的：一种是耶和华亲自向摩西等人“晓谕”，另外一种是由摩西向外界发布。

耶和华上帝尽管时时处处告诫以色列人，自己是唯一的真神。而实际上他的所作所为，却犹如一位文明启蒙教师。他循循善诱地向以色列人灌输着“讲究卫生，保持健康”、“夫妻之间地位人格平等”、“买卖公平，贸易诚信”等观念。就耶和华上帝而言，他确实具有高水平的价值观念与知识体系，他的商品流通观念、价值观念、法制观念以及在物质世界生存所必备的科学卫生知识、价值计算技能等的实有水平，即使置于今日，也与现代社会水平几乎没有差异。如果我们把耶和华上帝看成一个符号（例如，由于耶和华上帝向以色列人提出的种种要求具有

“法”的不可违抗性，那么不妨把耶和华上帝看成是“法”的形象代表），综合种种材料观之，耶和华上帝对以色列人的要求，实际上就是坚持真理、坚持科学、坚持走社会和谐的发展道路。

耶和华上帝为什么一再强调自己是“天上的主”，根本原因在于当时的人类在某些方面还形同走兽，要他们接受文明理念，如同“给野马套上笼头，给狮虎加上锁链”，所以耶和华上帝只能反复强调自己是神，把自己深深隐藏在雷、电、火、烟、云之中，同时把瘟疫、地震等“自然灾害”划归为自己的“神力”范围以震慑以色列人，进而一步一步地引导人类向文明的阶梯攀登。

至于耶稣基督以自己的人生轨迹演绎人类应当如何“只知天上的主”，则更是给人类留下了一个光辉的典范。

如果说在《新约》中记载的，当时耶稣之所以受到人们的普遍欢迎，是因为他能治病治灾、救苦救难（或者更为严格的表述是《新约》中记载的，是在神话般的传闻中“听说”他能治病治灾，救苦救难），那么，时至今日，耶稣仍能拥有数以亿万计的信徒，并且还在日益增多，并不是因为人们寄希望于他也能于某年某月来到人间某处当场显现奇迹，而是表现出人们的一种精神追求样板，一种对提高自身行为道德文明的期盼和向往。也就是说，耶稣在当今的文明世界，实际上已成为人类在精神文明阶梯上登攀的指路标。

综观耶稣，他倾其毕生的精力，完善了耶和华上帝为普通百姓立下的律例、法规，使其适应了最大多数信徒的心理承受力，同时，他也缓释了耶和华上帝对百姓心理自我约束方面的严格要求，增强了耶和华上帝在百姓心目中的感性因素，而且他又以随时随处显现奇迹，救普通百姓于病痛苦难之中的一系列行动，使得普通百姓具体地、真切地感受到了“信则灵验，信则有福”的信仰价值，这就有力地吸引了越来越多的人信仰基督教，基督教也才获得了极大的兴盛。而耶稣基督那种“我不下地狱谁下地狱”的勇于为理想献身的精神境界、那种“四海之内皆兄弟”的博大胸怀、那种“谁愿为大，就必作你们的用人；谁愿为首，就必作你们的仆人”的明确的公仆意识，更是一座后世人类难以超越的精神文明的丰碑。

耶稣的动人形象和他的“引导人类确立信仰”工程，就这样成了耶和华上帝引导人类走向文明的宏伟事业中的一个极为重要的部分或环节。应当看到，耶稣对于人类文明历史进程的影响和意义，已经渗入了人类社会生活的各个方面。从这一角度看，耶稣不仅是耶和华上帝留给地球人类的最具体、最真切，同时也最动人的“类人”形象，更是他给地球人类留下的一笔最丰富、最宝贵，同时也是取之不尽、用之不竭的精神财富。

也许正是因为《旧约》率先在以色列人中产生影响，继而又通过教会的传播逐步扩大影响，所以在这些地方生活的民族与人群，无论生存环境是怎样的恶劣，他们都能最大化地发挥自己的主观能动性，进而把自己的家园建成“流奶与蜜之地”的人间天堂。

九、中华文化注重“单向线性思考”
西方文化注重“多方辩证权衡”

如果说我们这个民族缺乏辩证思考的意识，那恐怕立即会引起一片哗然或抗议，但是从全民精神文化的角度展开探索，习惯于单向线性思考的思维模式，在很多人那里，只怕还就是一个不争的事实。

这里不妨举这样一个实例，这个实例不仅出自圣人之口，而且早已流传千年，并为举世推崇公认。

2007 年 9 月 28 日，在中国山东曲阜孔庙举行了盛大的祭孔大典仪式。这次庆典与以往的大典相比，增加了一个从未有过的“国人不可不知的 5 句论语经典”，入选的 5 句中有一句是“己所不欲，勿施于人”。

按照我们民族的思考模式，几千年来，“己所不欲，勿施于人”没有发生过任何理解失当的问题，这是一个民族道德层面的自律要求：你自己都不想要的东西，就不要给别人。

但是，如果我们从辩证思考的角度出发，严格按照形式逻辑（注意：“形式逻辑”学科来自西方）的规则对这一经典名句进行剖析，就不难发现它在立论上远远不是那么严密扎实的，其疏漏之处显而易见。

例如，从形式逻辑层面展开剖析，“己所不欲，勿施于人”的思考模式至少可以排列出以下四种情况：①己所欲，施于人；②己所欲，勿施于人；③己所不欲，施于人 ；④己所不欲，勿施于人。

先看“己所欲，施于人”，这一点可以从正反两个方面理解：“己所欲”的目标是好东西，那么，无论是钱财、物品，还是地位、荣誉，把自己正在追求的目标或者喜欢的东西送给他人或让给他人，当然是一件展现个人境界的好事情（与“己所不欲，勿施于人”正好相辅相成）；可是，如果“己所欲”的目标不是好东西，如“黄、赌、毒”，以及某种不义之财，甚至迷信邪说，那“施于人”岂不是祸害他人？这里显然已经出现了“己所不欲，勿施于人”的第一道理论裂缝。

再看“己所欲，勿施于人”，同样从正反两面理解：“己所欲”的目标是好东西，那么，无论是钱财、物品，还是地位、荣誉，因为“己所欲”，因而不愿意送（让）给他人，尽管风格不高、姿态不高，不宜从道德层面上加以推崇，但是，转换一个角度：“君子不夺人之所爱”，人家不愿意给，也实在没有什么好指责的；可是，如果“己所欲”的目标不是好东西（例如，如上所述，属于“黄、赌、赌，某种不义之财，甚至迷信邪说”），那么这种“我自己已经饱受‘所欲’之苦，就不要再转而去害别人了”，即“勿施于人”，这岂不是正表现出了一种与人为善的精神境界？显然，这里出现了“己所不欲，勿施于人”的第二道理论裂缝。

再看“己所不欲，施于人”，继续从正反两面理解：如果“己所不欲”的目标不是好东西，例如，毒品贩子自己并不吸食毒品，却引诱他人（施予人）吸食毒品等，显然这是理应贬斥的行为（自己不沾却用以祸害他人）；但是，如果“己所不欲”的目标是好东西，例如，自己用不完的富余的钱财、自己已经不想再使用的物品，以及自己不感兴趣的荣誉、地位，让给或送给他人，难道不同样是一件彰显个人境界的好事情吗？这里又出现了“己所不欲，勿施于人”的第三道理论裂缝。

最后看“己所不欲，勿施于人”，同样可以从正反两个方面理解：如果“己所不欲”的目标不是好东西，如垃圾、秽物，却扔到别人家里去了，这理应是贬斥的行为，但是，自己已经不再需要的东西，例如，已经完成学业因而没有保留教科书的必要，但是别人还可以使用，只为了遵循圣人教诲，即使自己不需要了，也不愿意转赠给需要的人（勿施于人），岂不迂腐？自己家中有着多余的旧衣物，因为又有了足够的新衣物而不太会再去穿用（己所不欲），但是因为圣人“勿施于人”的教诲而不能用于帮助他人，岂不荒唐？这里出现的是“己所不欲，勿施于人”的第四道理论裂缝。

通过以上的简略分析，不难看出，“己所不欲，勿施于人”，充其量只能是多种生活现象中的某一类或某一种，并且只是在具体的、有针对性的小范围内能够成理，因而不宜将其“从个别上升到一般”，更不宜成为跨越地域、超越时代、放之四海而皆准的大原则。

诸如此类的观点在我们这个民族的现实生活中其实俯拾皆是。例如“近朱者赤，近墨者黑”，“道不同，不相为谋”，“不是东风压倒西风，就是西风压倒东风”，“凡是敌人反对的，我们就要拥护；凡是敌人拥护的，我们就要反对”……种种观点，在微观的、有具体针对性的使用中可能是没有任何问题的，但是，一旦将其“从个别上升到一般”，对其充之以“普遍性”的含义，不仅会导致谬误，而且用以指导工作还会出大问题。遗憾的是，在我们的民族思维模式总结中，这样的案例似乎俯拾皆是。

然而，诸如此类的问题在西方文化中似乎比较少见。例如，就以“人之初，性本善”而言，尽管在我们的传统精神文化体系中也同时存在着“人之初，性本恶”的理念，但是，“性本善”的理念不仅影响久远，而且堪称家喻户晓、人人耳熟能详，至于“性本恶”理念的社会影响则根本无法与之抗衡。

可是，转看西方文化，“人之初，性本恶”的理念不仅影响深远，而且评价甚高。

这一点，恩格斯在他的《路德维希·费尔巴哈和德国古典哲学的终结》中就有着明确的说明。恩格斯写道：

“在善恶对立的研究上，他同黑格尔比起来也是很肤浅的。黑格尔指出：‘人们以为，当他们说人性本善的这句话时，他们就说出了一种很伟大的思想；但是他们忘记了，当人们说人本性恶的这句话时，是说出了一种更伟大得多的思想。’”

“在黑格尔那里，恶是历史发展的动力借以表现出来的形式。这里有双重的意思，一方面，每一种新的进步都必然表现为对某一种神圣事物的亵渎，表现为对陈旧的、日渐衰亡的，但为习惯所崇奉的秩序的叛逆，另一方面，自从阶级对立产生以来，正是人的恶劣的情欲——贪欲和权势成了历史发展的杠杆。”（马克思、恩格斯著：《马克思恩格斯选集》第4卷，北京：人民出版社1972年版，第233页。）

应当看到的是，黑格尔在辩证法方面所达到的理论高峰，同样得益于西方传统文化的浸润滋养，而这其中，“圣经文化”也同样自有一份不应被漠视的功劳。

一个典型的例证，莫过于耶和华上帝对西罗非哈的女儿要求与男子一样有权继承遗产的全面思考。关于这则案例，在前文中第七点“中华文化注重个人的‘义务担当’，西方文化注重个人的‘权益需求’”中已有剖析。该案例取自《旧约》“民数记”第二十七章，其中写道：西罗非哈的女儿在其父死后，要求以女儿的身份继承父亲的财产，她提出：“为什么因我们的父亲没有儿子，就把他的名从他族中除掉呢？求你们在我们父亲的弟兄中分给我们产业。”而西罗非哈支派族人则针锋相对地进行了反驳。

令人感慨的是，面对双方的利益冲突，耶和华上帝并没有因为自己的旨意遭到抵抗而发怒，更没有因为自己的至高权威受到挑衅而迁怒于他人，而是取双方立场的合理性加以辩证权衡，形成了财产继承的新规则。

置身于当今时代，我们不难对比这两种不同的思维模式所导致的不同社会后果。

仔细剖析我们民族的传统思维模式，这种思考方式比较容易出现“是即是，非即非”，“物以类聚，人以群分”，“对的就是对的，错的就是错的，对的就要拥护，错的就要反对，二者之间不可调和”的倾向。一旦这种思维倾向进入民族精神文化层面，那么，就容易形成“凡赞同自己者，就是拥护自己，就是朋友；凡批评自己者，就是反对自己，就是敌人”，于是进而情绪化地排斥不同意见。也正因为如此，绵延千年的中国官场才会形成“武死战、文死谏”的“从政文化”（要想对最高领导者提出批评性意见，有的时候甚至要先做好“以死为代价”的思想准备），中华文化史上才会出现“忠言逆耳”的谆谆教导，才会在历史上留下那么多“口舌狱、文字狱”，以致直到新中国成立以后，还会发生“反右派”那样全国范围的大群体性错误。

现在，是到了需要对我们的习惯性思维模式进行反思的时候了。

十、中华文化注重眼前的目标追求
西方文化注重长远的精神启蒙

简单地以全称判断评价“中华文化过于关注眼前的具体的目标追

求”，从字面上恐怕也同样难以得到读者群体的认同，因为历史事实俱在。就以诸子百家为例，庄子《逍遥游》的汪洋恣肆、老子《道德经》的皓首穷经……他们精神境界的高远足以否定这一评价。但是，正如本书在开篇之初就已经指明的，中华文化原本就是一种多元合成，宏观剖析也至少可以分成“精英文化”与“平民文化”两大分支，其中有着相当部分的具体内容在观点立场上就不乏对立成分，因此，正如在前文中已经事先声明的，本书提出了一种观点立场并不意味着不承认另一种观点立场，又因此，本书必须强调指出，从“中华文化过于关注眼前的具体的目标追求”的角度来与西方文化展开对比，并无意于否定其他文化要素的存在，只是相比之下，本书选取的观点立场可能占据了主流或主体位置而已。

“中华文化过于关注眼前的具体的目标追求”的立论基础，首先来自以小自耕农为社会主体构成的经济基础。小自耕农以自己所拥有的一小块土地为安身之本，由于这一小块土地的经营状况直接影响一家人的生活水平，这就决定了我们这个民族——从大处说，往往桃花源式的不太关心与土地收成关联不大的外部世界，往小处说，则更是“各人自扫门前雪，莫管他人瓦上霜”地关注自家小天地。尤其是自从“独尊儒术”的时代被开启以后，儒家的原思想经过一代一代地逐步改造，也早已变得越来越适应小自耕农的经济社会了。

这种“适应性”较多地表现在儒家思想对于未知问题与未知世界缺乏关注上。

《论语·先进》中记载了这样一件轶事。季路向孔子问“事鬼神”之事时，孔子相当严厉地斥责说：“未能事人，焉能事鬼！”而当孔子在回答樊迟问“知”时，则又表示说：“务民之义，敬鬼神而远之，可谓知矣。”显然，客气点说，孔子对于鬼神之类的未知事物是持“敬而远之”的态度；不客气地说，是他老人家对于诸如此类的虚幻问题根本就不关注。

《列子·汤问》中还记载了“两小儿辩日”的故事。孔子曾经在游历中见到两个小孩在辩论太阳什么时候离人的距离近。一个小孩说：“我认为太阳刚出来的时候距人近，而到中午的时候离人远。”（另）一个小孩说：“我认为太阳刚出来的时候离人远，而到中午的时候距人近。”

一个小孩说："太阳刚出来的时候像马车的车顶那么大。等到中午，就像盘子一样大，这不就是远的（看起来）小而近的（看起来）大吗?"（另）一个小孩说："太阳刚出来的时候很凉快，等到了中午的时候（感觉）就像进入了澡堂，这不就是越近（感觉）越热、越远（感觉）越凉吗?"孔子无法决断（谁对谁错），两个小孩笑话孔子说："谁说你懂得很多啊?"显然，两个小孩对于太阳以及天空等未知世界的关注兴趣远远高于圣人孔子。

长期以来，现代人在读到这两段文字时，往往是从孔子"知之为知之，不知为不知"的坦率角度来做正面评价的，可是转换一个角度（例如，转而从现代教育学的角度来审视孔子对于未知领域的态度），我们似乎也不难从中发现孔子的另外一个倾向：对于自己还没有掌握的未知问题以及自然界中的种种未知现象，孔子其实缺乏像庄子、老子那样的积极主动去探索思考的兴趣，在孔子流传后世的话语中，很少看到他表现出"问天、问地、问鬼神"的执着思考精神。

也许正因为《论语》中过多地充斥了"学而时习之，不亦说乎；有朋自远方来，不亦乐乎"，"学而不思则罔，思而不学则殆"之类的话语，而诸如此类的话语又说得过于实指，所以，我们在西方大哲学家黑格尔的著作中，就读到了这样的评价："关于中国哲学，首先要注意的是在基督降生五百年前的孔子的教训。孔子的教训在莱布尼兹的时代曾轰动一时：它是一种道德哲学。他的著作在中国是最受尊重的。他曾经注释了经籍，特别是历史方面的，他还著了一种历史。他的其他作品是哲学方面的，也是对传统典籍的注释。他的道德教训给他带来最大的名誉。他的教训是最受中国人尊重的权威。孔子的传记曾经被法国传教士们由中文原著翻译过来。从这传记看，他似乎和泰利士是同时代的人。他曾做过一个时期的大臣，以后不受信任，失掉官职，便在他自己的朋友中过讨论哲学的生活，但是仍旧常常接受咨询。我们看到孔子和他的弟子们的谈话（按即《论语》，译者），里面所讲的是一种常识道德，这种常识道德我们在哪里都找得到，在哪一个民族都找得到，这是毫无出色之点的东西。孔子只是一个实际的世间智者，在他那里思辨的哲学是一点也没有的——只有一些善良的、老练的、道德的教训，从里面我们不能获得什么特殊的东西。"（［德］黑格尔著，贺麟等译：《哲学史讲演录》第一卷，北京：商务印书馆1981年版，第119~120页。）

黑格尔的这段评价是否准确，本书在此不拟展开，要强调指出的是，尽管在西方哲学家的眼中，孔子已经被贬到“只是一个实际的世间智者”的地位，而《论语》中所宣讲的也不过是一些“常识道德”，但是，置身于本土当时的社会环境中，孔子却仍然受到“四体不勤，五谷不分”的脱离实际、“缺乏务实的本事”的指责。

《论语·微子》中写道：孔子周游列国期间，有一次，他的弟子子路掉队了，正在着急，见到一位老农在地里干活，于是他走上前问道：子见夫子乎？意思是问：你看见我的老师了吗？老农看了一眼子路，没好气地说：“四体不勤，五谷不分，孰为夫子！”老农的意思是：既不劳动又不生产，哪里配称什么老师！

从孔子面对“两小儿辩日”的趣味追究的无动于衷，以及其“敬鬼神而远之”的冷漠态度，再至这位老农对孔子的“四体不勤，五谷不分”的批评，实际上已经基本可以勾勒出小自耕农社会的相对狭隘的人才价值标准，一种以能够在农业劳作方面“眼见为实”的能力水平评价尺度，以及以能够获得实证的成功为价值取向标准。与实用无关的或看不出直接关联的思想、行为，以及以“鬼神”为形象标志的难以明确决断的“玄”问题，小自耕农社会往往都没有什么兴趣，甚至认为不应当对这类问题有什么兴趣。

有人还由此引申出中国上千年来始终引以为傲的“四大发明”（造纸术、印刷术、指南针、火药），其实也只不过是具体实在的“术”的创造，而不是科学意义上的变革创新。因而，数千年来，中华民族在思想文化创新方面其实建树不大，至于在宇宙探索、人类起源，乃至于思辨科学等新兴科学的领先创建方面，则近乎一片空白。据2008年3月26日中国新闻网报道，中国科学技术馆和中国科学院自然科学史研究所共同在北京推出一项评选活动，将从各60项候选项目中，由社会公众分别投票选出20项人类历史上最伟大的科学发现和20项最伟大的技术发明。值得注意的是，在60个技术发明候选项目中，拥有以古代“四大发明”为代表的一批与中国相关的项目，而在编列出的60项科学发现候选项目中，因其没有一项与中国科学家相关而颇受争议。

至于“圣经文化”，则显然表现出另外一种文化理念，它一以贯之的是一种全方位的独立探索与思考。就以《旧约》“出埃及记”中的记载而言，我们看到，耶和华上帝在引导以色列人刚刚进入旷野地后，就立即开始“从微观世界到宏观世界，从物质文明到精神文明”的全方位的精神启蒙。其中最为典型的是耶和华上帝通过摩西向以色列人晓谕的“摩西十诫”，而位居第一的则是设定精神信仰——“尊耶和华为唯一至尊的上帝”，并且早在以色列人在旷野游荡期间“吃了上顿没有下顿”的日子里，耶和华上帝就制定了种种祭祀程序，开始了要求以色列人务必“坚定信仰”的教化努力，同时，即使在指导以色列人打造各种日常用具时，也时时处处注意引导他们坚定信仰：器具是按照精神信仰——耶和华上帝的要求，为耶和华上帝打造的。

至于耶稣基督降临人间以后，更是时时处处为确立信仰而竭尽全力。例如，耶稣基督在讲道中宣传：“不要为自己积攒财宝在地上，地上有虫子咬，能锈坏，也有贼挖窟窿来偷。只要积攒财宝在天上……你的财宝在那里，你的心也在那里……”为了扩大影响，耶稣还放宽吸收信众的标准，对海外异族信众免行割礼，充分彰显了圣经文化“以确立信仰为主导”的求同存异的包容特质。

第六章　精神描画：理念制控方面的精神文化对比

在本章10个小节的比对中，关键词是“崇尚”，崇尚具有包容性，也即本方认可对立观点，但是更崇尚自己主张的观点。

一、中华文化崇尚“人性本善”西方文化崇尚“人性本恶”

“人性本善”，在我们这个民族确实是一个耳熟能详的精神文化理念。在我国广泛传播已有千年之久的《三字经》开篇一句就是“人之初，性本善”，而这一理念又通过儿童的教育启蒙直到成年人的人生全方位的教育警示，早已牢牢铭刻在国民的心头。

应当看到，我们这个民族在“人性本善”理念渗透的这一点上，堪称方方面面、无所不至。例如，在儿童启蒙教育阶段，《三字经》就通过“香九龄，能温席；融四岁，能让梨”的故事，竖起了“人性本善”的样板，继而伴随着个人的年龄增长，又及时提出“礼让应当三先，拾金应当不昧，坐怀应当不乱”的善行要求，并且面对社会不良现象，应当“非礼勿听、非礼勿动、非礼勿视”，即使在没有别人知道的环境中，也应当保持“慎独”。

当我们在审视老祖宗留给我们的道德教育的样本时，不难发现，这一系统化的递进式教育过程，几乎全部是以“人性本善”为前提的。因为人性本善，所以“香九龄，能温席；融四岁，能让梨”；因为“人性本善”，所以“昔孟母，择邻处”，只要避免受到“不良”行为的影响，一个人就能自然成才。另外，一个人即使面对种种“非礼”现象，也应当因为“人性本善”，而能够做到“勿听、勿动、勿视”。同样因为“人性本善”，一个人还能够做到“慎独”。

我们民族还认为，即使一个人因为某种原因而堕落成为非作歹的坏人，挽救他的手段还是调动他“人性本善”的另外一面，来呼唤他的善良本性的复归。在这一方面，我国古典戏剧《除三害》就是一个非常典型的范例。

这则故事发生在我国古代西晋时期。周处原是东吴义兴（今江苏宜兴县）人。他的父亲很早就死了，他自小没人管束，整天在外面游荡，不肯读书；而且脾气强悍，动不动就拔拳打人，为害乡里，义兴地方的百姓都害怕他。

义兴邻近的南山有一只白额猛虎，经常出来伤害百姓和家畜，当地的猎户也制服不了它。另外，当地的长桥下，有一条大蛟（一种鳄鱼），出没无常。义兴人把周处、南山白额虎和长桥大蛟称为义兴“三害”。这“三害”之中，最使百姓感到头痛的还是周处。

有一次，周处意外得知，自己竟然被乡亲们看作和猛虎、恶蛟一样的大害。经过一番思考后，他决定为民除掉两害。他首先上山，射杀了白额猛虎，接着又下到河里去杀蛟。由于蛟时而上浮，时而下沉，周处紧追不舍，以致三天三夜也没见周处上岸。大家认为这下子周处和蛟一定两败俱伤，都死在河里了。于是，大家喜出望外、互相庆贺。

没想到，到了第四天，周处竟安然无恙地回家了。人们大为惊奇。原来大蛟受伤以后，被周处穷追猛打，终于被周处杀死。

周处回到家里，看到人们为自己的死去而庆贺，终于意识到，自己平时的行为被人们痛恨到了何等程度。

他痛下决心，离开家乡到吴郡拜了两位名师。从此，他一面刻苦读书，一面注意自己的品德修养。他勤奋好学的精神受到大家的称赞。后来，他成了晋朝的名臣。

显然，能够让周处发生这样的道德逆转，根本原因还是在于“人性本善”。

然而，“人性本善”的理念在西方世界却受到了不以为然的评价。其中最为典型的，莫过于西方大哲学家黑格尔的一段评价。恩格斯在《费尔巴哈和德国古典哲学的终结》中写道：“黑格尔指出：‘人们以为，当他们说人性本善这句话时，他们就说出了一种很伟大的思想；但是他们忘记了，当人们说人性本恶这句话时，是说出了一种更伟大得多的思想。'在黑格尔那里，恶是历史发展的动力借以表现出来的形式。这里有双重的意思，一方面，每一种新的进步都必然表现为对某一神圣事物的亵渎，表现为对陈旧的、日渐衰亡的但为习惯所崇奉的秩序的叛逆；另一方面，自从阶级对立产生以来，正是人的恶劣的情欲——贪欲和权势成了历史发展的杠杆……"

全面透辟地阐释恩格斯关于黑格尔的"人性本恶"的论述，并不是一件轻而易举的事情。但是，这并不妨碍我们对人性的两种对立性评价作出一般化的却基本准确的理解。

例如，"人性本善"与"人性本恶"看似观点对立，其实分别指向了人性的两个不同方面。"性善"说主张通过教化，扶植和培养原本就存在于人自身的善的萌芽，使善性得以发扬光大；而"性恶"说主张通过各种手段，限制原本就存在于人自身的恶的趋势，使人性之恶向善转化。

只是，当我们从辩证思考角度来把握"人性本善"与"人性本恶"的内在联系时，却不能不看到《旧约》中，耶和华上帝似乎从未提及"人性本善"而始终坚持"人性本恶"。翻开《旧约》，尽管看不到认定人性"本善"还是"本恶"的谈论，但全书从头到尾，几乎每一章节的文字中，都可见耶和华上帝一方面苦口婆心地教给人类生活知识、文明礼仪，以及维持社会和谐的种种规则、律例；另一方面又随时随处就能读到，他一次又一次地因为人类违反他的教诲而"发怒"、"后悔"，以致他每每因为被激怒而大开杀戒。这还不算，《旧约》中还有多处记录了人类拒绝耶和华上帝的文明引导的抱怨与对抗，而且，还留下了整整一个长篇的关于耶和华上帝对"人性本恶"的指斥。

例如，《旧约》"以赛亚书"中一开篇就写到耶和华上帝因以色列人不肯听从他的管教，曾默示以赛亚听了他的一番痛心的倾诉："当乌西雅、约旦、亚哈斯、希西家做犹大王的时候，亚摩斯的儿子以赛亚得到默示，论到犹大和耶路撒冷。"

"天哪，要听！地啊，侧耳而听！因为耶和华说：'我养育儿女，将他们养大，他们竟悖逆我。牛认识主人，驴认识主人的槽；以色列却不认识，我的民却不留意……'"（这里以下整整一章，都是耶和华上帝对以色列人的指斥，篇幅有限，摘述从略。）

显然，西方世界坚持以“人性本恶”理念为指导，对人类进行文明引导和教育提升。

那么，怎样理解黑格尔所说的“当人们说人性本恶的这句话时，是说出了一种更伟大得多的思想”呢？这就要从社会发展的角度来考察了。

例如，以“人性本善”理念来管理社会，显然比较适用于人口迁徙流动程度较低的时代（如由于多种原因，我国在改革开放以前，人口迁徙程度就很低）。在那样一个时代，人们出生在哪里，往往就成长在那里、成家立业在那里、生老病死在那里。由于人口迁徙程度低，这样的社会同时是一个熟人社会。熟人社会互相之间的知根知底，导致一个人一旦在道德方面评价偏低，就会影响到他的现实生活以及未来发展，即在一个“静态社会”里，口碑具有强大的制控力量。《除三害》中的周处之所以会因为乡间舆论评价他为“三害之一”而痛改前非、重新做人，根本问题就在于他不能摆脱熟人社会的道德制控。

而“人性本恶”理念显然更适用于管理一个人口迁徙程度较高的时代。从社会管理来说，认识到每个人都有“性恶”的一面，这就不仅突显了正面道德教育的重要性，而且更突显了全面加强法制管理的必要性。打个比方说，《除三害》中的周处，如果处在当今这样一个人口大流动的时代，假设他在一个地方混不下去了，那换一个地方就是了，或者干脆来一个“流窜作案”，将“奈我何”？显然，人类社会进入到这样一个时代，仍然倚重见效相对迟缓的“道德教育”来管理社会就难免显得软弱无力了。

由此，我们不难明白，为什么西方国家在法治管理方面往往更具有强力度与高效率，根本原因就在于，它不但与人口迁徙程度高的基本特点相吻合，而且有效地弥补了传统的正面道德教育功能渐弱的不足。

改革开放不仅推动中国从“静态社会”向“动态社会”过渡，而且也在社会管理的角度推动人们开始反思“人性本恶”理念的价值定位。无疑，“人口流动”是中国社会的发展趋势，很自然地，我们也应当尽早思考黑格尔为什么会说“当人们说人性本恶的这句话时，是说出了一种更伟大得多的思想”这句话了。

二、中华文化崇尚“道德自律”　西方文化崇尚“行为他律”

中华文化注重个人的“道德自律”，是从社区行为规范与个人行为规范两个方面推进的。

为什么会提出社区行为规范？我们看到，对土地高度依赖的农耕社会，推动人们将交际往来的范围局限在“互相熟悉”的圈子（即社区）里，注重“和为贵”，注重道德自律，注重皆大欢喜式的“大团圆”，进而又注重“天人合一”。正是在这样的社会基础上，中华文化中熔铸了一系列的道德自律的理念，其主干则是以“君臣父子”为总纲的所谓封建伦理道德。“君臣父子”原本对每一个层次、每一类角色都提出了明确的要求，通俗地说就是，“君要像君，臣要像臣，父要像父，子要像子”，反之，“君不君，臣不臣，父不父，子不子”，则难免会天下大乱。与“君臣父子”相辅相成的，还有互相之间人格地位并不平等的“父为子纲、君为臣纲、夫为妻纲”，以及以“仁、义、礼、智、信”为核心的“三纲五常”，还有以男尊女卑理念为核心的“未嫁从父、既嫁从夫、夫死从子”和以“妇德、妇言、妇容、妇功”（妇女的品德、辞令、仪态、女工）为核心的“三从四德”等。诸如此类的社会行为规范将一个历史悠久的农耕社会交织成一个排列有序、层次分明的金字塔形结构。

而在个人行为规范方面，则以“人之初，性本善”为原则指导，以人人具有向善之心，应当能够自觉按照道德规范行事为前提，将社会标准设定为：君明、臣忠、父慈、子孝、兄友、弟恭；而个人自律方面则注重“非礼勿视、非礼勿听、非礼勿言、非礼勿动”，注重“一言九鼎”、“君子一言，驷马难追”，注重“勿以善小而不为，勿以恶小而为之”，注重“父母在，不远游”。如果个人人生事业成功，那么“达则兼济天下”，如果一生碌碌无为，没有什么成功业绩，那也应当“穷则独善其身”，保持个人良好的道德品质。即使是在将本求利的商贸领域，也注重“货真价实，童叟无欺”。

快速浏览一下我们民族在精神文化方面的言行规范，不难看出，上述内容几乎全部属于道德自律方面的要求，这也就是我们民族在精神文化方面的一个注重点。当然，在看到注重道德自律这一特点时，也应当看到，上述道德自律的要求从字面上看还是非常原则化的，就以“非礼勿视”和“勿以善小而不为”两句为例，一个“礼”字、一个“善”字的内涵界定其实也是相当模糊的，至少在不同层次的人的理解中，具体表现是不同的。但是，就是这样非常原则化的要求，居然能够成为整个民族数千年以来的行为规范，这是为什么呢？

根本原因还是在于，在一个熟人社会里，亲朋好友、邻里街坊之间互相熟悉、知根知底，一个人出生在这个圈子里、成长在这个圈子里、成家立业在这个圈子里，直至最后老死在这个圈子里。一旦在言行规范方面出现道德瑕疵，那么，很多问题等不到法律来惩治，仅仅是邻里熟人之间的流言蜚语，就足以使一个人在道德社会评价方面身败名裂、难以存身了。至于在日常生活中，一个人一旦被指责为道德上有问题（男盗女娼、衣冠禽兽之类），那可是一件不得了的顶级谴责，弄不好是要出人命的。设想一下，置身于类似陶渊明的“桃花源”这种长期与外界封闭的小环境中，一个人一旦失去社会对你的基本道德水平的评价支撑，随之而来的就是八面冷眼、四处碰壁，那你将如何生存，又将如何发展？这也正是人言可畏，众口铄金、吐口唾沫就能淹死人的震慑力量；这也正是在一个传统的“熟人社会”里，人们非常注意“道德自律”的原因所在。

将这一点与西方精神文化进行对比，不难看出，西方精神文化的注重点则更多的是“行为他律”。

如果说，中西方文化在对其民众的道德要求上并无本质差异，那么在如何惩治反道德行为方面，我们发现二者之间有一个很大的理念差异，即中华文化认为“人之初，性本善”，向善之心推动人们追求道德自律，一个人一旦在熟人社会里陷入“千夫所指”的绝境，恐怕自己也就活不下去了。而西方文化认为“人之初，性本恶”，因为人有向恶之心，所以需要以带有专制强迫手段的全面翔实的律例法规为标准来规范人们的言行。时至今日，走出国门的中国人常常感叹西方国家法律之严酷，或处以受害人损失百倍以上的赔偿，或处以犯罪人长达几百年的监禁，而令人感到神奇的是，这种“注重他律”的理念竟然可以一直上溯到“摩西十诫”。在那个不知道离现在有多少年头的远古蛮荒时代，耶和华上帝就开始“动辄以死”来惩治违反管理者，不仅动辄成百上千地处死，有的还灭其族人。

从理论角度分析西方世界为什么注重“行为他律”，难度似乎不大。因为西方世界较早开始发展商品经济，商品经济的基本特点之一，就是随着市场的扩大，人们的经济活动范围也大幅度扩大，必然会越来越多地面对陌生顾客与合作伙伴，尤其是海外贸易，更会直接导致人们流动程度的提高，还有和陌生人打交道的概率的提高。由于商品经济能够满足不同客户的需求，与之相适应的，是比较注重效率，注重开门见山、快速便捷。因而来不及通过长时间的观察和了解来判定对方的道德水平，在既缺乏了解又必须与其打交道的背景下，人们一方面必然比较关注自己如何对陌生人以礼相待，以确保对方对自己有好感，另一方面则不得不“用人要疑，疑人要用”，来淡化对对方的道德自律水平判断，转而强化对其行为的规范。

同样是为了规范人们的言行，《旧约》中的话语几乎面面俱到，而且有时候简直到了啰唆的程度——好像一个老人，唯恐自己有什么话说漏了似的，反复强调、细致陈述，有时让人难以卒读。

不妨以中华传统道德中一句极为简练的“勿以善小而不为，勿以恶小而为之”为例，我们看到，《旧约》中则条分缕析、具体明确，而且堪称事无巨细，点滴不漏。

《旧约》“利未记”第二十五章中，耶和华上帝规定以色列人：“困苦贫乏的雇工，无论是你的弟兄，或是在你城里寄居的，你不可欺负他。要当日给他工价，不可等到日落，因为他穷苦，把心放在工价上，恐怕他因你求告耶和华，罪便归你了。”

耶和华上帝还规定，不仅不可以欺负穷人，还要主动向他们提供帮助：“你的弟兄在你那里若渐渐贫乏，手中缺乏，你就要帮补他，使他与你同住，像外人和寄居的一样。不可向他取利，也不可向他多要。”

在《旧约》“利未记”第十九章中，耶和华上帝还明令，对外乡人也不可欺负：“若有外人在你们国中和你同居，也不可欺负他，和你们同居的外人，你们要看他如本地人一样，并要爱他如己，因为你们在埃及地也做过寄居的。”

在钱财方面，耶和华上帝明令禁止放债收利的行为：“我民中有贫穷人与你同住，你若借钱给他，不可如放债地向他取利，你即或拿邻居的衣服作当头，必在日落之前还给他，因为他只有这一件当盖头的衣

服，是他盖身的衣服，若是没有，他拿什么睡觉呢?”（《旧约》“出埃及记”第二十二章）

至于借出去的债务，耶和华上帝还规定了“豁免”的年限：“每逢七年末一年，你要施行豁免，豁免的额定例是这样，凡债主要把所借给邻居的豁免了，不可向邻居和弟兄追讨，因为耶和华的豁免年已经宣告了若借给外邦人，你可以向他追讨，但借给你弟兄，无论是什么，你要抬手豁免了。”（《旧约》“申命记”第十五章）

耶和华上帝向以色列人规定，不仅债务可以定期豁免，而且对于卖身为奴婢者，不仅不可以打骂，还应当定期释放：“你弟兄中若有一个希伯来男人，或希伯来女人卖给你，服侍你六年，到第七年就要任他自由出去。任他自由的时候，不可使他空手而去，要从你的羊群、禾场、酒醡之中，多多地给他，耶和华上帝怎样赐福与你，你也要照样给他。”（《旧约》“申命记”第十五章）

三、中华文化崇尚“物质实在”
西方文化崇尚“精神追求”

2007 年 5 月 16 日晚《新闻联播》播放了温家宝总理在上海对同济大学学生即席演讲的镜头。其中，他先引用一句哲言：“一个民族有一些关注天空的人，他们才有希望；一个民族只是关心脚下的事情，那是没有未来的。”然后又深情地说：“我们的民族是大有希望的民族。希望同学们经常地仰望天空、学会做人、学会思考、学会知识和技能，做一个关心国家命运的人。”这席话语重心长、令人振奋。

然而，换一个角度便不难发现，当国家领导人呼吁某一类人才时，往往这一类人才在这个国家就是稀缺资源，也就是说，我们这个民族实际上“缺乏仰望天空的人”。

何谓“仰望天空的人”？在西方有这样一段典故：

据说，古希腊有一位哲学家、天文学家，名叫泰勒斯。一天晚上，他边走边专心致志地观察天上的星辰，一脚踩空，跌到了坑里。周围有人见了哈哈大笑，也有人嘲笑他说：“你自称能够认识天上的东西，却不知道脚下是什么，你研究学问得益真大啊，跌进坑里就是你的学问给你带来的好处吧!”这一挖苦又引起一阵哄笑。

泰勒斯从坑里爬上来，拍了拍身上的泥土，镇定地回答说：“只有站得高的人，才有从高处跌进坑里去的权利和自由。没有知识的人，好像本来就躺在土坑里从来没有爬出来过一样，又怎么能从上面跌进坑里去呢?”泰勒斯笑了笑又说：“明天会下雨。”果然，第二天真的下雨了。

两千年后，德国大哲学家黑格尔就此发表了一段传之后代的见解。他说：只有那些永远躺在坑里、从来不仰望高空的人，才不会掉进坑里。

后来，又有人总结出，鹰有时比鸡飞得低，但鸡永远飞不到鹰那么高。

也许正是基于这种精神追求的文化推动，西方世界才较多地涌现出了“仰望天空”的历史人物：哥白尼、布鲁诺、富兰克林、莱特兄弟等，甚至连严重残疾人士也时时仰望天空，例如英国剑桥大学应用数学及理论物理学系教授、当代最重要的广义相对论和宇宙论家斯蒂芬·威廉姆·霍金，他重度残疾、不能坐立、没有语言能力、不能翻书，甚至不能抬头。不难想象，如果他生在中国，恐怕连一个自食其力的工作岗位也难以得到，基本生活更会困难重重，但是，他不仅是当代最伟大的太空物理学家，而且前不久竟然还亲自体验了太空旅行、体验失重的感觉。

而我们这个民族之所以会缺乏（注意：是缺乏，而不是没有）有远大理想、胸怀大志的人，是受到了数千年之久的小自耕农生产方式、自然经济的狭窄眼界的制约。而小自耕农眼界狭窄所直接导致的，恰恰是过于崇尚眼前的物质实在，“耳听为虚，眼见为实”，对抽象的、看不见摸不到的精神追求没有兴趣关注。这一文化特点可以上溯到两千多年前，《论语》中记载的一段故事，孔子的弟子子路有一次向一个正在田里干活的老农打听见没见到孔子，那位老农嘲笑孔子“四体不勤，五谷不分”，不难看出，他认为孔子的政治理念与治国主张太过于玄虚，远远不如种好眼前的庄稼来得实在。

几千年的历史变迁，崇尚“物质实在”的理念在我们这个以小自耕农为经济基础的民族被一代又一代地沿袭下来，成了我们民族精神文化的一个重要组成要素。

我们这个民族崇尚物质实在，有着一种独特的表现。作为一个有着数千年悠久历史的古老民族，中国的地底下埋藏着难以数尽的财富与宝贝。这种收藏的形成原因大致有二：一是随人墓葬，将物质实在随同死人一道埋葬，以便其在另一个世界还能占有这一物质实在并继续享用；二是钱财保管方式，据媒体报道，即使在21世纪的今天，我国仍然不乏将辛苦挣得并积攒的钞票塞在墙缝里，装在坛子里埋入地下之人，以使自己能够时时感知这一物质实在，结果几年后再取出时，因为虫蛀之类的原因，多少万元的钞票只剩下了一小把原钞票上的防伪金属线条。这样的悲剧时至今日，不仅在国内，即使是在海外，只要是有华人生活的地方，仍然在此伏彼起地重复上演着。

当然，追求什么样的理想目标，怎样保管自己的财富，别人无权妄加评断，但是，从一个国家、一个民族来看，太多的人过于埋头于眼前“物质实在”的好处，势必会对这个民族的发展前景产生不良的干扰。

甚至在最富有中华民族精神文化特色的、历史悠久的节庆文化中，也留有“注重物质实在”的鲜明痕迹。例如，近些年来，人们发现西方节庆文化似乎正在毫无阻挡地被国人尤其是年轻一代所接受，与此同时，传统节庆却正在日渐一日地受到冷落。原因何在？

对比一下中外节庆的欢度方式，就不难看出其中的精神文化差异：中国的传统节庆文化从农历大年三十吃年夜饭开始，一直吃到正月十五闹元宵，再到五月端午吃粽子，八月十五吃月饼，九月重阳吃糕，至于婚丧红白喜事、孩子满月升学等，无不以能够大吃大喝一通为尽兴；反观西方节庆文化，当然也各有其特定饮食，但是在愚人节、狂欢节、万圣节（鬼节）、圣诞节，以及婚礼、葬礼等活动中，更加注重的是仪式、程序以及情感的交流、交融。由此比较，当中国人在“吃”的方面不再匮乏，也就是说，一年四季的任何时候都可以随时吃到过去只有某一节庆才能吃到的特定食品时，对于这一节庆的兴趣逐步淡漠只怕也就有几分原因在其中了。

从局部的微观角度考察，有时候，仰望天空确实不如埋头追求物质来得实惠，因为仰望天空往往很难给仰望者带来具体的好处，而崇尚“物质实在”得到的好处不仅更大更多，而且近在眼前。但是，一旦转入一种时间比较长久的历史阶段大跨度地“宏观考察”，巨大反差反而会证明：越是注重仰望天空，获得物质实在的可能越大。

这里，我们不妨就以以色列民族“复国”以来的历史作一番简单回顾：

建国于1948年5月14日的以色列（此前以色列人中相当一部分散居在世界各地），国土面积为1.49万平方公里，人口总数为六百余万，从1966年到2005年的不到40年的时间里，已经获得诺贝尔文学奖、化学奖、经济学奖、和平奖共计7个。而泱泱中国至今还在为获得诺贝尔科学奖何时实现“0”的突破而烦恼。再看以色列农业，以色列人现在居住的地域，自然条件相当恶劣，土地贫瘠、干旱缺水，从全国看，60%属干旱地区，50%国土年降雨少于150毫米。有些地方比我国西部最恶劣的地方还要恶劣，但就是在这样的土地上，以色列人创造了堪称世界上最先进的农业技术。

首先，他们通过发明滴灌技术改造沙漠，将不毛之地改造成肥田沃土，使可灌溉土地面积增长了8倍，继而大力发展科技农业，使得农产品产量直线上升，其中，棉花单产水平位居世界第一，水果和蔬菜单产水平在世界上也位居前列或中上等，主要畜产品均已达到世界上等水平。粮食生产则从1948年的80%依赖进口，到现在不但基本自给，而且水果、蔬菜和花卉除了满足国内需求外，还出口到欧美市场。

2008年，中国科学技术馆和中国科学院自然科学史研究所在北京共同组织推出一项评选活动，将从各60项候选项目中由社会公众分别投票选出20项人类历史上最伟大的科学发现和20项最伟大的技术发明。根据中国科技史专家的意见，已经编列出科学发现和技术发明各60项，最终评选产生的40项结果，将在中国科技馆新馆室外进行永久性展示。在编列出的60个技术发明候选项目中，中国有古代四大发明，而60项科学发现候选项目中，因其没有一项与中国科学家相关而颇受争议。

仅仅是和一个以色列民族进行对比，我们就不难看到，崇尚“物质实在”与崇尚“精神追求”对于一个民族的生存与发展的不同影响。

四、中华文化崇尚“重 X 轻 Y”
西方文化崇尚“多元平等”

我们这个民族，只要在能够形成人群的地方，很自然地就开始关注等级排序，这也就为“中华文化崇尚重 X 轻 Y”的理念形成基础。

所谓“重 X 轻 Y”，可以具体地演绎为“重男轻女”、“重农轻商”、“重内轻外”等，换一个通俗说法，也就是非常关注群体中的贵贱尊卑以及受到重视的程度的等级差异。

一旦某种观念成了民族精神文化的构成要素，立刻就会对其全体成员全方位地产生强有力的制控力，以致我们这个民族不仅在政治体制上长期处于“君臣父子”、“人分三六九等”的封建结构中，而且在社会生活中也非常认真地传承着这种等级制文化传统。以中国古典文学名著《水浒传》为例，一百零八将齐聚水泊梁山，不能说不壮观，但是具体分析其中每一个人之所以前来水泊梁山，却并不是为了追求理想、实现抱负而来，他们只不过是“穷途末路”、“被逼无奈”的最后选择。然而，当一百零八将齐聚梁山之后，最先做的一件大事竟然是“梁山泊英雄排座次”，明确各人之间级别的差异。汉民族这种从政治体制到文学艺术的代代相传、代代渗透，使得在民族精神文化体系中，注重等级差异、讲究排名顺序，时至今日仍然是一个非常活跃的观念形态。

这种观念即使绵延到新中国，也同样有着鲜明的表现。例如，在我国计划经济时代，国营企事业单位的地位高于集体所有制的单位，而同样在集体所有制中，大集体性质的单位又高于小集体性质的单位，小集体性质的单位又高于具有生产自救性质的街道生产组。就个人身份而言，级别高的大干部地位高于小干部，入列干部编制的人的地位高于工人，而工人的身份又高于农民。上述种种地位等级和级别差异，在改革开放后相当长的一段时间里，都统领着人们的观念意识。

人与人之间有了等级差异之后，最先出现的是彼此之间的精神隔膜。形体上相同的人，处于不同的等级，便有了高低之分，处在不同等级的人，相互漠然，处于上层的自傲，处于下层的自卑，不但彼此的所想不同，更不会去想对方所想。

等级差异所带来的，还有人际等级之间的倾轧。下等的想挤进中等，中等的又想着爬到上等，上等的还想做成高等，由于越是往上，可容纳的人就越少，于是相互间的排挤与竞争也就越是激烈。上下等级之间的对立，同等级别之间的抗争，导致人与人之间的隔膜就越发加重。而无论在什么时代，“人与人之间的隔膜与倾轧”对于一个民族的发展都是不利的。

转而考察西方文化，似乎可以理解为一种“多元平等”的特点。这一特点首先表现在国民与国君人格相对平等上。

笔者在《中华文化与中国社区》中提及的一段历史轶事，后人也许不应当忘记。

1904 年，爆发了日俄战争。实行立宪政体的日本打败了专制政体的沙皇俄国。这就为中国国民空前高涨的爱国热情和民族自尊心，以及长期积压的危亡意识和变革要求提供了宣泄的机会。当时，驻外大使纷纷奏请朝廷“仿英、德、日本之制，定为立宪政体之国”。

1906 年清政府决定派遣政府代表团赴东西洋各国考察一切政治，以期择其善者而从之。这就是著名的以载泽、戴鸿慈、端方等“立宪派”为代表的清末的“五大臣”出洋考察。

1906 年 5 月 12 日，奥地利皇帝约瑟夫一世在离宫宴请中国考察团。考察团游览离宫时，惊奇地发现，皇家园邸居然对公众开放，“工人士女来游者甚众”。在美国，中国考察团看到华盛顿故居陈设简朴，同普通老百姓的家没什么区别，戴鸿慈发出感慨：“盖创造英雄，自以身为公仆，卑宫恶服不自暇逸，以有白宫之遗型，历代咸则之，诚哉，不以天下丰一人也。”

回国后，考察大臣不顾一些顽固守旧人士的反对，毅然奏请立宪。以今天的眼光来看，我们仍不能不惊讶这些以四书五经为文化根底的中国大臣们对西方价值观念的理解的深刻程度。如戴鸿慈在其考察日记中写道：“什么是自由？绝不是想干什么就干什么，而是人民在权力范围内不受压制。我看欧美的人民，无论男女老幼，在社会交往中彼此间讲信用、讲法律、讲公德，做每件事都有规范。从表面上看，他们是最不自由的，但‘此自由之真相也’。”

而西方民族多元平等文化也同样表现在各个方面，尤其是处于强势地位的一方，往往会主动表示出对于弱势一方的人格的尊重。就以近百年前进化论与神创论曾经在美国爆发的一场著名的“猿猴诉讼”而言，控辩双方在权利平等、人格尊重方面的观点是显而易见的。

这场诉讼发生于1924年的美国。当时，美国社会兴起了一场由威廉·詹宁斯·布赖恩领导的反进化论运动，这场运动直接导致1923年佛罗里达州议会通过决议，声称“达尔文主义、无神论和不可知论”不应在该州公立学校作为真理进行讲授。1924年北卡罗来纳教育局也禁止在公立学校讲授进化论。1925年田纳西州的法令更明确宣布：本州的一切大学、师范学校和其他各级公立学校，它们的任何教师如果讲授了任何否认上帝创造了人的圣经学说的异端，都将作为违法论罪。1925年5月7日，一个名叫布莱恩的人向法院起诉，指控当地年轻的生物教员斯科普斯在课堂上讲授进化论，违反该州法律。法院决定于7月10日开庭审理此案。这就是著名的“猿猴诉讼”。法庭最后判决，对在课堂上讲授进化论的生物教员、被告斯科普斯处以100美元罚款，并偿付全部审判费用。

从现代法治的视角来考察这场审判，其文明水平的显现是不言而喻的。首先我们看到，布莱恩起诉斯科普斯于法有据，因为该州法律规定，任何教师，只要在课堂上宣讲进化论，都将以违法论罪，原告是依法行使公民权；其次，法庭不但进行了认真的调查，还曾由学生出庭作证，被告确实在课堂上宣讲了进化论，即使如此，法庭还给被告提供了平等而充分的答辩权利；最后，法庭审理也只是就事论事，只是判决被告违法事实成立，罚款100美元并偿付全部审判费用（此罚款后经被告方上诉而被撤销），此外，并没有任何触及被告皮肉和灵魂的行动，更没有将被告方关进监狱。

西方文化的这一“多元平等”理念，无疑也是可以进行历史溯源的。例如，可以上溯到英国的亚瑟王时代，我们可以从“亚瑟王和他的12位圆桌骑士”的传说中领悟到亚瑟王每次聚会都使用圆桌的良苦用心：即显现12名骑士地位平等，彼此不分等级差异。

而《旧约》中提出“众生平等”的理念显然更早，并且它是通过耶和华上帝的晓谕一点一点地向民间渗透。例如，耶和华上帝要求以色列人怎样对待穷人、对待外乡人、对待那些一时遇到困难的人，以及因为贫穷破产而不得不卖身为奴的人。

这里，不妨再引用一则“圣经故事”，从以色列百姓如何实践耶和华上帝的旨意中来体验一下“多元平等”的精神文化的具体内涵。

耶和华上帝曾经不止一次地教导以色列人，收割庄稼时不可以“颗粒归仓”。例如《旧约》“利未记”第十九章就写道：“在你们的地收割庄稼，不可割尽田角，也不可拾取所遗落的。不可摘尽葡萄园的果子，也不可拾取葡萄园所掉的果子，要留给穷人和寄居的。我是耶和华，你们的神。”

我国古典名著《西游记》中写到，唐僧师徒4人在西天取经路上，今天到一个国，是尊崇佛教打压道教的，明天到一个国，又是尊重道教打压佛教的，今天你压我，明天我压你，所折射的其实正是我们民族传统精神文化体系“重*X*轻*Y*”的文化理念。直至小说第四十七回，孙悟空在借助法力比试后大败虎力、鹿力、羊力三大仙后，孙悟空对车迟国国王说：“今日灭了妖邪，方知是禅门有道。向后来再不可偏心乱做，望你把三道归一，也敬僧，也敬道，也养育人才，保你江山永固。”这里，作者已经是在借小说中角色之口抒发自己的政治见解了。

如今，我们国家开始进入转型期，并开始向“地球村”前进，我们究竟是继续崇尚“重X轻Y”，还是应当崇尚“众生平等”呢？

五、中华文化崇尚“多报喜少报忧”
西方文化崇尚“一切告知上帝”

网络上流传着一件前清大臣李鸿章的轶事，因为颇能说明中华文化崇尚“多报喜少报忧”，现转录如下：

1896年5月6日，李鸿章出席俄国沙皇尼古拉二世的加冕典礼。接待他的是俄国总理大臣谢尔盖·尤利耶维奇·维特。典礼地点在莫斯科，整个活动共三周时间，其中5月18日是既定的游艺大会。由于沙皇传出圣旨，那天有礼物分发，莫斯科市民为了得到皇上的一份礼物，同时也为了一睹新皇上的风采，前一天晚上人们就开始向游艺广场的霍顿卡广场聚集。到5月18日的黎明，在基本上只有1.5俄里的霍顿卡广场上已经聚集了百万之众，造成了严重的拥挤和踩踏，以致酿成了世界近代史上的一次大惨剧。

据官方公布的数字，那天共踩死挤死1 389人。而据当时各媒体报道，比较接近事实是死亡约4 500 ~4 800人，重伤3 000人，受伤致死的有好几万人。在喜庆大典日子里发生了如此惊天惨案，不少当事的沙俄朝臣吓坏了，一个个胆颤心惊、手足无措，不知道下一步该怎么办。这时李鸿章作为观礼使节，带着一支豪华侍从队伍出现了。维特是这样记录当时情况的：

李鸿章及其随从一行驱车抵达……李鸿章问我："我听说刚刚发生了一起大惨祸，有一两千人伤亡，此事可真?"我回答说："是的，发生了这样不幸的事情。"

李鸿章忽然又向我提出一个问题："请问，难道你们还要将这不幸事情的全部经过详细禀报皇上吗?"我不解其意，答道："是的，已经禀报过了。"他面带遗憾地摇摇头说："你们这里的官员太没有经验了，皇上一旦动怒怎么办? ……我当直隶总督的时候，我统辖的一个省份有次发生鼠疫，一下死了好几万人，我们却经常奏报皇上，说那里一切顺遂。有次皇上问我有没有什么瘟疫疾病发生，我照旧回答说，没有任何瘟疫，老百姓都安居乐业，称道皇上圣明着呢。"……随后，李鸿章又解释似的开导我说："皇上嘛就是皇上，干吗一定要让他知道那么多细节? 我们做臣子的要让他高兴才是，干吗非要用他国家死去好几万人的坏消息无故给他增添烦恼呢?"

维特不禁感慨："我自己想，我们虽然落后，毕竟还是比中国人先进些。"

李鸿章对俄国官员的这番指教，所凸显的正是我们传统精神文化中的"多报喜少报忧"。

时至今日，我们看到这种"多报喜少报忧"的行政观念仍然在制控着相当一批政府官员的行政理念。囿于篇幅，这里只举一例为证：

2011 年 5 月 4 日《中国经济网》报道（上海证券报：翟敏），福建省龙岩市中级人民法院维持龙岩市新罗区人民法院原判，即被告单位紫金矿业集团股份有限公司紫金山金铜矿犯重大环境污染事故罪，判处罚金人民币 3 000 万元，原已缴纳的行政罚款予以折抵，尚需缴纳的罚款应于本判决生效之日起 15 日内缴清。其他 5 名被告人分别被判处 3 年至 3 年 6 个月的有期徒刑（其中部分被告人被判缓刑），并处罚金。

这起事件发生在2010年9月21日，受“凡亚比”残留云系影响，广东全省自东向西发生强降雨过程，阳春、高州等地区发生200年不遇的特大暴雨，多条河流超历史最高水位，位于信宜市钱排镇达垌村的紫金矿业有限公司信宜银岩锡矿尾矿库塞水大坝被泥石流冲击引发溃坝。由于库坝建于村背后约500米海拔的银岩半山腰上，库坝高，容量大，受泥石流冲击发生溃坝，产生巨大的爆发力和冲击力，造成数间钢筋混凝土结构的楼房瞬间崩塌，穿过该村的省道S370线达垌路段被水冲断，停放在村民楼房门口的大型拖拉机被洪水推流至60～70米远处侧翻，村民的摩托车、电脑、电视、现金等被压在崩塌房屋的废墟里。这次天灾最终造成6人失踪，5人死亡，7人受伤。

发生天灾固然是一件令人痛心的事件，但是记者在调查中发现，其实，早在两个月前的7月3日，大坝就已经发生污水渗漏事故，外渗的9 100立方米废水进入了被客家人称为母亲河的汀江流域，造成沿江的上杭、永定出现鱼类死亡和水质污染现象。

紫金矿业董事会和当地政府进行了集体研究，竟然得出一个一致意见：“为了维稳，向社会封锁消息”，并且“宁可承担违规的风险，还是要以维稳大局为重”。结果酿成一起重大的“天灾＋人祸”的重大灾难。

相比之下，西方民族的精神文化中，似乎不但少见这种言行理念，而且“坦诚相告”，甚至“报忧不报喜”反倒是其言行规则。

2010年8月22日，国内各类媒体几乎同时发布了这样一条报道：美国白宫也有一个类似中国的“信访办”的部门，叫作“总统通信办公室”。该部门的工作是：先在白宫官方网站上公布总统的通信地址：华盛顿宾夕法尼亚大道1600号，鼓励民众写信。工作人员再从成千上万封来信中挑选出10封最重要的来信，转呈总统亲自审阅。

时任奥巴马总统“总统通信办公室主任”的科勒尔这样描述自己的工作：“我们挑选的都是那种最有说服力的信件，那些读后让人浑身一震的信。通常，我送给他的信件，都带着令人不快的信息。”说白了，就是“报忧不报喜”。

令人感到神奇的是，这种下级向上级负责“报忧不报喜”的行为准则，可以从《旧约》里找到源头。

打开《旧约》立即就可以读到：“刚刚脱离埃及人的以色列人，随即开始接受耶和华上帝的管理。而耶和华上帝几乎从管理初始，就一方面反复告诫以色列人，自己全知全能，‘我看见了’，‘我听见了’，‘我知道了’；另一方面要求以色列人无论是身份高贵还是低微，都必须绝对地服从并忠实于自己，不准向自己作任何隐瞒。”

例如，耶和华上帝对于战利品中金银的收缴是绝对干净彻底的，如果有人敢私自藏匿，即使数量不太大，也将给自己及其亲属带来死亡的灾难。

《旧约》“约书亚记”第七章中写到了“亚干犯罪”的过程：“以色列人在当灭的物上犯了罪，因为犹大支派中，谢拉的曾孙、撒底的孙子、迦米的儿子取了当灭的物，耶和华的怒气就向以色列人发作。”耶和华的怒气是如何发作的呢？在攻打艾城的战斗中，耶和华使以色列人被艾城人击败，“艾城的人击杀了他们36人”。那么，亚干究竟取了什么“当灭的物”，以至以色列人被杀36人呢？约书亚奉耶和华上帝之命，按照以色列人的支派一支一支地、一个人一个人地审查，终于真相大白：

“亚干回答约书亚说：‘我实在得罪了耶和华，以色列人的上帝，我所做的事如此如此，我在所夺的财物中，看见一件美好的示拿衣服、二百舍客勒银子、一条金子重五十舍客勒，我就贪爱这些物件，便拿去了，现今藏在我帐篷内的地里，银子在衣服底下。’

“约书亚就打发人跑到亚干的帐篷里，那件衣服果然藏在他帐篷内，银子在底下。他们就从帐篷里取出来，拿到耶和华面前。约书亚和以色列众人把谢拉的曾孙亚干和那银子、那件衣服、那条金子，并亚干的儿女、牛、驴、羊、帐篷以及他所有的，都带到亚割谷去。约书亚说：‘你为什么连累我们呢？今日耶和华必叫你受连累。’于是，以色列众人用石头打死他，将石头扔在其上，又用火焚烧他所有的。众人在亚干身上，堆成一大堆石头，直存到今日。”

时至今日，我们看到，在“信仰上帝”的领域，作为信仰的基本表现之一，就是信徒很自然地把自己的所思所想、所作所为告知耶和华上帝。我们应当看到从形式上，我们民族的“多报喜少报忧”与西方世界的“一切告知上帝”，虽然属于两种不同的思考模式，但是，在其作为精神文化要素的形成地，却都有其相当的“合理性”。只是我国现在已经开始了历史的转型，在转型期内，必将出现一个“原有机制与新的社会发展”不相适应、以致种种矛盾高密度爆发的时期。而“多报喜少报忧”的行为理念显然不利于社会有关方面及早发现问题和及时解决问题，进而也不利于公民社会、和谐社会的建设。

六、中华文化崇尚“王法”
西方文化崇尚“天法”

如果我们以“有没有公开颁布的法律”作为一个国家或民族法制建设的开端，那么，我们这个民族在法制建设上，与其他民族相比，绝对“堪称自豪”。因为作为四大文明古国之一的中国，早自奴隶社会的发端——夏朝，即公元前2000年前后，就有了“禹刑”和“夏刑三千条”，这实际上就是我们这个民族法制建设的开始。

然而，当我们转向现代社会，以现代法治社会的标准来衡量我们国家的法治水平时，只要我们和经济发展水平较高的其他国家进行比对，恐怕不难看到我们国家的现代法治水平还很低，不仅作为现代国家的系统化的法制建设起步过晚，而且依法治理的“法治水平”也确实不高。

导致这一现状的重要原因之一，莫过于我们这个民族的宗法制社会的特点，封建伦理对于是非裁决也明显有着“法”的色彩（只不过另被称作“家法”、“族规”而已）。在家族和家庭内部，家法、族规几乎和国家的法规具有同样效力。族长对本族内的叛逆者或做了伤风败俗等错事的人可以下令予以活埋、沉河、焚死、勒杀以及鞭杖责打等处罚，家长对于违反家法的家庭成员或奴仆可以随意责打直至处死。家族之间、家庭之间或人与人之间发生械斗、仇杀或人身报复等情况时，也常常使用酷刑……以伦理道德主控的社会中长期存在的诸如此类的非法治行为长达数千年的畅行无阻，无疑阻碍了法制社会的应有进程。

重要原因之二，数千年来，维系我们这个民族的结构稳定的是“君臣父子”的封建伦理道德，这一道德体系直接导致整个社会在各个社会层面上，都把人际关系简单化为“管理与服从”的关系，进而形成一个“下大上小”的金字塔形结构。越是处于社会上层的，则权力越大而承担义务越少，越是处于社会下层的，权力越小而承担义务越多。在这样一个“互相之间人格不平等”的社会结构中，以人格平等为核心理念的现代法制建设显然阻碍重重、举步维艰。

重要原因之三，中国法制建设从起步之初，就染有浓厚的“王法”色彩。时至今日，国民中仍然常常脱口而出的所谓“王子犯法，与民同罪”，实际上早已触及了法制在我们这个民族的本质特点。如果我们把西方国家无人不受其管束的“法”称为“天法”，那么和天法进行比对，我们不难总结出“王法”的基本特点。

特点之一，最为明显的莫过于“王子犯法，与民同罪”，即使今日，国人中也不乏以此为“法治”建设的理想目标追求的人，殊不知王子犯法与民同罪，可是如果同罪不能同罚，这样的结果将如何？王爷犯法呢，与民同罪将如何？与民不同罪又将如何？如果不能“同罚”，那么，平民触犯某法可能会掉脑袋，而王子同样触犯某法则可能“尽管有罪但却轻罚甚至免罚”，风头一过，继续招摇过市，“人治”与“法治”就这样拉开了差距。

特点之二，由于王法是由王为维护王的统治而制定的，所以尽管历代封建帝王也曾经有过“罪己诏”之类的表演，但是，顺应“刑不上大夫”的理念，很自然的，就是“法不及王爷”。纵观历史，我们这个民族多见的是皇权被暴民推翻，但无论是多么英明的帝王，也罕见自己主动服从法律的。

特点之三，宗法制传统社会的金字塔形结构，导致社会不同层级皆有“王”，不同的“王”既有层级高低的差异，又有权势大小、地盘大小的差异，于是“法”也就随“王”而变，进而出现同一个“法”在不同地域社会效力不同的情况，所谓“山高皇帝远”、“在这一亩三分地上，老子说了算”也就成了我们这个民族特有的“抗法”话语，而“胳臂肘朝里拐”、“强龙难压地头蛇”也就成了我们这个民族见怪不怪的现象。

无论什么样的理念，一旦上升到民族精神文化层面，不仅会对全民族产生强大的制控力，而且还会代代相传，对其后代子孙持续产生强大的制控力。

对于改革开放以来国家全力推进法制建设的成果而言，不能不说是成绩卓著，但是作为体现执行力的法治，则明显滞后。如果说，法制建成前是“无法可依”，则法制建成后，是“有法不依”，或者是“法依王而变”。

于是，以改革开放为起点，中国推进现代法治建设数十年后的今天，仍然能够出现“我的爸爸是李刚”之类的“王子”式话语。出现“选择性执法”——说你违法你就违法，不违法也违法；说你不违法就不违法，违法也不违法。于是“朝里有人好做官”，甚至即使触犯法律的人想投案自首，也要千里迢迢跑到北京，在“天子脚下自首”，而不愿意在“山高皇帝远”的地方接受法律制裁。更有甚者，成年子女在美国犯了罪被刑拘，其父母赶到美国，企图买通受害人撤销控诉，以致在美国犯下“干扰司法”的新罪，差点与儿子同案受审的荒唐事（美方后来以“文化背景不同”撤销了这一新的起诉）。

从这一角度审视中国的法制建设，不难明白，中国真正进入法治社会的最大瓶颈，已经不在于法律体系是否完备，而在于法治是否严明，即能否实现“法律面前人人平等”。

当国人一次次地感叹西方民族的“天法意识”（法律至高无上）时，也难免“知其然而不知其所以然”，而只要我们打开《旧约》，从法治意识培养角度看，就能发现，当我们民族的远古老祖宗还在考虑如何调整“王法”与“伦理道德”的关系时，耶和华上帝就已经开始以以色列人为目标，进行“天法意识”的培养了。

其最早的法律知识培训当然就是“摩西十诫”，但应当看到的是，在“天法意识”的养成中，熟知“摩西十诫”与怎样贯彻执行“摩西十诫”相比，后者其实是更为重要的环节。我们看到，即使在那个以色列人蒙昧无知的年代，耶和华上帝在执法的起步之初就坚持“法律面前人人平等”，即便有时显得残酷、残暴也决不手软。

《旧约》“出埃及记”第三十二章中，以色列人出自感恩之心，自动捐出黄金首饰打造了一只金牛犊代表耶和华上帝，进行祭祀活动。而拿答户、比干身为耶和华上帝的祭司，仅仅因为在献祭点香时使用的是凡火，立即被当场烧死。不要忘了，他们两人都是刚刚被耶和华上帝立为“圣”，而且是“一人之下，万万人之上”的摩西的亲侄子，但同样也不得宽恕，严惩不贷。不仅如此，耶和华上帝还近乎无情地严令：包括摩西在内的二人的亲属，不可因为他们的死去而伤心和哀悼！

在耶和华上帝的理念中，“天法”至少具有两个方面的内涵：其一，天法面前人人平等，人人都要严格遵循，违反必遭严惩，无人享有豁免权；其二，耶和华上帝尤其注重对于弱者的人格权、财产权等的保护。我们看到，耶和华上帝的晓谕，其含义是非常明确的。例如：

在日常生活中，处于强势方的本地人不可欺凌外乡人；

在生意买卖中，处于强势方的卖主必须买卖公平，诚实守信；

在家庭关系中，处于强势方的丈夫必须善待妻子，要想休妻，必须履行一定的程序，要立下文字凭据；

在雇佣劳工时，处于强势方的雇主必须保证每天太阳落山前，雇工能够领到当天的工钱；

在战争中，处于强势方的战胜者必须善待俘虏，尤其是女俘虏。要想娶女俘虏为妻，必须履行一定的程序，而且还要得到女俘虏本人的同意，满足她的一系列要求；

对于即使犯下杀人重罪的人，也不能立即处死，而要先让他躲进“逃城”，待查明真相、完成审判程序后，再作处理；

……

要再强调指出的一点是，耶和华上帝对以色列人的精神文化养成，早在启蒙阶段就是高标准、严要求的。而其突出的作为莫过于，违反晓谕（即“法”）者，无论身份贵贱，一律严惩不贷；社会关系出现强弱差异，则明确要求保护弱势方。

其实，人类如果严格遵循这两个言行规则，也就掌握了进入法治社会、构建和谐社会的钥匙。当今国人如果意识到这两个言行规则的价值所在，也就看清了脚下的道路，明白了我们的现行法治水平离构建法治社会究竟还有多远。

七、中华文化崇尚求得“神助神佑”
西方文化崇尚求得“神示神谕”

“敬神”、“求神”，在世界各个民族中（无论是野蛮有待开化的民族，还是文明程度很高的民族）都是一种普遍现象，或者也可以概括地认定这种现象属于“民族精神文化”要素。但是仔细对比，各个民族之间的“敬神与求神”的目标定位是有所不同的。

中华传统文化中的敬神、求神，似乎一以贯之着一种重在求得神助神佑的理念。例如，我们看到在传统的宗法制农村（时至今日，以下现象在中国并未绝迹）：

人们祭拜龙王，是求其保佑风调雨顺，以求“五谷丰登”；

人们祭拜灶王爷，是求其“上天言好事，下界保平安”；

人们祭拜观音菩萨，往往因为她是“送子娘娘”；

人们看见菩萨就磕头，是求其保佑自己或者亲人“平安无事”；

人们在大门上贴门神画像，是因为门神能“避邪”；

……

由此不难看出，中国人喜欢修庙的真正原因并非出自信仰，而仅仅是希望自己身边不远处就有一个随时可以求助的法力无边的帮手。

之所以将这种理念称为“崇尚”，不仅是因为在敬神、求神过程中，对于祈求者的态度务必虔诚的严格要求（诚则灵，不诚则不灵），而且是因为一旦求神灵验了，祈求的目标实现了，随之而来的还会有一个更加虔诚的“还愿”，只要是条件许可、能力足够，“还愿”往往还会演绎成一个重大的行动或庆典。

然而，对比“圣经文化”的“敬神、求神”理念，我们不难发现其与“中华文化”的理念的不同。

翻开《旧约》，可以看到，在耶和华反复宣称自己是以色列人的唯一上帝之际，他似乎就坚持一种理念——他只是不断地提供“晓谕”，告知以色列人应当做什么与应当怎么做，然后由他们自己行动（或者声称自己将护佑他们，但同样也是由他们自己独立行事），《旧约》中几乎看不到耶和华上帝亲自动手帮助以色列人解决过什么具体问题。

例如，以色列人首次进攻迦南地，面对强大的对手，一开始根本不敢发起进攻，得到耶和华上帝指示后，一举进攻便获得大胜。但是，我们看到，整个进攻从头至尾，以色列人都是自己独立行动；摩西为以色列人的“女儿能否继承父亲遗产”问题求问耶和华上帝，耶和华上帝晓谕的也只是继承遗产的原则，具体怎么分配，则由以色列人自行决定。

仔细阅读《旧约》，我们看到，耶和华上帝也确实曾经直接出手救助以色列人，那是以色列人在旷野地游荡的初期，曾经由耶和华上帝天降，以解决以色列人的饥饿问题。但是即使在当时，耶和华上帝也只是每次提供一天的食用，以色列人即使过多地搜集，第二天也会变质的。而且，自此以后，就越来越少见耶和华上帝这种直接出手相助的情况。

到后来还出现以色列人向耶和华上帝祷告，耶和华上帝不予理睬的尴尬局面。再到后来甚至还出现过当以色列人的妇女遭到外族人轮奸，以色列人求得耶和华上帝的承诺（获胜），于是前去报复，结果3场战斗2败1胜，以色列人反而吃了亏。

这就直接导致了《旧约》中的一种难以解释的反常现象：耶和华上帝一次又一次地宣称要以色列人尊自己为唯一至尊的上帝，却不肯时时呵护以色列人，以致最后“民怨沸腾”。可是，一旦我们转换一个角度，从哲学角度透过现象看本质，立即就会看到，这其实是一个“培养民族自立自强”的一体化过程。正是由于耶和华上帝对以色列人怀有“为人父母”般的情感，他用心良苦，设下种种计谋，把以色列人从在埃及人那里为奴的寄生生涯中引导出来，随后又利用在旷野游荡的几十年里对他们进行了从社会化管理到法律法规制定，从人际交往原则到商业经营的诚信的全方位培训，直至最后，在自然条件非常差的环境中，培养他们以独立的民族意识与民族文化，自立自强于世界民族之林。

正如本书在本章前文中已经详加剖析的，耶和华上帝为推动以色列民族走向自立从四个方面采取了措施：①耶和华上帝以《摩西十诫》为标志，为以色列人条分缕析地制定了方方面面的律条法规，要求以色列人按照律条法规行事，由此开始了以色列民族社会管理法制化的历史进程；②耶和华上帝命令摩西，聚集以色列长老70人，组成最高管理层，将全部以色列人十二支脉分立十二根柱子为标记，再从以色列人中选拔有才能的人，分别担任“千夫长、百夫长、五十夫长、十夫长”，由此开始以色列民族自己管理自己的系统构建；③耶和华上帝向以色列人传授物品用具的统一制作方法，如“造柜之法则、造灯台之法则、造幕幔之法则”等，以此从全民角度大大提升人们物质文明的水平；④为以色列人设定各种祭祀、节庆活动，如“设定守圣安息日、设定赎罪祭、设定逾越节礼仪”等，以此从全民角度大大提升人们的精神文化水平，实在堪称既构想周密又计划久远。与此同时，耶和华上帝对以色列人，该“断奶”就及时“断奶”，该“自立”就及时推动他们走向自立，而不是时时处处给予一种“全方位”的“溺爱”。

当然，我们也看到《旧约》中，耶和华上帝也向以色列人主动索要“金、银、铜……各种牲畜，甚至各种颜色不同的丝线……”，而我们的庙宇以及佛教教义中则根本看不到菩萨神灵主动向人类索要物质财富的行为，这是否标志着二者之间的精神境界的差距？

其实，不能这么简单判断。仔细分析二者之间的这种差距，不难看出，耶和华上帝向以色列人索要物质财富，是公开的、一律如此的，带有“法”的性质，或者不妨称其为“显规则”，而我们的神灵菩萨对于物质财富的收受，则是以世间凡人“许愿”的形式进行的，打一个也许不太恰当的比方：带有不同的人不同对待的“潜规则”特点。

时至今日，当我们转而运用现代教育科学的原理来审读《旧约》时，不得不令人感叹的是，现代教育科学的“授之以鱼不如授之以渔”的原理不但在“圣经”中早已出现，而且直接由耶和华上帝付诸实施并得到了科学的成功验证。

对上述种种现象进行归纳总结，不难发现“中华文化”与“西方文化”之间，确实存在着哲学意义上的差异。中华宗教文化“重在求得神助神佑”的哲学前提中，已经潜藏着祈求者主体地位的自我弱化或自我否定，是直接祈求“神”（菩萨）介入自己的具体的目标追求，即希望神能够为我的土地干旱而降雨，为我一年来的表现到天上去说说好话，为我没有儿子而送来一个儿子，为我和家人不能独立抵抗灾难而保护我们避开灾难等。而西方文化的“重在求得神示神谕”的哲学前提则是，祈求者仍然是自己独立地面对人生，人生的路仍将由自己一步一步独立地走下去，这一行为主体的地位始终没有削弱。而祈求者之所以祈求神示神谕，是祈求者觉得遇到了自己一时难以解决的困难，求神指示自己下一步应如何行动而已。

两者相比较，同为求神，中华文化中隐藏着一种“小自耕农”的弱者心态：我已经没有办法了，求菩萨显灵帮助并解决我（们）单凭自己力量无法克服的困难吧！时至改革开放已经30余年的当今中国，我们仍然不难从民间依然存在的“救星意识”、“清官意识”中发现传统文化的精神刻痕。然而，西方文化中一以贯之的则是：我现在遇到了一个难题，请耶和华上帝告诉我，我下一步该怎么做？

二者之间就这样显现出精神文化的差异。同为敬神，同为求得神的帮助，一个是寄希望于神的力量的直接介入，以神力帮助自己完成已经无法独立完成的目标追求；一个是寄希望于神示神谕，当然同时也希望神能够给自己以精神支持，进而推动自己勇敢地独立面对人生的挑战。

在我们国家正大步迈进市场经济的今天，尤其应当反思的是，一个民族如果在宗教意识上始终只是关注如何求得“神助神佑”，而不是逐步转为求得“神示神谕”指点迷津然后自主行动，把话说得刻薄一点，那就无异于向世界宣告，这个民族还没有完全摆脱精神上的“幼童期”，还不具有自立于世界民族之林的能力！

八、中华文化崇尚“人杰创造历史”
西方文化崇尚“上帝安排历史”

我们这个民族还有一个家喻户晓的精神文化理念，那就是“胜者为王，败者为寇”，伴随着这一人人皆知的理念的，则是未必人人皆关注的“人杰（英雄）创造历史”观。这一观念形成于以小自耕农、小商小贩为主体的宗法制社会，历经数千年的历史传承而铭刻于人们的精神世界。

由于小自耕农、小商小贩生活在社会下层，承担着过多过重的来自家族、国家的义务而罕见享有什么权利，所以他们在心理上难免会时时认定自己的“弱者地位”，并且只要还能忍受下去，就会持续“逆来顺受”，同时，只要没有陷入绝境，就大都较少奋起反抗。而在终于觉得已经忍无可忍之时，也不大会主动反抗，而是“求盼”某时某地能出现一个救星，救自己脱离苦海。

最为典型的一个例证莫过于明朝末年，李自成造反以后，他的部下为了争得民众支持，在民间广造舆论“开了门，迎闯王，闯王来了不纳粮”。由此开始，李自成的部队越来越得到饱受苛捐杂税之苦的下层老百姓的欢迎。显然，在下层欢迎者的心目中，李自成是“救星”，是能够与朝廷皇家抗衡的“人杰”。

其实对于下层小民来说，这种即使身陷苦难也不敢反抗，只在心中期盼“救星”（人杰）的心态，在我们这个民族可谓源远流长。我们看到，早在秦朝末年，秦灭六国，一统天下以后，没有给人民带来任何实惠却继续施以暴政，于是人民转而支持陈胜吴广起义，并非因为他们能给自己带来好处实惠，只是因为他们是抗秦的“人杰”，于是“斩木为兵，揭竿为旗”，云集响应，希望能够借此推翻暴秦，改变自己的生活。

数千年来，我们这个民族周而复始地在“人杰创造历史”的理念下期盼着“救星”。比如标志着辛亥革命开始的武昌起义，这确实是我们这个民族历史上一次典型的民意“大显现”。然而，当作为封建政权象征的督署被攻克，起义胜利后，大家忙碌的第一件事，竟然还是寻找“人杰”，起义者认为只有社会上有“名望”的人才能组织政府，于是拥戴新军第二十一混成协统领黎元洪为军政府都督，而黎元洪却是直到胜利局面越来越明朗，才扭扭捏捏地上任（其上任之后的所作所为，却是设法毁掉了武昌起义的一系列成果）。

尽管“人杰”在数千年的历史长河里并没有给拥戴他的下层民众带去什么好处实惠，但是，“人杰史观”在我们这个民族坚如磐石地扎下了根。首先，如果说历朝历代的皇帝堪称当时最大的人杰，那么中国历史所记载的实际上就是一部典型的“人杰史”——以帝王执掌政权始末为标志的历史，人杰就这样在我们这个民族奠定了他们至高无上的地位。

“人杰（英雄）史观”有两个明显的特点。一是在这样的历史记载中，人杰的丰功伟绩、奇闻轶事几乎堪称滴水不漏，无不是形象丰满；二是“以成败论英雄”，以其登上历史舞台为开幕，以其退出历史舞台为闭幕。于是，我们这个号称拥有五千年文明历史传承的民族，所拥有的历史记载，竟然只是司马迁的《史记》那样的“十二本纪、十表、八书、三十世家、七十列传”，而即使是后世历史，也仍然是一个又一个片段组成的“崇祯三年”、“雍正元年”……

大概也正因为这样，我们这个民族中，有意成为人杰者，无不刻意追求自己能够“青史留名”，这就又进一步推进了“人杰创造历史”观的强化。同时也引导着人们去关注原本应当是人杰却未能最终成为人杰的英雄，这其中最有代表性的，莫过于宋代女词人李清照的作品：“生当为人杰，死亦为鬼雄；至今思项羽，不肯过江东。”

大概正是由于“人杰（英雄）史观”的绝对压倒性地位，中华文化史上，如何凸显对下层小民的关心、关爱，是基本没有什么地位的。即使出现了诸如此类的口号或言行，也只是英雄为争取民心以最终成为人杰的一种手段（例如，闯王李自成以“不纳粮”口号笼络人心，把旧皇上赶下了台，自己当皇上，苛捐杂税敲诈勒索更为严酷），或者是根本就不提这样的口号。

相比之下，我们不能不看到西方文化对西方世界精神文化体系的决定性影响。

首先，全世界通行的“公元纪年”就是从“耶稣出生”之年算起的，耶稣出生之年就是公元元年。这种算法以及所谓的“耶稣出生”之年，是6世纪的一个基督修道士狄安尼西提出的。虽然耶稣只是宗教传说中的人物，但是这个纪年标志逐渐被全世界通用。

尽管从字面上看，以“人杰”为核心编撰历史，和以公元纪年为顺序编撰历史，只不过是编排方式的不同，但是若深入思考就会发现，主导这两种编撰方式的是两种截然不同的精神文化理念。俗话说得好：不怕不识货，就怕货比货。只要我们对这两种不同的历史编纂方式进行比对，便不难看出二者之间在精神文化层面上的种种差异。

随着人类社会发展逐步向现代文明社会过渡，人们将越来越重视对历史的关注与研究，尤其是对历史的宏观把握与研究，需要从一个日渐开阔的视角去探索历史发展的规律与渐近线。

而公元纪年的计算方式的第一特点，就是把人类历史，无论国家、民族、地域有什么差异，都串接成一个有序发展的链环。例如，陈胜吴广起义于公元前209年，淝水之战于公元383年，这样就为中国历史研究提供了一个可供进行对比研究的有序排列，便于后人更为宏观地把握自身的发展历史，更为本质地认识自己。这就必将大大开拓人们认识历史的眼界和方法，推动人们从更为宏观的角度去把握历史。然而，以司马迁的《史记》为例，为了忠实记录历史，尽管他曾经付出了极其惨痛的代价，但是在他的记录中，占据主导地位的是一个又一个“人杰”演绎的历史片段（有的只能称为“碎片”）。严格地说，连同后来的“以帝王断代”的二十四史在内，所提供给后人的，其实只是历史史实的演绎和思考。这充其量只能提供一种对历史的微观研究，而难以提供对历史的本质的宏观把握。

公元纪年的计算方式的另一特点，则是在有意无意之中，压抑了“人杰（英雄）史观”。西方民族的历史当然也记录了帝王将相（人杰），但是，无论他们曾经演出过何等壮烈的历史喜剧，但是最终，他们和一代又一代的下层百姓一样，充其量只能是历史长河中的过客。在公元纪年的计算模式中，各类人杰充其量只是一个亮点，是无限长的历史项链上的一颗小小的串珠。显然，当我们这个民族开始接受公元纪年方式时，在潜移默化之中，就会逐步弱化“人杰（英雄）史观”。例如，当我们放弃“乾隆元年”、“康熙二年”的标记方式时，很自然地，会逐步淡化对这些“帝王级人杰”的印象，而更加关注在那一年发生了什么事件。而我们这个民族的历史记载方式，《史记》中的人物身份差异显明、人格尊严有异，至于以帝王进退为标记的几十部断代史，更是尊卑有序，身份不得僭越。如此观之，“人杰（英雄）创造历史”观在某种意义上代表的是宗法制的传统社会的静态的历史观，以“人杰”为核心的记载历史的模式，将关注点集中在人物的身份和地位上，在具体的小环境中的所作所为以及染有历史撰写人立场和倾向的微观评价，这就可能影响后人作出历史的跨越，从一个更高的角度俯观历史。

我们这个民族在引进公元纪年计算方式的同时就应当感谢西方文化，是它在不动声色之中，就已经在潜移默化地纠正着我们这个民族的“人杰（英雄）史观”，并且推动着我们民族早日沐浴到现代文明的精神文化中。

九、中华文化崇尚“以人生为手段”
西方文化崇尚“以人生为目的”

中华民族素来号称勤劳勇敢的民族，勤劳者，注重勤苦，注重拼搏；勇敢者，不怕艰险，不畏强暴。但是，我们这个民族又是一个以小自耕农为主要生产生存方式的民族，自然经济“靠天收”的生产生活方式，从根本上导致了一种总体上的“求助上天的弱势心态”，这种弱势心态导致人们一旦在自己的目标追求过程中，受到意外挫折或压力打击而自身对抗实力不足时，往往会爆发出一种“以命相拼”的精神，这种拼命精神经过“弱势心态”的沉淀再转而上升到精神文化层面，就最终形成我们民族的“以人生为手段”的文化理念。

在中华文化史上，“以人生为手段”的最为典型的实例，莫过于春秋时期的越王勾践给后世留下的“卧薪尝胆”的故事。

公元前494年，为报杀父之仇，吴王夫差率大军杀向越国。越国水军几乎全军覆没，越王勾践逃到会稽山，向吴国屈辱求和。后来，按照吴国的要求，越王勾践带着夫人和大臣范蠡去吴国服苦役。越王给阖闾看坟，给夫差喂马，还给夫差脱鞋，服侍夫差上厕所。夫差的几匹马被勾践喂得肥肥壮壮，夫差出去游猎时，勾践要跪伏在马下，让夫差踩着他的脊背上马。勾践三人受尽嘲笑和羞辱。为图复国大计，勾践顽强地忍耐着吴国对他的精神和肉体的折磨，对吴王夫差表现得恭敬驯服。

夫差生病了，勾践每天都去看望。有一天，勾践又去看望夫差，他当着夫差的面，用手指沾了点儿粪便放在嘴里尝了尝，随后跪在地上说："恭喜大王贺喜大王，你的病就要好了。"并解释说："不治之症粪便是苦的，可治之症粪便是甜的，适才我尝大王的粪便，就是为了察看病情，用不了几天大王的病就会好了。"此举深深感动了吴王夫差。三年苦役期满，吴王放勾践回国。

勾践回国后，时刻不忘吴国受辱的情景。他睡觉时，躺在一堆乱柴草上，夜夜不得安眠，睁眼便是励精图治，力求早日报复！勾践在自己的屋里挂了一只苦胆，每顿饭都要先尝尝苦味，提醒自己时时不忘在吴国的苦难和耻辱的经历。他穿着粗布衣服，顿顿吃粗糙的饭食，连过年过节也不沾一点儿酒肉，平日就在四乡里跟百姓一起耕田播种。勾践夫人带领妇女养蚕织布，发展生产。勾践夫妇与百姓同甘共苦，全国上下齐心努力，奋发图强，励志早日灭吴雪耻。不但如此，勾践还采用大臣文种的建议，贿赂吴王，麻痹对方；收购吴国粮食，使之粮库空虚；赠送木材，耗费吴国人力物力兴建宫殿；散布谣言，离间吴国君臣，使夫差中计杀害了能征善战的伍子胥；越国又从民间搜罗美女西施、郑旦等十几人，由范蠡教会她们弹唱歌舞，再把她们献给吴国，施用美人计，消磨夫差精力，使他不问政事，加速吴国的灭亡。公元前482年，越王趁夫差去黄池会盟，偷袭吴国成功，吴国只好求和。后来越国再次起兵，灭掉吴国，夫差自杀身亡。

我们真的不应当忽视这则故事在描画国人人生状态方面的典型意义。在勾践的心目中，生命只不过是为了实现目标的手段，或者说，身体或生命，对他来说，只不过是实现目标的资本或条件。而时至今日，不仅勾践式的以"卧薪尝胆"追求理想实现的人生在生活中不乏实例，夫差式的"胜利后骄矜（以人生体验为享受人生的方式，同样还是将人生视为实现目标的手段、资本或条件）以致转而失败"的实例也同样俯拾皆是。

我们不妨再转而考察数千年来被整个民族奉为至高无上的"读书学习"过程，同样不难看到"以人生为手段"的种种表现。例如，"十年寒窗苦，一举天下闻”，人人皆知这个“苦”字，苦的是身体，是以消耗身体健康为代价的，而一个人之所以以消耗身体健康为代价（本钱）去拼搏某一目标，是希望有朝一日能够在“功名利禄”方面将这种损失高倍数地赚回来。

即使在当代高考中，这种理念也没有发生根本改变。我们看到，有多少人从小学、中学开始，就“勾践”式地牢记“少壮不努力，老大徒伤悲”、“三更灯火五更鸡，正是男儿读书时”，进而“头悬梁，锥刺股，”终于博得“一举天下闻”。可是，一旦迈进大学校门，也就“夫差”式地随即失去拼搏动力，“刀枪入库，马放南山”，整天谈情说爱者有之，沉溺网络游戏者有之（将人生从拼搏、登攀改为放纵、享受）。媒体甚至报道，有的人尽管中学成绩优异，但是只要一进入大学，就失去学习动力，以致被学校劝退，于是重新开始高考，再至入学，再至退学，有的人竟然能够重复好几次。

之所以会出现这种情况，根本原因其实正在于他们实际上在重复“夫差、勾践”式的人生模式。报考大学、寻求知识，并不是他的人生目标，而只是一种手段——一种追求“提升生活档次的敲门砖”的手段，在敲门砖没有到手以前，追求者可以奋发图强，一旦敲门砖到手，刺激源便消失，奋发图强也随即停止。

正因为在我们这个民族里，人生往往只是手段（本钱、条件），那么很自然地，作为“投人”，就不能不关心“回报”，从而难免会“以成败论英雄”。又由于“以成败论英雄”往往要到追求过程结束才能见分晓，所以，作为过程的每一天的生存状态究竟如何，也都显得不重要了。

当然，中国也不乏以“职业、事业”与人生目标追求合而为一的人，只是从精神文化层面上看，这一层面上的人才还是太少了，相比之下，国外在这一层次上的人才不仅数量大，甚至大到足以反作用于民族精神文化要素的进一步融注。我们应当看到，这种理念一旦从民族精神文化层面转而反作用于科学研究，其价值会立刻凸显。例如，西方国家无论大小，为什么那么多人能获得诺贝尔奖，因为这一群体中多的是一生执着于一个目标，十年、二十年乃至三十年，直至为之献身。

“以人生为目标”的含义之一，就是把人生的每一天都过得有质量。这一层含义，在《旧约》中就已经有了非常鲜明的表现。例如，我们看到，耶和华上帝对于普通百姓日常饮食起居的关心中就显现了这种理念。正是耶和华上帝不厌其烦地教导以色列人，要守圣安息日，要注意环境卫生，要注意饮食健康，要注意诚实守信，要注意遵纪守法，要关心、帮助身边的穷人，要注意与周围环境保持和谐共生……一言一行，无不以提升平民百姓的生活质量为目标，无不凸显着“以人生为目标”的理念。

“以人生为目标”在《旧约》中还有一层含义，那就是要把人生的每一天都努力过得有价值、有意义，使得人生的价值不但在追求成功之日中闪光，在目标追求的过程中也同样在闪光，因而人生价值的最大化在于持之以恒地不断进取。

而将“人生与追求目标合为一体”的理念在《旧约》中早就有了一个形象样板，那就是耶稣基督，他几乎从娘胎里就已经被确定了终生奋斗的方向，出生以后，他所做的每一件事情、所说的每一句话都无不围绕着一个目标。耶稣的一生同样也是既有成功，也有失败，但是，无论成功还是失败，甚至他被钉上十字架上的身亡和死后复活升天，也都是围绕这一目标进行的。大概也正因为耶稣的人生闪出了这种异样的光辉，美国的马斯洛在他的心理学体系建构中，将耶稣式的人生置于最高层次，即理想目标与人生追求融为一体的最高层次，这样的人生也正表现为一种强者的人生，表现为一种对于社会具有普遍指导意义的人生。

也正是以这样的理念为基础，耶稣基督的形象价值才更加动人、更加熠熠生辉。他活着，不但帮困济贫，救民于水火之中，而且帮助人们提升道德层次，追求精神境界的崇高；至死，还不忘发出最后一道灿烂的光芒，以实际行动指引世人怎样追求精神世界的圆满，最终灵魂得以升入天堂。

伴随着我们国家文明的提升，民族精神文化在进入历史转型期后的复兴，不难想象，在我们这个民族，“以人生为目的”的人将越来越多。

十、中华文化崇尚“人往高处走”
西方文化崇尚“人往美处走”

华夏子民，尽管分散在不同的地域，分处于不同的社会阶层，但是他们往往会按照一个共同的原则安排自己的人生路线。这个原则予以一个形象界定，那就是“人往高处走，水往低处流”。这句口头禅不但非常形象地显现了中华民族的价值观念，而且堪称一代又一代华夏子孙的行动指南。

一种理念一旦上升为一个民族的精神文化理念，就将对其国民产生一种强大的精神制控力。为什么“人往高处走”这条原则会成为我们这个民族千年不变的行动指南，根本原因在于，华夏大地上，农耕社会的经济基础未变，社会经济结构未变，以“君臣父子”为主脉的等级制的人际关系构成也几乎千年未变。直至当今中国，社会上仍然不难看到以个人社会地位差异设定“话语权”的种种现象。于是，面对有学历文凭的人的社会地位总体上高于没有学历文凭的人的普遍现象，人们会勒紧裤腰带来保证孩子读书，以致每一年的高考终于因为“千军万马过独木桥”而被人称为“黑色的六月”；而由于公务员的社会地位以及待遇、保障明显优厚于非公务员，所以难以阻挡千千万万年轻人满怀“学得屠龙术，货与帝王家”的雄心壮志参加公务员考试，力求谋得一个好的前程；又由于当今中国客观存在的“城乡二元结构”，城市的生存水平明显高于农村，这就又推动着中西部的上亿农民离乡背井，前往东部、沿海地区打工，以为自己沿袭多年的艰苦生活求得一抹亮色。

只是，持续深入思考后就会发现，在“人往高处走”的共同行为理念背后，还深藏着不同阶层人群对于物质目标的共同追求。例如，据报道，同为国家公务员系列，不同的部门、不同的岗位，在市场上则犹如“冰火两重天”。例如，“火”到“门庭若市”的部门多为“人、权、物”相对集中的部门，也就是人们通常所称的“权力重心”或“油水部门”；而“冰”到“门可罗雀”的部门又多数集中在“专业性相对较强”或不直接参与“人、权、物”管理的部门，即人们通常所说的“清水衙门”，如气象、地震、矿业、测绘、水利、海洋、海事、涉外小语种翻译等职位的报名情况就不太乐观，有的部门则干脆提供若干名额却无一人报考。再如，同为上大学接受高等教育，人们显然更青睐于著名高校，对于一般高校，即使入读也往往称之为“屈居”，条件好的则更“牛”，被非著名高校录取则宁可复读以待来年重考，也要进入著名高校。

这就是传统精神文化的制控力量！

继续对这种文化理念进行深入思考，结论恐怕就需要我们认真反思了，支撑人们争先恐后地“往高处走”的根子竟然是“自卑”、“不自信”，这是为什么？

根本原因在于我们这个民族长期处于一种宗法制社会的“上小下大”的金字塔式结构。由于在绝大多数情况下，在一个静态的大致相同的社会环境中同时成长起来的个人之间，能力与素质的差异往往不是很大，于是，谁能够“站得更高”无疑就成为其“人生成功”的标志之一，怎么样才能够“站得更高”呢？那就是向上爬，站到更高处后，就可以转而俯视原先和自己一般高乃至原先比自己高的人了。所以，能够站到高处，绝不仅仅是一种社会地位的变化，更是一种人生成功的外在标志。也正因为如此，在学历文凭方面，人们往往视本科生比专科生成功，研究生比本科生成功……在行政级别方面，人们往往视处级干部比科级干部成功，视厅级干部比处级干部成功……在国民身份的差异方面，人们又会认为成为城里人比一生困居在农村的人成功，能够进入大城市比一生困居在中小城市成功……

令人遗憾的是，在“人往高处走”理念的背后，实际上隐藏着的正是这样一种“弱者心理”，在大家都“不够高大”的现状下，谁能够爬得更高，谁的人生就显得比别人更为成功。同理，谁也不愿意往低处走，往低处走就可能显得更矮，就可能意味着人生的失败，又因此，人们往往在对待地位、级别方面，能上不能下。

正是这种“以社会地位的高低论人生成败”的文化理念，推动着一代又一代的国民“往高处走”。时至今日，为了实现“登高”的目标追求，有的人可以放弃自己的专业特长，放弃自己的兴趣爱好……

西方文化带给世人的，却是另外一种理念，即“人往美处走”。

从理论角度分析，“美处”与“高处”客观上存在着相通之处，因为“美处”可能同时也是“高处”，“高处”可能同样也是“美处”，但是，一旦展开具体对比，应当不难看出二者之间存在着鲜明的差异。“西方文化”中的“美处”，不一定是“中华传统文化”中名利权势皆丰的“高处”，这一点最早见于耶和华上帝引导以色列人出埃及的第一道晓谕。

《旧约》“出埃及记”第三章中，耶和华上帝是这样告知摩西的：“我的百姓在埃及所受的困苦，我实在看见了；他们因受督工的辖制所发的哀声，我也听见了。我原知道他们痛苦。我下来就是要救他们脱离埃及人的手，领他们出了那地，到美好宽阔流奶与蜜之地……”

然而，相信了耶和华上帝晓谕的以色列人很快就从两个方面领略了这一晓谕的内涵：

第一个方面是，以色列人出埃及后，并没有被直接领往什么“流奶与蜜之地”，而是首先开始了在缺吃少穿的旷野地上游荡，这种游荡曾经不止一次引起以色列人对于在埃及为奴的生涯的怀念：“巴不得我们早死在埃及地、耶和华的手下，那时我们坐在肉锅旁边，吃得饱足；你们将我们领出来，到这旷野，是要叫这全会众都饿死啊！”（《旧约》“出埃及记”第十六章）

第二个方面是，经过长达数十年之久的旷野游荡以后，耶和华上帝终于告知以色列人哪里是其早已应允以色列人的“流奶与蜜之地”。然而，当目标迦南地出现在以色列人面前时，他们却吓坏了，因为派出去的侦查人员“窥地者”报告说：“我们所窥探经过之地，是吞吃居民之地，我们在那里所看见的人民都身量高大。我们在那里看见亚纳族人，就是伟人，他们是伟人的后裔。据我们看自己就像蚱蜢一样，据他们看我们也是如此。”结果，以色列人被吓得通夜号哭。

仅从这两点来看，我们也许就已经有理由指责耶和华上帝欺骗了以色列人。因为，耶和华上帝不但没有带领以色列人前往“流奶与蜜之地”，而是前往缺吃少喝的旷野地，就是早已有威猛民族占领的地盘。

然而，只要我们转换一个角度，将《旧约》中叙事的微观角度转向对历史的纵向考察，立即就会发现耶和华上帝这一引领的“重大意义”：

正是在旷野地游荡的几十年里，耶和华上帝通过摩西晓谕“十诫”，并使之逐步深入人心。由此，以色列民族开始了“依法规范言行，民族精神自强”的文明化进程。

正是在旷野游荡的几十年里，耶和华上帝通过指导以色列人“守圣安息”、“守节期”，以及传授各种器具的制造方法，引导以色列人开始了文明对待自己、文明对待他人，以及文明对待周围环境的人生理念，直接推动他们开始了一种文明化的生活。

而更为重要的是，耶和华上帝引导以色列人离开埃及，使得他们摆脱了“为奴隶”的生涯，开始了“精神自立”的民族发展之路，甚至在随后接踵而来的攻城夺地的战斗中，以色列民族也越来越养成一种“面对强敌永不言退”的拼搏精神。

倘若我们再将眼光跨越时空作一番历史的浏览，对今天的以色列民族作一番经济、文化、科学、技术，乃至社会组织结构的多方面考察，则更是不难发现，耶和华上帝在引导以色列人出埃及的过程中，其实灌输的是这样一种理念：为了“美”的理想的实现，为了“美”的目标的追求，人们应当勇于放弃眼前的尽管温饱但是平庸的生活，勇于去经受苦难的磨炼，勇于去向强敌挑战。

显然，在耶和华上帝的理念里，人生之“美”并不在于自己是不是地位比别人更高、权势比别人更大，而在于自己能否实现人生价值的最大化。而所谓“流奶与蜜之地”并不意味着生活富得流油，它只是一个目标，是一个需要自己历尽艰辛、竭力争取的理想目标，在那里，能够有效实现人生价值的最大化！

第七章　精准定位：怎样面对西方的文化批评？

从上述两章20个小节的翔实对比中不难看出，我们民族传统的“桃花源”文化和新兴的“地球村”文化之间确实存在着一种“不同质”的精神文化差异，但是，这种差异是否因为西方世界已经进入工业化社会，而中国从自然经济向市场经济转型起步未久，因而就像英国前首相撒切尔夫人所说的，我们民族的精神文化就不再具有“国际传染性”，完全失去了对其他民族的影响力了呢？

要准确阐释这个问题，恐怕有必要先作一番回顾。

一、我们的精神文化不具有“国际传染性”了吗？

形式逻辑告诉我们，人们在进行交流时，应当遵守“同一律、排中律、不矛盾律”，只有这样，才不会发生“你扯东，我拉西”的风马牛不相及的对话。

显然，如果我们想回答，中华文化中究竟有没有“可用来推进自己的权力而削弱西方国家的具有国际传染性的学说”，首先就要明确，撒切尔夫人所指的是一种“（学说）思想”；其次，这种思想要具有向外扩张的内在气质，它不仅要求控制、影响本民族的成员，同时也要有能够改变外民族成员的精神面貌以及言行举止，即所谓“国际传染性”。

那么，中国究竟有没有这种“学说”，或者民族精神文化体系中有没有这种具有“国际传染性”的观点理念呢？

只要略作回顾，就不难发现，我们民族的精神文化曾经对其他民族有过非常强的制控张力，而且这种张力还具有非常鲜明的“国际传染性”。

我们不妨先把时间拉回到200年前。2010年1月2日，“天涯社区·天涯论坛·时事聚焦”发表了石华宁的文章《孔子启蒙了伏尔泰，伏尔泰启蒙西方》。文中写道：

中国的四大发明，是欧洲人定义的名词。因为这四大发明对欧洲意义重大，而被欧洲人看成是四大发明。造纸术和印刷术，让书籍开始流行。古希腊的哲学、科学、文学等书籍，因为造纸术和印刷术，以较低的成本开始传播。在火药进入欧洲之前，欧洲主要是封建割据的贵族庄园，火药传入欧洲后，国王和城市平民开始攻打这些封建庄园，建立起了统一的民族国家。不然，欧洲各国的状况就如中国战国时期，一个乡便是一个小王国，国家四分五裂，国王名存实亡。指南针，则促进了地理大发现。没有指南针，就不可能发现新大陆。当然最重要的是《马可波罗游记》这本书，吸引着哥伦布等人，他们冒着生命危险去寻找那个繁荣、富裕、像人间天堂一样的中国。是中国吸引了他们，这才发现了新大陆。

200多年前，欧洲兴起中国文化热。中国的哲学思想成为欧洲知识界反封建和反宗教专制的利器，成为欧洲启蒙思想运动的一个重要思想动力。在宗教盛行的欧洲，人的心灵是神的奴隶，人们认为心中如果没有上帝，便会产生罪恶感。然而，中国儒家文化中的无神论和理性主义，让欧洲人看到了一个不信仰上帝的国度，人民同样有着积极向上和快乐的心灵。这促进了理性主义哲学的思考。儒家文化中君为轻，民为重，民心决定政权的思想，成为民主思想的源头。当时的欧洲，国家主要由皇权和贵族统治，平民没有受教育的权利，更没有参与政治的权利，欧洲人对中国通过公开考试在平民选拔官员的科举制度，极为推崇。

当时在欧洲，儒家学说成为知识分子的必读作品。《道德经》的发行量仅次于《圣经》。中国的书画作品、瓷器、漆品成为欧洲人最想得到的艺术品。从路易十四到路易十六，法国三代国王都潜心研究中国文化和收藏中国艺术品。法国王宫凡尔赛宫，就是用中国砖建造的，而且是皇家专用，民间不许用中国砖。

法国启蒙运动最重要的思想家伏尔泰极力推崇中国文化，以中国文化来抨击欧洲宗教的黑暗和专制，并大声感叹："我们不能像中国人一样，真是大不幸！"当时法国主要哲学思想流派——百科全书派以及重农学派等，都从中国哲学中汲取很多营养，推动了法国的思想启蒙运动。百科全书派最重要的思想家狄德罗曾这样评价中国："中国民族，其历史的悠久，文化、艺术、智慧、政治、哲学的趣味，无不在所有民族之上。"重农学派的始祖魁奈，因自信是孔子学说的继承人，被称为"欧洲的孔子"。

清朝之后，西方的传教士将中国的政治体制和文化特色介绍到了西方，其中有两条影响最大，一是民本思想，二是科举制。

中国的皇帝要敬天爱民，清明节要手扶犁动员全国开始耕种，而且中国的皇帝都是诗人、思想家。这让传教士大为惊叹。因为他们的国王不识字，没头脑，主要靠暴力统治国家。中国人提倡的是道德和礼教。中国早在四千年前第一个封建王朝——夏朝的时候就提出了"以民为本"，而且一直坚持到现在，仍然是这四个字。

至于科举制度，对西方世界的影响就更为深远了。《南方周末》就曾经刊登过《科举在国外》的专论文章。其中写道："早在19世纪时，就有英国人评价中国的科举制度：'或许将来有一天，它会像火药和印刷术一样，在国家制度，甚至是欧洲的国家制度中，引起另一次伟大变革。'果然此后不久，英国议会通过辩论，确立了文官考试制度，很快这一制度就走向制度化、正规化，规定进入政府部门工作的官员，都必须经过竞争性考试。"

面对中国的学习传统，美国更是发出过自惭形秽的感叹。《南方周末》2005年10月6日在《科举废止100年，学者激辩八股文》的专版文章中写道："1873年美国文官委员会在报告中宣称：'当我们的大陆尚处于洪荒时代，孔子已经在讲授德政，中国人已在读书，使用指南针、火药和乘法表。然而东方世界这一最文明的国家对于科举制度的运用，将比上述任何东西都更能夺走我们美国人的优势（如果我们算得上有什么优势的话），这其中的原因究竟何在？倘若不充分肯定中国的宗教或帝制的作用，必将无从作出解释。'1883年，以平等竞争为原则的文官考试法案在美国国会获得通过，该法案规定政府事务官的录用必须经过公开考试，择优录用。从此以后，考试录用事务官，成为美国文官制度的一条基本原则。1893年，美国文官考试制度完全确立。”

至于我们的近邻向我们学习如何学习，起步就更早了。以韩国为例，从公元958年至1894年，韩国的科举制在历史上存在了936年，是中国域外实行时间最长、也最完备的科举制度。以至韩国有“我国公道，唯在科举”和“私门塞而公道开，浮华斥而真儒出”之说。科举制直至公元1894年才遭停罢。如果不是因为日本的压迫，科举还将延续一段时间。其他国家如日本、越南，也无不曾经以科举制度推进学习、选拔人才。

那么，时至今日，我们的传统精神文化是不是已经完全丧失了这种“国际传染性”了呢？

这个结论同样不应当是三言两语、“短平快”就能回答的。首先，乍一听到撒切尔夫人的这个观点，可能没有一个中国人会点头首肯的。因为，中华民族实实在在地拥有着五千年的文明史，历史如此悠久的一个民族怎么可能没有文化？其次，它应当是先进行细致贴切的分析，通过分析再得出符合现实的结论。

从上述两章20个小节的翔实对比中应当不难看出，中华文化和西方文化之间确实存在着一种“不同质”的精神文化差异，而正是这种质的差异，导致了仍然受到“桃花源”精神文化制控的国民会对来自其他民族的精神文化产生“排斥”。

这20小节对比其实有好几层目的，其中之一，意在反思撒切尔夫人绝对化地认定中华文化已经失去对其他民族的影响力的结论。而之所以要对她的定论进行深入思考，也并不是因为我们的传统文化受到了她的贬斥而需要挺身捍卫，更是因为她的定论的刺激使国内出现了急于证明“自己有的是文化”的“情绪反弹”，并且这种反弹已经出现了偏差。

二、撒切尔夫人的绝对化定论失误在哪里？

一个民族的精神文化体系经全民族成员的生活实践提炼而成，对于全体成员具有切实有效的指导意义和规范作用。它主要体现在两个方面：一方面，精神文化具有针对原生存环境、原生存方式的高度适应，因而无所谓绝对的独立存在的“先进与落后”；另一方面，精神文化有助于指导和规范民族成员的言行举止、伦理道德，以获得更好的社会认可，进而有助于个人进一步的可持续发展。也就是说，民族精神文化体系原本为指导本民族成员更好地立足于本地域，以实现更好的生存与发展，是一种带有“自产自销”特点的精神文化体系，无所谓什么“丑陋与俊美”。例如，我国古代名著《儒林外史》中，有一个在女婿死后逼女儿饿死以实现从一而终、保全贞洁的王玉辉老人，在女儿饿死后终于获得隆重表彰，官方给立了牌坊。作者吴敬梓对这一行为是抨击的，但在现实生活中，王玉辉老人的做法显然也是有助于家中其他人的可持续生存与发展的。

而之所以会出现对传统精神文化“丑陋”的评价，往往来自两个方面的原因。一个是时过境迁以后，后代人以他们所处的新时代的价值标准对历史的回顾与认定。例如，后人对于传统道德的批判反思（这也是后人推进文化优化的“优化点”或“起步点”）；另一个则是和异域不同性质的精神文化进行交流比对的结论。例如，外民族人士或接触外民族精神文化的本民族人士，以外民族的精神文化价值标准对本民族精神文化所作的评价，撒切尔夫人的所谓“国际传染性”当然也是不同民族文化比对之后才出现的一种特性认定（这也是来自外部的，推进文化优化以提升不同民族相互交融的和谐度的“优化点”或“起步点”）。

但是，应当指出的是，即使发现某种文化要素具有“国际传染性”，它也是在与其他民族精神文化相互交流、相互交融以及互相“取长补短”的过程中进行的，而不同民族精神文化之间，原本就是互相传染，或者也可以称为“文化浸润”（正常的互相渗透），最后达到“你中有我，我中有你”。这一现象在历史发展的某一时间段内，尤其是处于历史的转折时期，还可能是以比较公开的，甚至是比较激烈的形式进行的。例如，欧洲民族在“启蒙运动时期”对中华文化的神往，中华国民在“清末民初时期”对西方文化的接受等。但是在绝大多数历史阶段，这种文化浸润是以平和的、“润物细无声”的方式进行的。例如，近些年来，西方的“情人节、万圣节、感恩节、圣诞节”等节庆文化对中国国民日常生活中的渗透浸润，就是非常平和地进行的，而西方民族对于我们民族的节庆民俗也是很感兴趣的，当前在世界上不少地区，当地华人举行的中华民族节庆之日也正在逐步演变为其他民族的同庆之时。因此，所谓民族精神文化体系的形成，也就是以“你中有我，我中有你”为共同基础，只不过在某一方面个性化特点比较突出显明而已。

因此，撒切尔夫人的“中国已经没有国际传染性的学说”，至少有三点失误。

其一，她的观点的指导理念本身已经落后，把话说得直白一点，不过是冷战时期坚持东西方对立，因而过于关注“如何对立对抗”，进而以“（日不落帝国式的）霸权”取得“传染优势”的冷战性思维的回光返照，而不是“求同存异、扬长补短、和而不同、和谐共生”的先进思维模式。

其二，一个民族的精神文化是不是具有“国际传染性”，有一个重要的前提，那就是能不能为其他民族的生存优化和发展提升提供有价值的参考，而且这种参考往往是自然而然地、相互渗透地、“润物细无声”地随时发生着，而不是带有强制力地、立竿见影地、轰轰烈烈地进行的。

其三，就具体的精神文化观点理念而言，其自身有如生命活体一样，有着适应社会生存发展的“萌生—发展—鼎盛—衰亡”过程，因而，某些即使在本民族也已经逐步失去生命活力的精神文化理念不再具有“国际传染性”，其实是非常正常的，只是，这需要具体理念具体分析。

例如，就以国人非常熟悉的“知足常乐”理念而言，从市场竞争的角度思考，可能会认为这种理念“不思进取”、“不求上进”，但是转而从环境保护角度思考，它却凸显了“低碳消耗”的价值观，甚至可以称之为“在人类还没有面临生存环境遭到严重破坏、能源危机频频出现之前，就已经具有高度前瞻性地提出了保护人类生存环境的可持续发展的先进理念，提醒人们不要过度攫取”，这一理念不仅是超越地理概念的，同时也是超越时空概念的，怎么能说我们这个民族不“具有国际传染性的学说”呢？

再如，我们这个民族非常注重道德修身，强调“达则兼济天下，穷则独善其身”，“勿以善小而不为，勿以恶小而为之”，要求“老吾老以及人之老，幼吾幼以及人之幼”，要求“位卑未敢忘忧国”……这样人生阶段定位明确的观点理念时至今日，完全没有失去其“普世价值”，又怎么会失去其内在的“国际传染性”了呢？

又如，我们这个民族非常注意个人自身与外部环境的发展协调关系，强调“攻守退避”的能动把握，强调个人道德水平与能力强化的同步提升，并提出了“修身齐家治国平天下”的递进式发展，要求个人脚踏实地，不做好高骛远的狂想，这一理念难道不具有“国际传染性”吗？

在这里，我们还不妨以“郑和下西洋”和“哥伦布发现新大陆”作一对比，从世界各民族和谐共生的长远目标考察，究竟谁的理念更具有“国际传染性”呢？

我们知道，1492 年，哥伦布带领一支 120 人的队伍，分成 3 只小船，历尽艰险，发现了美洲大陆。

时年已经 41 岁的哥伦布为什么冒着生命危险干这一件“不成功便成仁”的事？根本原因在于这是一场有着巨大利益回报的拼搏。哥伦布确实是航了海，但是他并没有发现什么新大陆，因为美洲大陆不但早已被人发现，而且有了代代相传的土著居民，也就是说，他之所以能够以“新大陆发现者”名垂史册，只是因为他将原本追求发现的行动改成了对美洲土著居民的掠夺和强行占有。

而郑和下西洋的壮举出现在明朝的鼎盛时期。据《明史》记载，郑和第一次下西洋时所率船队人数就有二万七千多人，长 44 丈、宽 18 丈的船舶就有 62 艘，规模之大，史所未有。前后七次所经国家凡三十余国。不仅如此，其军事力量也非常强大，曾经一举消灭前来袭击的海盗五千余人。还曾因为不同原因卷入所到之处的军事纷争而战无不胜。所以，也有人曾经评价说，如果当时，郑和利用自己的军力对海外实行殖民地式的占领，所到之处，原住民只有缴械投降、俯首称臣，那么，中国早就先于英国而成为“日不落”帝国。然而，郑和下西洋的目的只是展示中华文明以及明朝的强盛，而且，一经达到睦邻友好的目的就凯旋返国，给当地留下的只是中华文明的精神财富。郑和及其所代表的大明王朝所追求的是“泽被四海”，他不仅对当地的文明没有任何不义之举，甚至连萌生不义之举的念头都没有。

那么，以今天的“地球村”主张“多民族和谐共生”的理念为标准进行审查，哥伦布代表的“弱肉强食”理念与郑和所代表的“和谐共生”理念，哪一种更具有“国际传染性”呢？

三、我们自己的文化复兴又失误在哪里？

本书以五、六两章进行中西方文化的20点对比，还有一个更为重要的目的，那就是持续推进我们民族从习惯于自我封闭的“桃花源”理念转向全面开放的“地球村”理念。应当看到，我们民族的这一历史转型，已经大大晚于率先接受工业革命因而也率先进入了现代社会的很多民族（这也是他们得以批评我们民族丑陋甚至野蛮的内在依据）。但是更应当看到，历史的发展是一个螺旋式上升的无终点极限的过程（或者将其看成是一个超长阶段的马拉松），一时的领先并不意味着永远领先，一时的落后也并不意味着永远落后。例如，我们民族的“农耕社会”文明曾经领先其他民族数千年之久，并且一度为其他民族有识之士所神往，但是，在进入近现代社会以后，被那些原本落后于我们但是率先进行“工业革命”的民族所超越，我们就落后了。只要我们把准时代的脉搏，认准发展的方向，快步赶上，把近百年来落后造成的差距补上，也没有什么是不可能的。

本书进行这20点比对，还有一个目标，即意在与各种毫无制控力，也就是毫无生命活力的“伪文化”现象划清界限，反对重在炒作的文化喧闹。明确认定民族精神文化的复兴首先需要进行文化理念的具体剖析与全面把握，扬其富有生命活力的、更易于为其他民族接受的观点理念，弃其尽管还时有表现，但是已经落后过时，明显不可能再具有强生命力的观点理念，并且坚持认为，只有在完成细部辨析的基础上，才能够贴切准确地把握民族精神文化的未来发展方向。

而本书还意在通过具体比对，呼唤一种“他山之石，可以攻玉”的，及时“扬己所长，补己所短”的文化意识，同时还想抛砖引玉，呼唤有兴趣者一起来关注这个问题，共同描画出我们民族的未来发展目标。

近些年来，也许是受到来自国外的诸如“中国人没有文化”之类的批评的刺激，关于“文化”的话题，在当今中国的理论界和社会生活中，早已被人搅得过头了。时至今日，也许是有人太想证明我们这个民族是有文化的吧，只要一打开电视，扑面而来的，或者是文化学者们正在翔实地向观众讲述着几百年前，甚至上千年前的大政事小故事，他们甚至可以如同现场亲眼所见般地绘声绘色地讲述“和珅是怎么爬上高位的”、“秦可卿是如何淫乱的”；或者是国内各地此起彼伏的祭祀大典，只见政界要人罗列于前，百姓万众齐聚于后，全都一丝不苟地、庄严肃穆地向着谁也没有见过的“三皇五帝”，以及“X 子、Y 子、Z 子……”焚香致意，行祭祀仪，作跪拜礼；再或者是有的地方不顾破坏地貌，沿着当地山势走向打造若干公里长的张牙舞爪的“巨龙”图腾。更有甚者，据说某些中小学校，干脆把通常只有在电视剧中才能看到的下摆拖地的古装定为校服，使那些正在寻机恶作剧的孩子们发现了打闹嬉笑的由头。

所谓民族精神文化，其关注点既不在于《史记》、《论语》之类的典籍文化，也不在于中秋、春节之类的节庆文化；既不在于故宫、长城之类的建筑文化，更不在于首饰、玉器之类的工艺文化。而之所以对“精神文化”作出这样的剥离，其中有一个非常重要的原因，那就是无论它们多么有文化价值，他们自身对于国民其实没有制控力（国民也可以不阅读、不参与、不观赏、不拥有）。不仅如此，所有的具有物化形态和固定程序的文化关联物（即所谓“物质文明”的标志物），实际上都并不能视同于文化。例如，无论是建筑、书籍、节庆、服饰还是他们的代表人物，无论是已经古董化了的文化的残垣断壁、文化废墟，还是我们最新创造的新的文化形式、文化品牌，它们实际上都不过是一些承载着民族精神文化理念的载体，他们不能视同民族精神文化本身。在某种意义上，这些载体就像一只只承满了油的碗一样，碗只是承载着民族精神文化之“油”的载体，但不能说盛着油的碗就等同于碗中盛着的油。

时至今日，民族精神文化体系对于本民族成员的行为规则与价值评价的制控力始终是强而有力的，不论这种制控力对于当今时代的影响是积极的还是消极的，是文明的还是野蛮的，人们往往都难以摆脱。它不仅是能够指导本民族的人如何生活、如何发展的观点理念，同时也是指导本民族人如何辨析外来事物、鉴定美丑利害的价值标准。

面对种种争相登场的文化表演，需要认真思考的是，在这种此伏彼起的文化喧闹之中，我们的民族精神文化真的得到弘扬了吗？真的由此展现了制控全体国民乃至海外民族的张力了吗？如果我们目前正在拼命张扬的文化充其量也只能是一味地自己在家里折腾，充其量不过是又制造了一种什么新的文化形式或文化载体，充其量只能是自娱自乐而已，那么这样的文化张扬又有什么价值？

所以，要想弘扬中华文化，恐怕不是一番哄闹就能够完成的。我们需要静下心来思考。

例如，我们需要首先以“古为今用”为原则，对自己的传统精神文化进行一番“扬其精华，弃其糟粕”的梳理。道理很简单，五千年的历史积累，五千年的精神传承，使得中华文化体系实际上早已是有用的和没有用的并存。这就使得弘扬中华文化之先必须进行理性的扬弃，把还有用的全部留下来，已经没有什么用的而且将来可能也不会再有什么用的全部封存起来，等待其自行消亡。

再者，要想弘扬中华文化，还需要以“洋为中用”为原则，对其他民族的优秀文化进行一番“拿来主义”的加工融合。这种“拿来”不仅在历史上曾经屡屡出现，在改革开放的今天，实际上速度正在大大加快。例如，民族之间的文化交流就既有有形的（有形到可以通过量、数来进行计算，例如中外之间文化艺术方面的交流、往来），也有无形的（无形到视而未见、充耳未闻的日常生活细节），而所谓无形，也可能在生活中随处发生，只是不太注意了而已。

就以我国早已习以为常的，在高层次的正规场合，男性出席者往往是多身着西装，脚穿皮鞋，还要打领带的现象而言，“西装革履”不正是源自西方的文化要素吗？再如已经在我国日渐进入文化习俗领域的“圣诞节”、“情人节”、“万圣节”、“平安夜”等文化节庆，不也几乎都是源自西方文化的要素吗？而这些文化要素之所以能归之为文化，正是因为他们凸显了西方民族的精神文化对于我们这个民族已经在显现的内在的浸润张力。

弘扬中华精神文化的一个必要前提，莫过于先要以“有没有制控力”为标准完成对中华精神文化的内涵与外延的科学界定；其次，即使在“有制控力”的情况下，还要按照社会与时代的发展需求，进行一番“先进与落后”的辨析，因为在缺乏科学发展观指导的情况下，一概而论地“弘扬民族文化”、“捡到碗里都是菜”，就难免会出尽鲁迅先生辛辣贬斥的视丑为美的“红肿之处，艳若桃花；溃烂之时，美如乳酪”的洋相而不自知。

不幸的是，眼下此类人群不仅有着相当的数量，而且还有着相当的市场，在他们之中，有的是文化明星，整天忙得像演员赶场演出似的到处游说一些古今的奇闻轶事；有的则身居高位，直接鼓动官方，将某些“打造文化之碗”的活动转化为政府行为……

下编

浴火重生的凤凰涅槃

如果说融凝厚重、特立独行是我们民族精神文化的基本特点，那么，当我们民族进入历史转型期后，这一基本特点就难免使得民族精神文化“化丑陋为文明”的转型举步维艰了。我们看到，缺乏文化积淀的欧洲社会从文艺复兴到启蒙运动，尚且要历时七八百年，那么对于我们来说，民族精神文化的转型显然不是“短平快”的运动突击就可以完成的，它更表现为一种漫长的精神浸润过程。

民族精神文化的优化转型，既博大宏远又细致入微，无论从哪一个角度考察，它都还将遵循着木桶短板原理，也就是说，不是以民族精英的思想境界为水平标志，而只能以底层国民的精神升华为基准认知。显然，要完成这样一个“以十几亿人口为基数”的文化转型，也就不亚于是一场“浴火重生的凤凰涅槃”了。

如果能够认识到，我们民族的前进方向，就是尽早成为“地球村”的合格村民，那就要早作准备。从这一角度思考民族在向“地球村”前进的过程中所出现的种种问题，包括一百多年前被列强用战争强行敲开国门之后，双方在精神文化方面出现的冲突与不协调，包括改革开放三十余年来，国人走向世界所遭遇的种种尴尬与冲突……在某种意义上，我们民族走向世界并保持可持续发展都应被看作是好事，它至少在致力于唤醒“东方睡狮”不能再继续昏睡，呼唤全民族尽快觉醒、尽快奋起、尽快融入并自立于世界民族之林。

如此观之，围绕着中国人“被丑陋”而出现的这一切（国人走向世界所遭遇的种种尴尬与冲突，包括屡屡被外部世界斥之为“丑陋”的言行举止）都应被看成是好事，为什么这么说呢？因为退一万步想，假设我们民族一百多年前没有被列强武力敲开国门，假设没有了外部世界的种种物质文明与精神文化的渗入，我们能有今天的“新中国”吗？如果举国上下至今仍然“长袍子长辫子”，在一个“以自我为世界中心”的“桃花源帝国”中拱手作揖继续昏昏然千年，对于我们这个民族来说，能是一件“幸事”吗？

第八章　以史为镜：为什么说西方精神文化也曾经“丑陋千年”？

历史发展告诉我们，一个民族的精神文化体系的形成需要年代久远的融注浸润，同样，这个民族在进入历史转型期后，其精神文化体系的优化升华同样也需要时间的融注与浸润。以欧洲为例，从公元5世纪开始进入基督教神权统治的中世纪开始，在长达千年的时间里，欧洲人也是不知“天外有天”，只知道与自己生活有关的小世界的。然而，地理大发现引发了欧洲人迅速觉醒，他们开始知道“天外有天”，进而开始确立以地球为中心的世界构成理念，再至以太阳为中心的科学理念，并以此为指导原则确定自己的发展方向，欧洲就这样一步一步地强大起来了。

翻开西方世界（例如欧洲）的文明史，如果仅从时间上考虑，其与中华民族长达数千年之久的传统文化是无法相提并论的。当中华民族已经在构建唐宋时代的辉煌文明时，欧洲的“列强”，如英、法、德等国尚处在民族初步成型的混沌状态。我们不妨把话说得更刻薄一点，尽管19世纪欧洲列强进入中国后，嘲笑中国人的随地吐痰、随地大小便等言行举止的不文明，然而，历史记载表明，直至十七八世纪时，欧洲人甚至还没有用上厕所，也就是说，他们在这一方面的文明也不过刚刚开始一百来年。例如，上海人民出版社2006年1月出版的《厕神：厕所的文明史》（［美］朱莉·霍兰著，许世鹏译）中写道：“早期欧洲人是直接用夜壶向窗外倾倒屎尿的，英国的伦敦桥最初就是公共厕所，污物直接落下泰晤士河，而法国国王路易十四则有坐在马桶上接待客人的癖好，启蒙时代的欧洲城市的街道上更是屎尿遍地、污秽连天。当时的人走在大街上，还要不时地担心两边楼上的窗户中有大小便倾盆而下……但是，这一切并不妨碍欧洲地理大发现、工业革命的发展历程，之后他们就迅速改变了现状，占据了人类精神文明的领先地位。”

今天，当我们在回顾西方世界的文明发展进程时，往往习惯于讴歌文艺复兴、工业革命、启蒙运动……讴歌他们推动欧洲文明的快速发展。其实，只要我们细致考察欧洲振兴的现实之路，可以看到的是，他们的“迅速改变”其实也是一个充满艰难曲折的过程，只是，和积累厚重的中华文化的“千年不变”相比，显得比较迅速罢了。而尤为重要的是，他们的文化优化过程也不是在沐浴着阳光、铺满鲜花的平坦大道上“唱着歌、跳着舞”完成的。如果从中世纪极为野蛮的“宗教裁判所”算起，他们也曾经在落后与野蛮的泥沼中挣扎，曾经经历了一个布满荆棘、历经坎坷，需要有志之士奉献生命和鲜血的过程，仅从文艺复兴开始到20世纪，西方世界这段“布满荆棘、遍洒热血”的精神文化更新过程，就整整持续了至少七八百年。

一、西方人在国人眼中也曾经“丑陋无比”

如果说，自从一百多年前中国国门被强行打开，外部世界对中国人的评价似乎从来没有好过，而且似乎至今仍然没有根本性好转，那么，转过来思考，一百多年前的中国人对外国人尤其是西方世界的人们始终没有好感，则并不仅仅缘自环境污秽、举止怪异，而是其在精神文化等诸多方面也曾经长期存在着“丑陋”，并且时至今日，也难说就已经彻底改观。例如，一句“洋鬼子”，就足以把洋人们牢牢地定位在“丑陋”的标杆上了，顺理成章的是，既然已经把对方认定是“丑陋的洋鬼子”，那么，还会有谁会把“洋鬼子—丑类”对自己的批评指斥当回事呢？这大概也就是文化制控在国民心理上“排异”的内在原因吧！

所谓“排异”，就是以自己的价值标准、言行原则为准绳，评鉴他人的言行举止，对于不符合自己标准的言行举止持否定、排斥态度，视其为“异类”、“丑类”。

要了解100多年前，在当时的国人眼中，“洋鬼子”丑陋、野蛮到了什么程度，国内有两本新近出版的书恰好描画了当时的国民心态，有兴趣者不妨一阅。

一本是中国人民解放军出版社2011年10月出版的《辛亥革命》(阿瑟·贾德森·布朗著)。其中写道，晚清时期，中国人眼中的外国人，是稀奇古怪、丑陋无比的。例如，德国的《法兰克福报》刊登过一篇很有意思的文章，写的是一个中国人描述他在上海看到的欧美人的“奇怪”行为。文章部分内容如下：

大家一直在说，洋鬼子的国家如何有钱，如何宏伟，但在我看来，这肯定不是真的，不然他们为什么来我们这里呢？他们无缘无故地拍球、跳起，好像有人给钱让他们这么做一样。他们有时候在荒郊野地长途跋涉，在空中胡乱地挥舞手杖，真不知道他们为什么这样做，是一种宗教仪式吗？他们不知羞耻，男人经常和女人并肩散步。他们的女人很值得同情，过节的时候，只能在一间屋子里慢吞吞地走，还得听难听得不得了的音乐。

一位在欧洲和美国旅行的中国绅士给亲戚写了如下内容的信：

这些洋鬼子没法教化，无药可救。他们可以几个星期甚至几个月不吃一口米饭，却吃数不清的牛羊尸体。这就是他们为什么气味难闻的原因，他们把自己身上的味道弄得像绵羊一样。他们每天都洗澡，希望可以去掉那令人讨厌的味道，但是去不掉。他们不是把肉切成小块做熟了吃，而是很大块地、半生不熟的就端上桌子，又是拿刀切，又是拿刀砍，又是拿手撕着吃。他们吃饭离不开刀叉，这让一个文明人神经紧张，一个拿着武器吃饭的人坐在对面太让人吃惊了。他们甚至与女人同桌吃饭，而且女士优先，这真是颠倒了乾坤。

而在另一本《帝国黄昏》(李新宇著，广州：广东人民出版社2012年版)，其中的描写就不仅丑陋而且野蛮了。2012年6月29日，在《凤凰网历史》栏目中，著作者本人描绘了“洋鬼子”在国人心目中的印象。

在当时的中国人眼中，首先是外表形象怪异。一般而言，不同的种族，不同的文化，由于隔膜而产生误解是自然的。比如，在黄色人群中，突然出现个白人，那苍白甚至带有红斑的皮肤、黄色或者棕色的头发、蓝眼珠、深眼窝、高高耸立的大鼻子……一切都太奇怪，自然是怪物。所以，第一次鸦片战争爆发后，中国人开始看到大批真正的洋人，有一位叫作汪仲洋的中国文人用文学的笔法描绘了他初次看见的英国士兵：“鹰鼻，猫眼，红胡，双腿不能弯曲，因此不能很快地奔跑，眼睛怕光，因此到了中午就不能睁开。”在鸦片战争中，两江总督裕谦对英国人不能弯曲双腿的事情还是给予了证实，他在给朝廷的奏折中说：“他们如果挨打，便会立即倒下。”

其次是服饰举止怪异。中国人对洋人的服饰更是看不惯，因为他们的服装紧紧地包在身上，按照中国的看法，这很寒酸。他们西服领口露出内衣，燕尾服在屁股后面开了缝，这自然不成体统。女人的衣服就更不必说了，有伤风化，良家妇女怎么能那个样子！而且，洋人不懂礼数，竟然连作揖、磕头都不会。更为可笑和不能容忍的是，洋人吃生冷的蔬菜，吃带血的牛肉，举止无礼，男女搂抱在一起扭来扭去，当着人家丈夫的面就亲人家老婆……如此种种，加上洋人不孝父母、不敬神仙，“不忠不孝”的形象也就很容易形成了。

再次是话语内容怪异。当时，西方已经宣讲“太阳中心说”，而曾廉（清朝末年著名文人，曾任国子监助教，他反对康梁变法维新，清末外国列强入侵，他慷慨陈词，反对乞和，后因支持义和团而获罪，遂隐居贵州）就曾经对西方人宣讲的“太阳中心说”非常警惕。他认为：“西人言日大不动，而八星绕之……窥其用心，止以欲破我天地两大，日月并明，君臣父子夫妇三纲而已……”（《蠡庵集》）他认为，从西方人的怪异观点中能看出他们企图颠覆中国纲常伦理和社会秩序的阴谋。

再如，俞正燮和叶德辉都是当时的大学者，一代名流。而清代学者一般都很严谨，重考据，可是，俞正燮认为，洋人肺有四叶，而中国人有六叶；洋人心只有四窍，而中国人有七窍；洋人肝在心右，而中国人肝在心左；洋人有四个睾丸，而中国人只有两个（李敖：《独白下的传统》，北京：时代文艺出版社 1996 年版，第 5 页）。

更有叶德辉说：“西人之论胞胎也，谓儿在母腹其足向天，其头向地……中国则自生民以来，男女向背端坐腹中……是知华夷之辨，即有先天人禽之分。”（叶德辉：《西医论·郎园书札》）由中国和西方婴儿在母腹中的不同姿态，可以得出华夷人禽之别的结论，以表达对西方民族的歧视和妖魔化。当然，中国胎儿却并非像叶老先生想象的那样“男女向背端坐腹中”。

如果说在这些知识精英的眼中，西方洋人都能成为妖魔鬼怪，那么在老百姓眼中，就更是难免“谈洋鬼子色变”了。例如，仅凭道听途说、以讹传讹地流传的，就有“外国神父吸男童元阳补自己的身体”、“洋人像禽兽一样，母子、兄妹都可以交配”等。

又如，网友“突击炮兵”2011年7月26日的博客《晚清中国民众眼中的洋人》中还收录了这样的史实材料：

当时，从帝国的官员到帝国的农民，他们对洋人的鄙视惊人的相似：“非我族类，其人必异。”因此，对于洋人的一切，中国人向来是倾向于排斥的。例如，清朝大学士倭仁为了避免在可能和洋人接触的总理衙门“上班”，故意从马上摔下来而请长假，当朝廷免除了他的职务后，他的摔伤“豁然痊愈”。同样不愿意“侍候洋人”的帝国官员是另一个需在总理衙门“上班”的邓承修，他上奏朝廷坚决要求免去自己的职务，说他“宁愿战死疆场”，也不愿意和洋人打交道。大学士徐桐也是一个极端厌恶洋人的高官，他的家在洋人居住的东交民巷的旁边，于是他每天上朝宁可从后门出去绕远路，也不愿意从洋人的使馆门前经过。后来，他干脆把自己府邸的大门用砖头堵上了，并在门上贴上了这样一副对联：望洋兴叹，以鬼为邻。1860年，洋人的军队攻打北京，亲王僧格林沁把联军的代表二十多人骗到他的衙门府里捆了起来，三天不给饮食，审问的时候发出手谕，让百姓自由前来观看。帝国的官员们官服整齐，脖子上挂着朝珠，左右卫兵均挎刀执戈，再把洋犯人带上堂来。联军的代表刚提出抗议，僧格林沁亲王就用热烟袋锅子敲洋人的脑袋，让洋人按照“天朝制度”跪下。这20个洋人的枪支、勋章和马鞍等物件，被亲王一一“缴获”运往颐和园展览，展览的地点是一个叫作“光明正大”殿的殿堂。

对于洋人的“怪异抵触”还直接导致国人对于“侍候”洋人的中国人也给予了极大的鄙视。中国人认为，当时的“通晓洋务者”多是些“市井无赖”，凡是充当驻外大使的中国人都是没有骨气之人。郭嵩焘是清帝国外交史上著名的驻外大使，当年他奉命出使英国时需要招募十几个随从，举国竟然没有一人报名。《李鸿章与晚清四十年》（雷颐著；山西人民出版社2008年版）一书中还写道：“作为清朝派驻英国的大使，郭嵩焘应邀参加巴西使馆举行的茶会，当巴西国王入场时，郭嵩焘随大家一同起立。这本是最起码的礼节，但当时奉命监视他的副大使刘锡鸿却将其说成是大失国体之举，因为‘堂堂天朝，何至为小国国主致敬’！中国使馆人员参加英国女王在白金汉宫举行的音乐会时，郭嵩焘曾翻阅音乐单，刘也认为这是效仿洋人所为，大不应该，认为这都是‘汉奸’行为。郭嵩焘从英国卸任回来，乘船返回湖南家乡探亲，‘湘人见闻大哗，谓郭沾洋人习气，于是大集明伦堂，声罪致讨，并焚其轮，郭噤不敢问’。请看，在普通中国人的眼里，一个回到国内的驻外大使不但应该受到严厉的声讨，而且连他乘坐过的船也要被烧毁，他简直就不是中国人了。”

在当时这样一个近乎达成“全民共识”的背景下，中西方文化的正常交流甚至交融根本就谈不上了。而中国国民的言行举止为什么时至今日“丑陋”百年却难以断根绝迹，民族文化的“排异”特性不能不看成是重要原因之一。

应当强调的是，国人对于洋人曾经持续百年的“丑陋感”，并不仅仅是一种主观方面的情绪表达，我们看到，即使在几百年之后的今天，从多个角度进行审视，也还是不难得出结论：曾经的欧洲，确实是一个非常丑陋的地域。

（一）历史丑陋：文艺复兴的先锋精英几乎没有一个得到善终

回顾欧洲历史，我们不难了解，从13世纪到16世纪，欧洲经历了史无前例的文艺复兴运动。关于这场运动的深远意义，一代一代的专家学者早已进行了深刻透辟的研究，并得出了非常经典权威的结论。

例如，恩格斯评价文艺复兴运动“是一次人类从来没有经历过的最伟大的、进步的变革，是一个需要巨人而且产生了巨人的时代——在思维能力、热情和性格方面，在多才多艺和学识渊博方面的巨人的时代”。

但是，如果说这是从历史的宏观角度、从文化价值角度作出的精辟判断，那么，一旦转向微观角度，转向一些文化巨匠的现实处境以及磨难遭遇的角度，就不难看出，欧洲文艺复兴时代，既是涌现文化巨人的时代，同时也是先驱者遭受磨难的时代。

我们看到，西方世界自文艺复兴运动到启蒙运动，一代又一代的民族精英们，其中当然不乏生活富足的上流人士，但同时也活跃着另外一大批人，他们一生的主要时间，都是生活在社会的底层，有时候，他们自己就置身于下层人民之中，与他们同呼吸、同生活。

例如，《神曲》的作者意大利人但丁，虽然出生于历史悠久的贵族家庭，但是，由于他很早就介入了当时的政治斗争，并遭到家产没收、个人被判处终身流放的厄运，以致他经历过很长一段一文不名且颠沛流离的生活，直到后来被人收留，才开始衣食无忧的生活，才得以静下心来写作。显然，下层人民的痛苦与期盼在但丁的心目中，早已与个人生活磨难的刻痕融为一体了。

再如，《十日谈》的作者意大利人薄伽丘，从小就在佛罗伦萨的商人和小市民的圈子里长大，14 岁时，还曾被他的父亲送到那不勒斯去学了 6 年做生意。前期长达 20 年的下层生活经历，加上他始终也没有进入上流社会，他在自己的作品中美化下层市民形象、表达下层市民阶级理想，也就是很自然的了。

再如，英国文艺复兴时期大思想家、《乌托邦》的作者托马斯·莫尔，他原本出生于伦敦富裕家庭，父亲是皇家高等法院法官，又由于当时的英国允许子承父业，所以莫尔一出生就意味着前程似锦。但是，由于他接受了古典作品与人文主义思想的影响，而当时的“圈地运动”更使得英国社会贫富对立加剧。莫尔开始寻求改造社会方案，并写成了巨著《乌托邦》。莫尔为人正直勇敢，做事一丝不苟，这既为他赢得非常好的声誉，但是也招来政敌的仇恨。结果他的一生数度浮沉，在政治上几上几下，1535 年，莫尔在伦敦塔监狱被处死刑。

又如，法国人文主义思想家、《巨人传》作者弗朗索瓦·拉伯雷，其职业是医生。据说，他最初是为了给病人提供消遣而写滑稽幽默的小说《巨人传》，不料大受社会市民阶层读者欢迎，因为影响太大而引起官方注意。尤其是小说中有嘲讽教会的话语，于是《巨人传》先后两次被巴黎法院、巴黎议会宣布为禁书，该书的出版商、拉伯雷的好朋友埃季埃姆竟被烧死并陈尸示众，而拉伯雷因为跑得快保住了性命。直到老年，拉伯雷也是为了自己的生存，才有保留地向官方与教会作了一定地让步与妥协。

又如，《堂吉诃德》的作者西班牙人塞万提斯，更是文学史上出了名的穷人，不仅人生坎坷，当过兵，做过奴隶，而且还进过债务监狱。据说，塞万提斯在声名大振以后的 1615 年，西班牙大主教为皇室联姻的事拜会法国大使，大使的几位随员向大主教手下的教师探问塞万提斯的身世情况。听说他“老了，是一位兵士，一位小绅士，很穷”。一名法国随员感叹道：“这样的人，西班牙政府怎么不用国库的钱去供养他？”西班牙方面有人回答道：“假如他是迫于穷困才写作，那么，愿上帝一辈子别让他富裕，因为他的穷困富裕了所有的人。”

至于英国的大戏剧家莎士比亚，大概可以算作文艺复兴时代结局最好的人，他不仅盛名之下能够全身而退，而且一生几乎没有遭遇任何坎坷。只是，莎士比亚究竟是一个什么样的人，在世界戏剧史上却始终是个谜。多种版本的《莎士比亚传记》中介绍他的生平时，纷纷谈及他出身乡下，由于偷了财主的东西，逃到伦敦，从帮剧团在剧场外给观众看马、在演员不够时顶替“龙套演员”干起，直到代剧团改编剧本，而他竟然从此“化腐朽为神奇”，传统戏剧经过他的改编，立即就成了传世杰作，而他也就入列世界文化大师的名册。现实生活中有这个可能吗？所以有人经过反复考证认为，莎士比亚这个名字很可能是有人“假托此名”，而真人（很可能是一个文化底蕴深厚的贵族）始终隐身，这也就无法准确进行真人研究了。

即使以文艺复兴时期流芳百世的达·芬奇、米开朗琪罗等人而言，他们以其画作传世，但是，分析他们的职业，也不过是画师，其社会地位是难以进入上流社会的。

综上所述，在轰轰烈烈的伟大的文艺复兴运动的盛名之下，一位又一位文艺复兴的时代巨人却先后倒在当时的“文化丑陋”上，这一切恰恰证明了，今天西方世界已经融入民族精神的“文化优越”正是一代一代的先辈巨人用他们的生命和鲜血换来的，用他们的精神与意志融注的。

（二）习俗丑陋：西方生活中同样绵延千年的男尊女卑

在对中华文化中的封建文化意识的批判中，“男尊女卑”堪称举世闻名。但是东西方对比，对女孩子在出嫁前必须保持童贞的要求，西方的严酷其实并不逊于东方。例如，我国前驻意大利使馆文化官员李玉成教授曾在中央党校做过一场题为“文艺复兴时期的人”的讲演。演讲中，他谈道：“就在欧洲进入至今仍然被全世界热烈赞颂的文艺复兴时代以后，女性的贞洁是被非常突出强调的。当时欧洲人认为，贞洁可以保证继承人的合法性，是确定财富所有权的条件。因此，为保持贞洁，南欧国家的女孩子常常处于被隔离状态。15 世纪时，修女在当时的妇女人口中所占比例相当大，在佛罗伦萨、威尼斯和米兰，几乎 13% 的妇女都是修女。许多妇女到修道院去并非出于她们的自愿，而是不得不去。至 16 世纪，欧洲宗教改革运动的领袖马丁·路德就谴责修道院是关闭妇女的监狱。”（该文作者李玉成先生在 20 世纪六七十年代，先后三次出任我国驻意大利使馆参赞，出版过《文艺复兴时期的人》等译作。）

西方将女孩子送进修道院，以与世隔绝的方式来保持其童贞。这和中国封建时代稍有条件的家庭将女孩子封闭在绣楼闺阁相比，实在是更加严酷无情。因为中国封建时代的女孩子即使被关在绣楼闺阁，至多也只能算是困居，只是外出随意走动受到限制而已（从中国著名戏剧曲目《梁山伯与祝英台》和《王老虎抢亲》中，就可以清楚地看到），随时与家中亲人相见相伴则是没有任何限制的，而被关进修道院，则不仅与世相隔，同时也在相当的程度上被割断了与家人的亲情联系。

如果女孩子在结婚之前就失去童贞将如何？对于这一点，中国其实在宋朝之前，要求并不严酷。例如唐朝时，女性就有着相当的自由度，据说，杨贵妃就是能骑马、能射箭，而在更早的《诗经》中，我们还可以读到青年男女私下约会等的描写，而且对于这些，孔老夫子还夸赞道：“诗三百，一言以蔽之，诗无邪。”至宋朝以后，标准逐渐严酷，“饿死事小，失节事大”，女孩子要是在婚前就失了身，还不如自杀以留个好名声。就因为这一点，中国的封建理学至今仍被绑在历史的耻辱柱上，一年又一年地受着鞭笞。但是，西方文化又何尝不是苛刻绝情呢？19 世纪英国小说家哈代的作品《德伯家的苔丝》就是一个形象的证明。苔丝在与安玑·克莱的新婚之夜，向丈夫坦白了自己曾经被骗而失身的痛苦经历后，当即遭到同样也没有保住自己童贞的丈夫的谴责。结果，婚礼夭折，苔丝被遗弃，并从此背上了“坏女人”的名声而人生境遇坎坷。直至最后，终于酿成因报复杀人被判处死刑的人生悲剧。

再以中国倍遭诟病的“重男轻女”，生女儿也就是生了一个“赔钱货”的观念而言，西方世界“嫁女儿的赔钱标准”实在有过之而无不及。事实为证，由于欧洲在封建时代实行的是“长子继承制”，不论多么富有的家庭，财产只能由长子继承，老二以下的男孩子无权继承家业。这样一来，社会上就难免存在着一批“小时候生活富足，长大后却一贫如洗”的穷贵族。这样一批人要想改变自己的命运，出路有两条。一条是当兵打仗，一条是迎娶富家小姐（独养女最好）。欧洲历史上赫赫有名的“十字军东征”，为什么只是一声号召（当时只是教皇号召，还不是现代意义上的国家征兵），就出现了那么多自己带上盔甲、兵器、马匹、仆从去远征作战的人，据说就是因为存在着一批希望通过“发战争财”来改变自己命运的贫穷的贵族骑士。至于通过婚姻改变自己的经济状况，在欧洲文化史上更是不乏名人实例。例如，俄国19世纪文学家列夫·托尔斯泰就是名门贵族之后，他的家谱可以追溯到16世纪，其远祖在彼得一世时期获得封爵。但托尔斯泰的父亲本人只是个贫穷的校级军官，其丰富的家产完全是靠迎娶了沃尔康斯基公爵的女儿（列夫·托尔斯泰的母亲）取得的。再如，法国18世纪思想家、法国启蒙运动奠基人之一的孟德斯鸠，于1689年出生于一个古老的贵族家庭，他的祖上曾经出过不少文臣武将，到他出生时，家中更是富有田产宅第。但是，这些田产宅第同样不是继承祖上所得。因为孟德斯鸠的父亲在家中不是长子，所以他既不能继承家中的爵位，也不能继承财产。可是他娶了一位贵族小姐，从丰厚的陪嫁中得到了庄园和宅第，于是经济状况从此改变。

贵族（统治阶级）的规矩，当然容易成为民风民俗的主导，所以在当时的欧洲，赔嫁女儿，不仅成了一种风气，甚至还出现过有的家庭对长得漂亮的女儿就少给点陪嫁，将扣下的部分转给长得丑一些的女儿，以保证她也同样地嫁出去。

我们不妨再从“女性姓名权”角度来看西方世界是怎样坚持男尊女卑的。封建时代的中国妇女在“三从四德”的精神重压下，往往连自己的名字都没有，多少年来，这也一直是封建礼教遭到抨击的理由之一。但是，一旦我们把考察的目光转向西方世界，就不难发现，在这一点上，西方世界也同样是“未嫁从父，既嫁从夫”，并且时至今日依然如故。

《南方周末》2004年6月3日曾刊登过一篇《未嫁从父　既嫁从夫——西方妇女姓氏漫谈》的文章，其中写道：“2004年美国大选前曾传出消息说，前第一夫人、现任纽约州参议员的希拉里受到民主党内部的压力，要求她出来竞选美国总统。舆论认为，这位前第一夫人早就有意以当家人身份而非‘家属’身份再次入主白宫。不过舆论仍然认为，即便希拉里2008年参选并获胜，女权思想颇为严重的她仍走不出男权社会的阴影。她只能步其夫的后尘，做美国历史上第二位‘克林顿总统’，因为希拉里现在的姓氏就是‘克林顿’。”

关于希拉里的姓，还有一段“姓氏风波”。

“希小姐”本从父姓罗得姆。按西方社会的传统，女性出嫁前随父姓。一旦结婚，即“嫁鸡随鸡，嫁狗随狗”。但生性好强的希拉里·罗德姆不肯向习俗低头。与克林顿结婚后，执意保留了自己的本姓。这在美国职业妇女中虽说不多，但也不是没有。然而美国的问题在于，凡是一沾政治就麻烦起来。

1979年，克林顿竞选阿肯色州州长。希拉里的姓氏成了克林顿竞选对手攻击的把柄。地域封闭、观念保守的阿肯色州，绝大部分选民无法接受一个“离经叛道”的州长夫人。结果，为了夫君前程，“罗德姆”女士被迫忍痛割爱，违心改姓“克林顿”。

在西方，许多杰出女性功业非凡，名扬天下，称谓却只能“挂靠”在夫君名下。比如，那位叱咤政坛多年的英国“铁娘子”，新闻媒体每次提到她，都得先把其夫拎出来，称之为“撒切尔夫人”。受此“不公待遇”的远不止铁娘子一人。联合国曾有一位人权事务高级专员叫“罗宾逊夫人”，新西兰曾有一位总理叫“克拉克夫人”，挪威前首相、后任世界组织总干事的是“布伦特兰夫人”，她们的知名度不可谓不高。

对此现象，许多人难免会感到莫名其妙。因为，即使在封建流毒至今尚未肃清的中国，妇女都已经结束了“张杨氏”、“李赵氏”乃至相声里说的“西（习）红（洪）柿（氏）”的时代，何以女权运动开展得最早且如今已成如火如荼之势的西方社会，却如此保守呢？答案是，习俗使然。

但问题是，为什么会有这样的习俗呢？冰冻三尺非一日之寒。千年形成的社会习俗不是一时一世所能改变的。英国的那位铁娘子在政治上虽“铁”，但在生活上还得服从习惯。若是冒犯了主流社会的规矩，麻烦一定不少。而当年希拉里曾经开玩笑地对《华盛顿报》记者说，在阿肯色州，支持她保留已姓的只有克林顿一人。

从这一点看，以现代文明自居的西方世界确实有过一个很长的时期，精神文明的水平并不比中国的传统精神文明水平更高。而且，当时的中国人嘲笑西方人落后野蛮，看来也是有几分理由的。

（三）社会丑陋：欧洲早期工人阶级的非人生活

如果我们再把考察的镜头转向为欧洲发展立下丰功伟绩的工业革命，那么就不难发现，以珍妮纺织机的发明为导火索的欧洲工业革命，更是一场把欧洲的国民投入水深火热之中的大灾难。

1845 年，24 岁的恩格斯在其新作《英国工人阶级状况》的开篇处发表了《致大不列颠工人阶级》的宣言，其中写道：“工人们！我献给你们一本书。在这本书里，我想把你们的情况、你们的苦难和斗争、你们的希望和欲求的真实情况描绘给我的德国同胞们。”

在该书“导言”中，他首先描述了英国在工业革命——圈地运动发生之前的、家庭作坊时期的织工们的生活：“在使用机器以前，把原料纺成纱，然后织成布，都是在工人家里进行的。妻子和女儿纺纱，作为一家之主的父亲把纱织成布；如果他自己不加工，就把纱卖掉。这种织工家庭大部分生活在靠近城市的农村里，靠着自己挣的钱也能生活得不错，因为就布匹的需求来说，本地市场还是有决定意义的、甚至几乎是唯一的市场……至于空闲的时间，他们愿意有多少就有多少，因为在什么时候织布和织多少布是随他们便的。……工人们就这样过着庸碌而舒适的生活，诚实而安静地、心平气和而受人尊敬地生活着。他们的物质生活状况比他们的后代好很多，……假如没有产业革命，他们是永远也不会丢开这种生活方式的。”

然而，珍妮纺织机的出现迅速破坏了原先固定的、和谐的生产生活秩序，此后，蒸汽发动机的使用，使得生产力水平迅速提高，进而大大地推动了社会阶级的分化。机器的使用导致了无产阶级的诞生：“工业的迅速发展产生了人们对人手的需要；工资提高了，因此，工人成群结队地从农业地区涌入城市。人口以令人难以相信的速度增长起来，而且增加起来的差不多全是工人阶级。”

值得注意的是，当时的英国政府也曾经对大量失地农民涌入城市深感头痛。例如，由于圈地盛行，大批无地农民流离失所，沦为流浪者，从而造成社会秩序的混乱，并影响国家的税源和兵源。为此，都铎王朝从亨利八世（1509—1547）开始颁布了一系列针对破产农民进城流浪的法令。这些法令以各种手段惩治流浪者，有鞭笞、烙印、割耳、卖为奴隶乃至处死。法国、尼德兰等国在资本原始积累时期，也曾颁布过类似的法令。而这些法令被马克思形象地称为“惩治流浪者的血腥法律”。

至于科学技术引进工厂生产，带给工人阶级的则是工作条件的恶化，“随着机器的使用，手的活动和肌肉的紧张逐渐被水力和蒸汽力所代替，于是就愈来愈没有必要使用男人了”。女工和童工被大量地适用于流水线一类的工作，而男工则被适用于强体力劳动的行业。

在劳动强度方面，受“恃强凌弱”伤害最重的莫过于最为弱势的群体——童工。恩格斯记录道：

“如果读到一件件的残酷得野蛮的事情，读到孩子们怎样光着身体被监工从床上拖起来，手里拿着衣服就在拳打脚踢下被赶进工厂，他们的睡梦怎样被拳头所驱散，他们又怎样在工作中呼呼睡去，一个在机器刚停住的时候就睡去的孩子怎样在监工的吆喝下惊跳起来，闭着眼睛重复平时的操作；如果读到累得走不回去的孩子怎样藏在干燥室的羊毛堆里睡觉，只有用皮鞭才能把他们赶出工厂；成百的孩子每天晚上回家时怎样疲倦到由于瞌睡和食欲不振而吃不下晚饭，他们的父母发现他们跪在床前，原来他们在那里祷告的时候睡着了……

“他们从六七岁或七八岁起就在狭小得令人窒息的屋子里每天工作十小时到十二小时。许多儿童被工作弄得疲惫不堪，逐渐虚弱下去，连最普通的家务事都干不了……对健康最有害的是挑花边的工作，做这种工作的多半是七岁，甚至是五岁或四岁的孩子……这种工作通常都得继续十四小时或十六小时之久。这样，在最好的情况下他们的眼睛也会变得非常近视，而在最坏的情况下（这是很常见的）就会因为黑内障而永远失明。此外，孩子们因为经常弯着腰工作，所以长大后身体很弱，胸部狭窄。

“运铁矿石和煤的儿童和少年都因工作太累而叫苦不已。……下面这样的事情是屡见不鲜的：孩子们一回到家，就倒在灶旁的石板地上睡着了；甚至什么东西都不能吃，父母得把睡着的孩子洗干净，抱上床去。孩子们常常疲倦得倒在路上睡着了，于是父母必须在深更半夜去寻找他们，把他们在睡梦中带回家去。”

而从事着繁重工作的工人的居住环境却极其恶劣，例如，《英国工人阶级状况》中写道：“根据习艺所监督的报告，可以想象这些区域的穷人的拥挤。他们说，1817 年在军营街，在 52 幢房子共计 390 个房间里面住了1 318个人，而在教堂街及其邻近的街道上，在 71 幢房子共计 392 个房间里面住了1 997个人……爱丁堡旧教牧师李博士在 1836 年曾向宗教委员会作证说：‘我从前在任何地方都没有看到过像这个教区的这种贫穷。人们没有任何家具，也没有任何其他的财产；常常是一间屋子里面住着两对夫妇。我在一天内看过七幢房子，里面都没有床，有些房子里面甚至连麦秸也没有，80 岁的老头们都睡在光地板上，而且所有的人都是不脱衣服睡的。’”

让我们看一看，政府的手工职工状况调查委员会委员詹·库·昔蒙兹是怎样描写这个城市的这部分的，他写道：“在我看到格拉斯哥的一片片像迷阵一样的小胡同以前，我不相信在一个文明国家里竟有这么多的罪恶、贫穷和疾病。在最下等的夜店里，一间屋子里面有 10 个、12 个，乃至 20 个人，有各种年龄的半裸或全裸的男人和女人，杂乱地睡在地板上。这些房子通常是这样肮脏、潮湿和破烂，甚至谁也不愿意把自己的马放在里面。

“小宅子都很破旧、肮脏，小得不能再小；街道坑坑洼洼，高低不平，大部分没有铺砌，也没有污水沟。到处都是死水洼，高高低低地堆积在这些死水洼之间的是一堆堆的垃圾、废弃物和令人作呕的脏东西不断地发散出臭味来染污四周的空气……”

工人们卑微的经济地位使得他们只能以最差的食物充饥。书中写道：“早晨市场上有的是最好的食品，但是等到工人来的时候，最好的东西都卖光了，即使还剩下一些较好的，工人大概也买不起。工人买的土豆多半都是质量很差的，蔬菜也不新鲜，干酪是质量很坏的陈货，猪板油是发臭的，肉又瘦、又陈、又硬，都是老畜的肉，甚至常常是病死或死畜的肉，往往已经半腐烂了。做工人生意的多半是些小商贩，他们收买次货，而且正因为是次货，所以才能够卖得这样便宜。”

恩格斯还有意识地引用了来自资产阶级立场的报刊资料：

“我是喜欢拉反对者来做证人的，听一听利物浦水星报（Liverpool Mercury）是怎样说的吧！商人和厂主昧着良心在所有的食品里掺假，丝毫不顾忌消费者的健康。……把黄油冒充新鲜的出售，不是在一块块的咸黄油上涂上一层新鲜的黄油，就是把一磅新鲜的黄油放在上面让人先尝一尝，在尝过以后却把咸的卖出去，或者洗掉盐再把黄油当作新鲜的出售。糖里面掺上米粉或其他价钱便宜的东西，照净糖的价钱出卖。制肥皂时剩下的废弃物也掺上别的东西冒充糖卖。咖啡粉里面掺上菊苣及其他价钱便宜的东西；甚至没有磨过的咖啡里也掺假，而且假货还真像咖啡豆。可可里面常掺有捣得很细的褐色黏土，这种黏土是用羊脂油搓过的，掺在真的可可里面简直看不出来是假的。茶叶里面往往掺上黄荆叶子及其他类似的杂物，或者把泡过的茶叶晒干，放在烧热的铜片上烘烤，使他恢复原来的颜色，然后当作好茶叶出卖。胡椒里掺上豆荚磨成的粉末及其他东西。葡萄牙红葡萄酒干脆就是假造的（用颜料、酒精等制成），因为大家都知道，单是在英国喝掉的葡萄牙红葡萄酒就比整个葡萄牙所生产的还要多。在市场上行销的各种各样的烟草里都掺上了各种令人作呕的东西。……把石膏粉或白垩掺在面粉里，就是其中常见的一种卑鄙行为。……工人每花一文钱都得盘算一下，必须以不多的钱买很多的东西，他们不能太注意质量，而且也不善于这样做，因为他们没有机会锻炼自己的味觉，结果，所有这些掺假的，甚至常常是有毒的食物都卖给了他们。”

这就是英国进入工业革命时的社会状况。正如恩格斯在《社会主义从空想到科学的发展》中所描绘的：“蒸汽和新的工具机把工场手工业变成了现代大工业，从而把资产阶级社会的整个基础革命化了。”但是，这一革命却带来了“惊人的社会恶果：无家可归的人挤在大城市的贫民窟里；一切传统习惯的约束、宗法制从属关系、家庭都解体了；劳动时间，特别是女工和童工的劳动时间延长到可怕的程度；突然被抛到一个全新的环境中（从农村到城市，从农业到工业，从稳定的生活条件转到天天都在变化的、毫无保障的生活条件）的劳动阶级大批地堕落了。”

二、西方现代文明是从不断“被丑陋”的泥坑中挣扎出来的

1892 年，当《英国工人阶级状况》一书再版时，恩格斯在“德文本第二版序言”中，写下了这样一些非常值得注意的话：“现在重新呈献给德国读者的这本书，最初是在 1845 年夏天出版的。……那时我 24

岁。现在我的年纪比那时大了两倍，但是当我重读这本青年时期的著作的时候，发现它并没有什么使我脸红的地方。因此，……我现在原封不动地把它重新献给读者……

“现在，这本书里所描写的情况——至少就英国而言——大部分已成为过去。现代政治经济学的规律之一（虽然通行的教科书里没有直接谈到这点）就是：资本主义生产愈发展，它就愈不可能采用它在低级发展阶段所惯用的那些小小的诓骗和欺诈手段。代表欧洲商业最低发展阶段的波兰犹太人的小小的骗人伎俩，那些使他们在本国获得巨大利益并为大家所通用的诡计，要是在汉堡或柏林，就完全对他们不利了。同样地——至少不久以前是这样——当一个经纪人（无论是犹太人或基督徒）从柏林或汉堡到曼彻斯特交易所时，他立刻就会看到：要想廉价购入棉纱或布匹，他必须首先放弃自己那套固然不算怎么笨拙但到底也很可怜的手段和诡计，虽然这些手段和诡计在他本国已经算是上等的商业技巧了。但是，随着大工业的发展，德国的许多情况也似乎改变了，特别是德国人在费拉得尔菲亚遭受工业失败以后，连那个规规矩矩的德国老观念也失去了一切信用，这个观念就是：只要先给人们送上一些好的样品，然后再把蹩脚的货色送去，他们就会称心如意。的确，这些狡诈的诡计在大市场上已经吃不开了，在那里时间就是金钱，在那里商业上的诚实已经发展到一定的水平。但这并不是出于伦理的狂热，而纯粹是为了不白费时间和劳动。

“大工业从外表上看来也更符合于道德要求。厂主靠着对工人进行小规模偷窃的办法来互相竞争已经不划算了。事业的规模已经超过了这些可怜的榨取金钱的手段；拥有百万家财的厂主发现了比在这些小算盘上花费时间更为重要的事情。只有那些为了免于在竞争中毁灭而不得不抓住每一文钱的穷小子才会继续搞这一套。这样，工厂区内的所谓trucksystem（实物工资制）便消灭了，国会也通过了十小时工作日法案和一大串更为细小的改良措施；……其次，霍乱、伤寒、天花以及其他流行病的反复不断地肆虐，使英国资产者懂得了，如果他不愿同自己的家人一起成为这些疾病的牺牲者，就必须立即着手改善自己城市的卫生状况。正因为如此，这本书里所描写的那些触目惊心的和见不得人的事实现在或者已经被消除，或者至少不那样刺眼了……”

然而，这一切进步，都是在以生命和鲜血为代价的残酷斗争中一点一点取得的。

例如，恩格斯在《英国工人阶级状况》（德文本第一版序言）中，写道："只有在大不列颠，特别是在英国本土上，无产阶级的境况才具有完备的典型的形式；而且也只有在英国，才能搜集到这样完整的并为官方的调查所证实了的必要材料"。

恩格斯还写道："英国的企业发展道路实际上也就是世界各国企业发展难以绕开的必经路程：'面对恶劣的工作环境和生活现状，工人从向政府请愿开始，组织工会罢工、捣毁机器，直到纵火、暗杀工厂主。'"

在《英国工人阶级状况》中，恩格斯收录了当时的一些暗杀事件："……在1831年的激烈工潮时期，曼彻斯特附近海德地方的厂主，年轻的埃士顿，一天晚上在田野里被人枪杀了，凶手没有找到。毫无疑问，这是工人的报复行为。纵火和企图进行爆炸的事件也经常发生。1843年9月29日，星期五，有人企图炸毁设菲尔德霍华德街厂主派金的制锯工厂。用来进行爆炸的是一根装满了炸药而且两段堵死了的铁管，损失是相当重大的。第二天，即9月30日，在设菲尔德附近设尔斯·摩尔的易卜逊刀锉工厂又发生了同样的事件……1843年10月6日，星期五，在波尔顿有人企图纵火焚烧爱恩司华斯·克伦普顿工厂，但没有成功，在短短的时期内这已经是第三次或第四次企图焚烧这家工厂了。1844年1月10日，星期三，在设菲尔德市参议会会议上，警察局长给大家看了一个专门用来爆破的生铁炸弹，装有4磅炸药，有一根烧焦了但已熄灭的引线。这个炸弹是在设菲尔德伯爵街基钦先生的工厂里发现的。1844年1月20日，星期日，在朗卡郡柏立地方的本特立·怀特锯木厂里发生了爆炸，爆炸是由扔到工厂里面来的一包火药引起的，损失重大。1844年2月1日，星期四，设菲尔德的索赫车轮工厂被人一把火烧得精光。……"

值得注意的是，恩格斯从历史发展的高视角写下了这样一段话："英国现在已度过了我所描写的资本主义剥削这个青年时期，其他国家却刚刚踏进这个时期。法国、德国，首先是美国……当然，美国工人阶级生活的外在条件跟英国工人生活条件是很不相同的，但是，无论在英国或美国，都是同样的经济法则在起作用，所以结果虽然不是在一切方面都相同，却仍然属于同一类。"

显然，恩格斯上面这段是高度宏观的历史总结，而其中有几处用词是至关重要的。一处是“资本主义剥削这个青年时期”，一处是几个主要的资本主义国家的工人“生活的外在条件……是很不相同的，但是……都是同样的经济法则在起作用”，一处是“我们也看见……我们也看见……”，还有一处是“同样是……同样是……同样是……”。

恩格斯还发现：“工业企业规模越大，拥有的工人越多，它每次同工人发生冲突时所遭受的损失和业务上的困难也就越多。正因为如此，在厂主中间，尤其是在最大的厂主中间，渐渐出现了新的趋势。他们学会了避免不必要的冲突，学会了承认工联的存在和力量，而且最后他们甚至还发现：罢工只要发生得适时，还是实现他们自己目的的绝妙方法。结果，最大的厂主们，过去曾经是和工人阶级作斗争的急先锋，现在却首先起来号召和平和协调了。”

1848 年，马克思、恩格斯发表了《共产党宣言》，《宣言》揭示出当时的资本主义制度没能解决其生产的社会化与生产资料的私人占有之间的矛盾，结果导致贫富差距悬殊、经济危机爆发等一系列严重的社会问题。提出了以暴力革命将生产资料的私人占有改变为社会共有的理念，寄希望于通过这种手段来解决诸多社会矛盾。但是，很快地，股份制公司等多种新的社会因素的出现不但使生产规模惊人地扩大，而且使得政府经营的企业变成了社会的企业或“公司的企业”，这就出现了社会直接占有生产资料的新形式。于是，在《共产党宣言》1872 年的德文版序言中，就出现了这样意义深远的声明与忠告：“……第二章末尾提出的那些革命措施并没有什么独立的意义。现在，这一段在许多方面都应该有不同的写法了。”

从 1848 年到 1872 年，这其中经历了 24 年，这 24 年恰恰是欧洲工业革命飞速发展、社会快速变革的 24 年，因此，从《共产党宣言》的两次出版时间考察，已经可以看出当年欧洲的精神文化转型实际上也就是“从野蛮转向文明”的基本特点，伴随着它的每一次“被丑陋”，欧洲社会随后就开始向“提高文明度”做一点移动，又因为“被丑陋”没有停止，“文明移动”也就没有停止，又因为“文明移动”始终没有停止，所以欧洲就像一只蜗牛似的，经过百年爬行以后，已经可以转回头来，对它当年顶礼膜拜的“东方睡狮”开始嘲笑了。

第九章　以人为镜：精神文化转型过程无不是“从丑陋转向文明”

转而从历史发展的角度考察我们的传统精神文化，还是不能不承认“亲情文化”和“等级文化”这两大文化特质为我们民族的生存与发展立下了汗马功劳。例如，在桃花源式的自我封闭的社会结构中，亲情文化维系着一个家庭乃至家族之间的情感，为他们提供着“打虎亲兄弟，上阵父子兵”的团结与合力，保证了他们对外能够独立存在于当时的社会。而“等级文化”则相对保证了对内的和谐稳定，“长幼有序”，每个人根据家族伦理，耳濡目染地就明白了自己在这个家族中的角色和地位并且不得僭越。

只是，这两大文化特质无论具有多么高度的合理性，它同时也存在着另一方面，即不合理性，尤其是我们民族一旦进入一个对外开放的新时代以后，尤其是当人们开始用新时代的标准来重新评价其一言一行中透露出来的价值标准时，两大文化内部深藏的不合理性就立即迅速上升、放大，进而显得丑陋。

一、关于我们的传统文化中种种“丑陋”的思考

提出我们的五千年古老文化中同时残存着不文明，这一观点也许有些刺眼，但是，从这一角度开始分析，恐怕还是很有必要的。

从现代社会开始，对“华夏五千年的文明史同时又是不文明史”持批判态度，并且也给全民族留下了深刻印象的，恐怕鲁迅先生要算是

很突出的一个。先生在他的《狂人日记》中，写下过一个振聋发聩的结论：“我翻开历史一查，这历史没有年代，歪歪斜斜的每页上都写着‘仁义道德’几个字。我横竖睡不着，仔细看了半夜，才从字缝中看出字来，满本都写着两个字是：‘吃人！’”

其实，对于中国社会中的种种不文明现象，早在几千年前就有人谴责了。就以被称为“世界第八大奇迹”之一的“秦始皇陵兵马俑”而言，以数量如此之巨大的兵马俑群阵来殉葬，从今天的眼光看去，宏伟壮观，令人称奇。而且，严格地说，以泥做的人形俑殉葬，对现实世界也并不会产生什么恶劣后果，无论怎么说也要比“用活人殉葬”文明了一大步。然而，早在用“俑”来代替活人殉葬之风初始，孔老夫子就愤怒地抗议道：“始作俑者，其无后乎？”他的“千古之骂”态度非常鲜明，尽管以泥俑殉葬比起上古的以活人殉葬已经“仁慈”了许多，但孔夫子仍然目不忍视。他几乎可以算得上高高举起了一面人道主义与精神文明的大旗！

到了汉唐以后，被不断发扬光大的是儒家鼓吹封建等级制的部分；到了程朱理学成为钦定正统的年代，忠君报国成了男人的绝对义务，“饿死事小，失节事大”成了女人的绝对律令，臣民为君主而存在，妻妾为夫君而存在，否则就连牛马砖石都不如，应当被消灭、被扫除。

在中国历朝历代的种种统治管理手段中，对人体（人性）实施伤害影响最大的，莫过于“女人裹小脚”，以及对要进宫当太监的男人进行阉割。

其次，在中国古代刑法中，天知道是什么人想出来的那些令人毛骨悚然的刑罚手段。这其中，最有代表性的莫过于司马迁的遭遇了。他在中华民族文化史上地位的崇高和他在现实生活中人格的低下，形成了极其鲜明的反差。他所接受的宫刑，使得他完全丧失了做人的尊严，在当时的社会中实在是活着不如死去。如果说，他为了完成《史记》撰写而忍受屈辱的一生，成了中华民族“忍辱负重”的最为形象的注解，那么，他置身于如此境遇下，坚持创造出中华民族永远引为自豪的文明成果，就可以视为“在灿烂辉煌的中华文明成就表象之下长期存在着的非人道的不文明手段”的一种典型代表。

种种丑陋的直接受害者，基本上可以分为两大类：一类是“亲情关系网”的“网外人”，另一类是“等级机制”中的位于下层者。对于这两类人，我们可以用一个现代概念一言以蔽之，叫作“弱势群体”。由此我们又不难明白，中国民族精神文化还有一个不太雅观的特点，那就是恃强凌弱。

不难认定，我们民族的传统精神文化体系在构建过程中确实存在着不文明手段。不仅如此，我们的精神文化在进行文明串接时，也因此而留下了不文明的痕迹。

例如，反思西方历史，如果不是专门研究者，恐怕很难记得西方的历代君王是如何传接政权的，但是人们不会忘记那个时代的文化艺术巨匠。就以古希腊的“荷马”为例，一个双目失明的诗人，凭着能讲故事的说唱本领“上传下达”了《伊利亚特》、《奥德赛》两部远古的文学作品，竟然如同“形象大使”一般稳坐在“荷马时代”的历史宝座上。至于欧洲各个民族在不同时代出现的思想家、画家、音乐家、文学家（包括专写给孩子看的童话故事的文学家）等，不论他们当时是荣耀还是寂寞，后世之人都给他们作出了认真的定位，以确保他们青史留名。相比之下，当时的国王、酋长们反倒一个一个地消失在历史的烟尘中了。

中华民族几千年的生存发展其实产生了更多的精神文化巨人以满足民族发展需求，但遗憾的是，由于多方面的原因，这些东方巨人中的绝大多数最终都没能像西方巨人一样，作为自己民族发展的代表，凸显在世界文化发展史中。

2004 年 8 月 26 日《南方周末》刊登该报记者朱强的报道《中国建筑第一家族“样式雷”传奇》，文章揭示了一个家族对于中华文明的奇迹般的贡献：故宫、颐和园、承德避暑山庄、天坛、清东陵、清西陵……中国五分之一世界遗产的建筑设计都出自一个姓雷的家族。这个家族（世称“样式雷”）在清朝（1644—1911 年）260 余年间，将北京皇室建筑师变成了自己家族的世袭职位。他们对于我们民族建筑文化的贡献是惊人的，但是，其命运的显赫与衰亡也是很有民族特色的——“样式雷”家族依附着清朝封建帝制而生活，却难以脱离大清朝而独立地“青史留名”，随着清朝封建帝制的衰亡其家族也衰亡了。2003 年，中国国家图书馆将馆藏样式雷图样申报“中国档案文化遗产”获得顺利通过；2005 年，又申报联合国教科文组织的“世界记忆遗产”，为了配合申报工作，将“清代样式雷建筑图档展”在中国国家图书馆展出，当今中国，如果不是国家的上述两个申报工作除了专业研究者外，又有几个人知道“样式雷”家族奇迹般的业绩呢？

由此我们可以反思，为什么我们民族在精神文化的成果方面难以尽数，却在精神文化史方面比较少见“巨人”姓名？例如，我们常常一开口就是，秦始皇修造长城，秦始皇修造陵墓，然而，人人都心知肚明，虽然中国的文化奇迹或精品多与当时的统治者关系密切，并且也多以当时的统治者命名，但是，从建造过程而言，长城、秦始皇陵与秦始皇本人其实没有关系，无须考证我们就可以知道，秦始皇既不会去画一张图纸，也没有去砌一块砖头。

但是当历史的记载把长城、秦始皇陵等统统归至秦始皇名下时，就同时漠视了一个重大事实，长城、秦始皇陵、敦煌的莫高窟、大同的云窟冈石窟、洛阳的龙门石窟，乃至故宫这些中华文明的奇迹创造的总设计师、总工程师是谁？

《史记·廉颇蔺相如列传》中写到了“和氏璧”的故事。说到楚人卞和在山里得到璞玉，献给楚厉王。厉王派了琢玉石的工匠去看，说只是一块石头。厉王以为他诈骗，砍去了他的左脚。厉王之后武王继位，他又去献璞，又被人认定为是石头，结果又被砍去右脚。武王之后文王继位，卞和抱着璞玉在山中哭号。文王派人来剖开了璞玉，果然得到了宝玉。

卞和的人生最终以喜剧结束。而卞和之所以能借助司马迁的笔进入史册，说穿了，并不是因为他是和氏璧的发现人（没有能像哈雷彗星的发现者哈雷那样，位尊史册），而是因其“以一生的精力和被砍去两只脚的代价，只求换得帝王（官方）对于自己的发现的认同”的悲剧角色，被司马迁当作故事写进了《史记》，这其实是一种更大的悲哀。

上文所述，显然都是我们这个民族向地球村前进、国人争取成为地球村村民时，在精神文化层面需要进行一番清除的内容。但是，一旦联想到本书上编中谈及的，普通国民连个人文明举止的陋习都难以改正，何况如此重大的精神文化要素呢？要完全改正还需要多少年呢？

二、"被丑陋点"正是国民精神文化优化的"起步点"

大家应当对这样的场景熟视无睹、见怪不怪了：在现今中国的公园里，人们经常可以看到这样的牌子，诸如"请勿践踏草坪"、"禁止折攀草木，违者罚款"等，当然，这是中国人在提醒自己了。只是，一百多年前就倍遭诟病的不良行为，至今仍然随处可见，这个问题恐怕真的非常值得我们反思了。

面对国内底层市民在与外部世界直接交往的过程中受到的非议，要想找到一个最为简捷的解释以应对之，莫过于普通国民的精神文明教育没有及时跟上这一理由了。因为他们自身确实存在着言行举止不文明的现象，只不过是过去没有充分暴露罢了。

事实也是如此。例如，改革开放以前，出国留学、出国经商、出国务工人员原本相对较少，他们在各自所在的行业领域往往就属于精英群体，一旦被选中出国，那就还要接受另外的专门培训，告知在国外应当明确的事项，显然，经过如此的选拔与教育，其在国外的表现理应文明得体。至于在国内工作生活的绝大多数老百姓，在他们的日常生活与工作、学习中，既没有与外国人直接交往的机会，更谈不上接受这一方面的教育、培训，以致在这一方面缺乏应有的礼仪知识，不懂得如何规范自己的言行，也是很正常的。

然而，改革开放的逐步深化，把出国务工、出国经商以及出国留学等直接与外国人打交道乃至于朝夕相邻的新的生活，快速地推到了普通百姓的面前。只要有条件，谁都可以走出国门，到另一个世界去成为外国人眼中的外国人，普通市民由于一时难以适应，难以迅速完成"社会角色转换"，或者说，他们的言行举止难免就会像在国内一样，这也就难免让外国人一时难以适应了。

应当引起注意的是，在日常生活中，当一个人的言行表现得比别人丑陋时，往往在表象之下其实深藏着他人可能不知道的原因。例如，一个人长期困居在一种困窘逼仄的环境中，他的心胸不够开阔、气质不够坦荡、言行不够高雅等，一般来说社会都会持以一种理解乃至宽容的态度。但是，一旦这个人进入另外一种生存状态，如社会角色发生改变，政治上有了地位、经济上有了实力时，若不时地暴露出旧时的陋习，或者不时地暴露出旧时的处事原则，社会就难免要作出另外的评价了。因为外部社会是直接依据你当下的社会角色与经济水平而不是过去的社会角色与经济水平来对你的言行举止作出评价的。同理，一个民族的成员如果其言行举止过多地表现出与现时自身社会角色、经济水平不相符的反差，当然也就难免时时处处让人对这个民族感到刺眼了。

由此不难明白，我们的国家形象越来越好，而国民形象却越来越“被丑陋”的根本原因，即无论是一个国家、一个民族，还是某一地域的人群抑或是个人，当他们在政治上没有强大起来，经济上没有富足起来的时候（例如，国家、民族还没有取得政治独立，经济上自己尚不能有效解决温饱，还需要接受外界援助），他们在精神文化方面的表现也是不太会受到外部世界过多地关注的，即使有一些不佳举止、不良言行，人们也会置若罔闻，不予关注。例如，街角处蹲着一个乞丐，当众脱下上衣在那里抓虱子，人们即使看见了，较多的反应也会是视若未见，扭头离开；但是，如果这个乞丐意外接受一笔遗产，于是从此西装革履出入于上流社会，但不幸未能及时与旧时的言行习惯彻底剥离，这时，人们就难免会厌恶、反感，期望他能够保持和他的身份相符的礼仪形象了。

一个国家（一个地域），经济实力增强了，物质水平提升了，其国民的社会地位大幅度提高了，社会关注度、评价标准和社会期望值也就相应提高了，而与此同时，其国民的精神面貌、风度气质却“习惯成自然”而一时难以同步提高，于是出现对比反差。有时候，这种对比反差还非常鲜明刺眼——对于这个问题，我们不妨称之为“物质文明水平提升与精神文化水平提升之间的不同步关系”。深入一步思考还不难发现，这种“不同步关系”还具有一定的哲学普遍性，无论是国家、民族，还是地域人群，乃至家庭、个人，莫不如此。

顺应着这种不同步关系，我们则不难理解，当中华民族长期处在“国势衰微”、“东亚病夫”的状况中，惨遭列强欺凌的时候，中国市民的言行举止究竟是俊美还是丑陋，外部世界其实是不太关心的。反之，伴随着中国无论在政治上还是在经济上都开始逐步强大，在国际事务中的角色也越来越重要，外部世界开始对中国人的言行举止问题评头论足，其实也就是非常自然的了。

由此我们不难明白，为什么中国越是走向强大，担负的责任也越是与大国形象相符，在世界上的评价似乎反而逆向发展，不仅“被丑陋”的现象越来越严重，甚至还频频出现“被妖魔化”的趋向了。对于这个问题，我们恐怕不能再以“因为有国际反华势力的存在”的说法继续一言以蔽之，而是更应当去思考之所以“被丑陋”的另一层原因。

首先，“被丑陋”其实不能简单地视为“被贬低”，它实际上也是“被重视”的标志。这就好像魔术师刘谦目前在大陆的遭遇一样，全世界有多少魔术师？他们的表演人人皆知有假，但是几乎没有人如影随形地盯住他们嚷嚷魔术师造假，更少见有人跟在他们后面处心积虑要戳穿他们的造假（至多不过在表演现场惊呼赞叹罢了）。刘谦的“被贬斥”其实正说明了他个人风格的“被重视”。随着我们这个民族在世界上的政治地位、经济实力的提升，外部世界对我们的文明素质与精神文化水平也在同时提升着要求，“被丑陋”就是一个外在标志。

其次，转换一个角度，欧洲国家的社会转型实际上也可以理解为“从野蛮转向文明”、“从落后转为先进”的过程。那么就不难理解，我们民族的经济基础从自然经济转向市场经济，精神文化从“桃花源”转向“地球村”，也必然表现为一个脱胎换骨的过程，表现为一个从“野蛮、落后”转向“文明、先进”的过程。需要强调的是，这一过程并不是一个“全盘否定传统文化”的过程，也不是一个“全盘西化”的过程，而应当是一个“扬己所长、弃己所短，取人之长、补己之短”的转型优化过程。转而从微观角度考察，我们每一次的“被丑陋”也就相当于一面一面的镜子，每面镜子都照出了我们应当立即改变的“丑陋点”，而我们对每一个“丑陋点”的清除，也就使得我们民族的精神文明又提升了一小步。而无数个“一小步”的累积，就意味着“积跬步以至千里”，就意味着最终实现民族精神文化的优化升华。

第十章　检讨反思：为什么“东方睡狮”会在丑陋中“昏睡百年”？

意识到我们民族精神文化的未来任务，那么，又有一个问题也就随之出现在我们面前。近百年来，中华民族一直饱尝着“落后挨打”的痛苦，而“东方睡狮论”却一直在缓解着帝国主义列强侵害所带来的痛苦。于是，“鼓动国民振作、唤醒睡狮反抗”几乎成了中国先知先觉的民族精英们的一项自觉承担的历史使命。然而，展现在我们面前的现实却是，从19世纪中期开始，我们的下层国民面对着上层精英们的理想教化，面对着“唤醒睡狮”的努力似乎始终就没有为其所动。于是，有人为此发出叹息，认为这是民族的劣根性使然，于是，又有人悲愤于下层人民的无知、麻木，进而又“哀其不幸、怒其不争”。

“东方睡狮”挨打100多年却始终没有醒来，原因究竟何在？这一点，不仅民族精英们时时关注，西方国家也在思考着。

美国著名历史学家斯塔夫里阿诺斯在他的《全球通史》中阐释了“遏制领先法则”，这一法则已经得到学界广泛认同。他认为：“在转变时期，那些最能被适应和最成功的社会要想改变和保持其领先地位也是最困难的。相反，落后和较不成功的社会可能更能适应变化并在转变中处于领先地位。”

斯塔夫里阿诺斯对比了东西方世界，他写道：“在公元500年到1500年这段时间里，西方是欧亚大陆的不发达地区，这种不发达较之中国的发达是一种优势，因为中国的发达成了抑制其发展的因素。……中国人认为他们的文明优于其他文明，他们将外国人视为‘野蛮人’，当第一批西方人出现在中国沿海地区时，中国人想当然地认为这些奇怪的‘大鼻子野蛮人’那里没有什么重要的东西值得他们学习。”

中国封建文化的核心是长幼有序，尊卑有别。这种文化有一个完整的体系，它包括了礼仪、思想、理论、观念、行为规范和处世哲学，甚至法律。蔑视皇权、夫权和父权的言行被认定悖逆、大不敬、不贤。孔夫子“君君、臣臣、父父、子子”的话就是法律，不以君之礼待君，就是犯法，就要被杀头！这个文化体系太精致、太完美，它维护了封建制度长达3 000多年，甚至在国家度过劫难之后，还能够长期散发着它特有的气息，发挥着它的作用。

应当看到，斯塔夫里阿诺斯提出的“遏制领先法则”，确实从文化的深层次揭示了历史发展的本质。精致系统的民族精神文化使得中华民族优越于其他民族，但是也正因为这一点，传统的民族精神文化又成了一种包袱，压抑着中华民族的历史变革精神。

但是，在帝国主义开始用炮舰语言敲打中国人，并且一敲打就敲打了100多年的过程中，“东方睡狮”醒了吗？遗憾的是，没有。

东方睡狮倍遭凌辱而“昏睡百年”，其根本原因究竟是什么？真的是因为“民族劣根性”，因为无知、麻木，置身于不幸之中却偏偏“不肯抗争”吗？

其实，就以这100多年来，中华民族的民族精英们一直试图“唤醒”百姓为例吧，今天看来，他们自己一直也没有弄明白，中华民族究竟是在哪一点上“昏睡”的，究竟应当从哪一点上开始唤醒睡狮，以及怎样才能有效唤醒睡狮？

一、民族精英群体唤醒“睡狮”时过于“一厢情愿”

2001年11月10日，中国经过长达15年的艰苦谈判正式加入世贸组织WTO，可是，条约签订后回首一望，诸多历史学家几乎同时发出了这样的感慨：原来210年前，英国马嘎尔尼勋爵前来中国的目的，就是通过展示英国的科学技术及军事实力，吸引中华帝国与其“平等地”互派使节，以期实现“自由贸易、协定关税”，在某种意义上，这也就是210年后，中国在申请加入WTO时，曾经与多个国家反复协商的问题。这可以说是一个送上门来的让中国走向世界并融入世界的大好时机，可是，中国由于听不懂自由贸易的语言而傲慢地关上了大门，“东方睡狮”面对着外界的呼唤，翻了个身，又继续呼呼大睡了。

不幸的是，中国从听不懂到终于理解自由贸易的语言，耗费了太长的时间，于是，在始终没有听懂的年代里，白白挨了100多年的打。对于这一段历史，清华大学历史系前主任蒋廷黻曾经言简意赅地总结道：“1840年以前，是我们对人家不公正，1840年以后是人家对我们不公正。”以前我们对人家不公正，说的是马嘎尔尼当年要求与中国“自由贸易、协定关税”，乾隆竟然只因为外夷不肯行双膝下跪大礼就横加拒绝；而以后人家对我们不公正，说的不仅是100多年来帝国主义在中国的横行霸道，而且还应当包括我们提出加入世贸的要求，对方条件苛刻，结果谈判进行了15年（2001年11月29日《文汇报》）。

尤为不幸的是，在一百多年里始终没有听懂自由贸易语言的，并不仅仅是目不识丁的普通百姓，还包括一百多年来的统治者和精英群体。

正如本书在上编中就已经写到的，19世纪时，中国和日本的留学生纷纷到西方留学，中国学生一个劲地学造炮造船，日本学生则学人文科学，比如法律、经济，也学自然科学。这两种不同的学习追求的明显差异，竟使得德国首相俾斯麦作出了这样一个预言：“日本渐兴，中国渐弱。”甲午战争前，中国的炮、舰强于日本，但是没过几年，日本就超过了中国。甲午海战竟不幸被俾斯麦言中。而当时以及现在的事实都证明，当年日本学生之所以既学人文科学，又学自然科学，不仅是为了日本民族走向全面强盛，而且因为他们当时已经听懂了自由贸易的语言，开始了从精神文化层面如何紧跟时代的“脱胎换骨”，而中国学生恐怕更关注的，还是如何实现“中学为体，西学为用”，如何“御敌于中华国门之外”，如何捍卫自给自足的中华文化传统不要受到外来文化的冲击。也许这就是“日本渐兴，中国渐弱”的内在原因吧！

再转而看一个例子，鲁迅先生的小说《药》中，革命者夏瑜在牢中动员牢头红眼睛阿义造反，就属于一种一厢情愿的理想化期盼。当他向阿义宣传“大清的天下是人民的”时，不但没有效果，反而被阿义打了两个嘴巴，当这件事后来在华老栓的茶馆里传开时，舆论的一致评价也是“夏瑜疯了”，显然，夏瑜的言行至少在当时当地就属于没有人理解的“自说自话”。其实，退一万步说，假使阿义听从夏瑜鼓动，起而造反了，或者放出了夏瑜并推选他为领袖一起造反，而且居然就夺得了大清的天下，结局又能怎么样呢？革命就真的能“成功”吗？至多不过又多了一个参与江山争夺的草莽英雄罢了。

在鲁迅先生的另一部小说《阿 Q 正传》中，面对着革命党人的宣传，阿 Q 将“自由党”按照浙江方言方音曲解为“柿油党”，其中表现出的，还是下层群众对于民族精英们的革命呼唤的完全不了解。

然而，小说中的情节却是历史的本质。在这一点上，“戊戌变法”中慷慨就义的谭嗣同就是一个非常典型的例子。据史料记载，变法后期，谭嗣同曾有三次安全脱身的机会。第一次是同朝为官的父亲的提前通风报信；第二次是在维新派大势已去时，梁启超劝他一同出走日本；第三次则是最后时刻，日本领事馆表示可以为他提供“保护”，均遭谭嗣同拒绝，并且坚决表示：“各国变法，无不从流血而成，今中国未闻有因变法而流血者，此之所以不昌者也；有之，请自嗣同始！”谭嗣同最终慷慨就义，确实堪称具有永久的人格魅力。可是，当他在刑场上留下“有心杀敌，无力回天；死得其所，快哉快哉”的遗言，满心希望能以自己的鲜血激励国人时，围观看热闹的阿 Q 群体中，有几个是将谭嗣同视为“同志”，又有几个是准备“继承其遗志”的呢？谭嗣同倒是为变法流了血，可是，中国因此而“昌”起来了吗？

由于精英群体缺乏对社会的贴切了解与对历史的准确把握，所以他们只能是一只眼睛向上看，将民族振兴的希望寄予“明主、明君”，希望他们能够接受自己的政治主张（“戊戌变法”就是一个非常典型的例子）；同时，另一只眼睛向下看，将下层国民视为自己的教化对象，而不是优化国民性的主力，但他们的教化标准设定，又只是照搬西方，这种完全无视经济基础而孤立进行的上层建筑变革当然也就难以成功了。

在 100 多年来的民族精英群体中，值得一提的人物是在 20 世纪初，曾一度享誉世界的平民教育家和乡村改造运动的创始人晏阳初（他曾于 1944 年在世界举行的哥白尼逝世 400 周年纪念会上，由欧美几百所高等学术机构评选为“现代具有革命性贡献的十大名人”，与爱因斯坦等人齐名）。晏阳初有着一个坚定的理念，那就是，拯救中华民族的万宝灵丹是读书识字，并计划用 5 年时间在全国普及识字教育。不仅如此，他言必行，行必果，毅然放弃了在美国耶鲁大学取得的学位，倾其一生致力于贫民教育，长达 69 年。

1929 年，晏阳初来到河北定县，这个地方后来成了遍及全世界的乡村建设运动的发源地。当时，晏阳初认为中国农民的问题主要是“愚贫弱私”，但是他发现单项的改革并不能解决问题，于是他逐渐摸索出了一套综合的农村改造方案。他从识字教育、生计教育、卫生教育和公民教育着手解决问题。他让农民在平民学校里接受简单的教育后，让他们组织成同学会。中国的历史上，农民第一次有了自发组织的社区活动，后来这些同学会成了晏阳初对农村进行改造的基础。

第二次世界大战末期，罗斯福总统提出了著名的四大自由论，晏阳初补充了一条，就是人民要有“免于愚昧无知的自由”。在说服蒋介石无效后，晏阳初来到美国找杜鲁门，杜鲁门说：“这些年来，我收到的每一要求都是帮助这个政府、那个政府。”他说晏阳初提出的是他收到的第一个帮助中国民众的计划。杜鲁门问晏阳初：“你看，这是一项悬在国会的议案，叫作‘1948 年援助中国经济’，其总额为 27 500 万美元。我准备建议所有这些钱都用于你的计划——这个为中国农民进行的平民教育和乡村改造计划。”

晏阳初大概一下子吓坏了，他忙说，我们不需要那么多的钱，我们有十分之一就够了。后来美国国会通过了一项叫“晏阳初条款”的议案，这是美国历史上第一次由一个外籍人士促使国会通过的一个拨款条款。

晏阳初在接受美国著名作家赛珍珠访谈时说：“我向全世界提出这么一个问题，请求解答。为什么不能团结所有国家、所有地区的人民以共同打击我们的敌人——愚昧、贫困、疾病和腐败政府呢?”晏阳初认为“明智的国家主义就是国际主义”，他说：“‘富有’的人民和‘富有’的国家必须认识到，只有当‘贫穷’的人民和‘贫穷’的国家满足了，你们才是安全的。”

本书之所以在这里特地提及晏阳初先生，想说明的是，晏阳初的一生是非常感人的，其从事平民教育的成绩也是辉煌的。但是，和他当年认为有 27 500 万元的 1/10 就能够解决中国的农民问题的观点一样，他认为改变中国现状的万宝灵丹就是读书识字，却很难说是把握准确的。

在中国，农民的“愚贫弱私”当然也是一个问题，中国的农民问题中当然存在着如何从文盲转向识字、从贫穷转向富裕的问题，但是，中国农民问题决不仅仅如此。新中国改革开放三十余年的发展历程已经证明，只能从经济基础全面改革起步，然后再在此基础上对民族精神文化体系进行改革完善，意识不到这一点，无论向农村投入多少钱，都不可能解决农民的问题，当然也就不能解决中国的问题。

二、民族精英群体唤醒“睡狮”时过于眼高手低

从鸦片战争以来，一代又一代的民族精英们一直“唤醒民众”，他们的崇高与伟大是不可否定的，但是，这并不能掩饰他们的历史局限性——他们自始至终都是把下层国民、普通民众视为被教育的对象，而不是精神警醒与民族振兴的主力。换句话说，当西方世界甚至不惜采用封侯加爵的手段鼓励其普通国民去向海外“发现新大陆”、不断地占领新市场时（例如，西班牙女王对哥伦布的加官晋爵），而中国的精英群体们始终在忧心忡忡于愚民的教化。

为了更清晰地把握对这一观点的认识，我们不妨先从对西方文化特点的认识开始。与东方文化相比，西方文化表现出两大基本特点：

首先，在西方的文化意识中，人不论社会地位高低，从来都是“一半是天使，一半是魔鬼”。西方从古希腊神话的人物开始，就并不在意道德形象塑造的完美无缺，例如，在西方的神系群像中，最高级别的神——宙斯，竟然是见一个女人爱一个女人的好色之徒，而他的妻子赫拉又偏偏是一个出了名的醋罐子，再加上其他诸神有心胸狭窄的，有出尔反尔的……于是在这个天上“神群”中，就鲜明地演绎出了如争风吃醋、钩心斗角等一系列“类人”故事。

相比之下，中国文化意识中，无论是在玉皇大帝、王母娘娘身上，还是其他东方诸神，人们都很难发现尘世凡人常有的私欲与缺点，而且几千年来，对于国民道德教化，也从来没有放弃过高标准的追求，如“非礼勿言、非礼勿视、非礼勿听”。时至今日，在我们的日常生活中，也随时可以发现对英雄人物或理想人物的私德方面的求全要求，例如，见义勇为之后最好还要悄然离去，然后由社会多方查找，终于找到以后本人还要推辞：“这是应该的，谁都会这样做的。”这样，人物形象才能趋向完美。再如一个人拾金不昧，那么，失主见面时一定要坚持重金相谢，而拾金不昧者一定要坚持到最后也分文不收，这样，双方的人格形象才接近完美。请看，道德标准的过高要求就把东方文化中“教化”责任大大加重了。

其次，在西方的文学、戏剧作品中，由于允许人物有“私欲”与“缺点”，这就使得成为文学、戏剧作品中的正面人物的“准入门槛”大大降低，于是，作品中就始终活跃着下层人物的动人形象，于是，这就又从文化的高度保证了下层人物形象在民族精神文化体系构建中的主体地位。

例如，公元5世纪到15世纪，欧洲历史上称之为黑暗的中世纪，但是，构成这个黑暗中世纪文学的四大板块中，除了教会文学、骑士文学、英雄史诗之外，还有一块，就是主要表现下层社会生活的城市文学。在城市文学中，下层人物形象道德水平可能不高，但可以凭着自己的聪明睿智而成为获得成功的中心人物，其中比较突出的就是当时的市民戏剧《巴特兰律师》。

在这个剧中，前一半的中心人物是巴特兰律师，他在生意清淡、生活捉襟见肘的压力下，从布商吉约姆手中成功骗得一块布料送给妻子，以减轻她的抱怨。但是，故事后一半，一个牧童出现了。他因为给布商吉约姆放羊却连饭都吃不饱，于是就在放羊时宰羊吃，结果被吉约姆发现并告上法庭，牧童来求巴特兰律师帮忙。巴特兰律师嘱咐他在法庭上只要一开口说话就学羊叫，以此来证明牧童的脑子有问题，结果布商吉约姆败诉。庭审以后，当巴特兰律师向牧童索要代理费时，牧童的回答是一声又一声的羊叫。就这样，牧童战胜了巴特兰律师，成了最后的获胜者——在这场闹剧中，人物之间只是在斗智，基本上不作道德上的评价。

进入文艺复兴初期，下层人物形象的精神面貌有了很大的提高。例如，在意大利人文主义作家薄伽丘的著名小说《十日谈》中，就出现了下层人物的美好形象。在第四天的故事“绮斯梦达的故事”中，女主人公绮斯梦达贵为亲王的女儿，却在围着自己团团转的贵胄人物之外，看中了出身微贱但是人品高尚、气宇轩昂的奴仆纪斯卡多，并与他缔结了一段真挚的爱情。在被父亲发现后遭到指斥时，她反驳道：“（你）该去埋怨那命运之神，为什么他老是让那些庸俗无能之辈窃据着显赫尊荣的高位，反而把那些人间英杰埋没在草莽里……我们人类向来是天生一律平等的，只有品德才是区分人类的标准。”亲王杀死了纪斯卡多，并叫人用一只金杯盛着他的心脏送给绮斯梦达，以让女儿死心，绮斯梦达向金杯里倒进自己亲手调制的毒药，一饮而尽，然后将盛着纪斯卡多心脏的金杯放在自己的胸口，坦然死去。在这部作品中，尽管真正动人的人物形象是绮斯梦达，但是，通过绮斯梦达表露出来的对下层奴仆纪斯卡多的赞美并以身相许，具有了非同寻常的意义。

至于到了几百年后的启蒙运动时期，下层人物形象就更为丰满动人了。例如，在博马舍的著名戏剧《塞维勒的理发师》、《费加罗的婚礼》中，主要人物费加罗就是一个处于社会下层的动人形象，他精力充沛、智慧过人，年纪虽轻却阅历丰富。这个人物形象在《塞维勒的理发师》中是理发师，因为同情罗丝娜，于是竭尽全力帮助追求罗丝娜的伯爵，战胜了令人生厌的霸尔多洛，成就了一段美满姻缘。而在《费加罗的婚礼》中，伯爵以主人身份变成了他的对手，他看到费加罗准备结婚，竟想恢复“初夜权”，也就是说，在费加罗的婚礼当晚，由伯爵以主人身份与新娘子共度良宵。费加罗当然不能同意，但又不能公开对抗。于是他巧使计策，以卑微的奴仆身份与拥有无限权利的封建主展开斗争，经过一番妙趣横生的情节发展，费加罗终于挫败了伯爵的企图，捍卫了自己的权益。

不难看出，正是西方民族精英们精心塑造了如此聪颖睿智的一代又一代的下层人物群像，在精神上认定了下层人民将是民族振兴和精神文化建设重任的主角。

但是，当我们把视线转向东方的文化舞台时，很难找到与纪斯卡多、费加罗相似的动人形象。由于历史的原因，在中国的传统文化舞台上，下层劳动人民似乎始终只有两种类型：一类是，虽正直善良但是却处于弱势地位，一旦遭遇横祸，只能是期盼统治阶级“青天大老爷”前来救危救难，如窦娥、秦香莲等；另一类是，虽然聪明睿智但是却完全没有个人追求，只是将自己完全献给了主人，例如《西厢记》中的红娘，她机敏过人，但只能算是一个完全效忠主子的奴仆形象（大致接近《塞维勒的理发师》阶段的理发师费加罗的水平，却远远低于《费加罗的婚礼》中的费加罗的思想高度）。

令人遗憾的是，这一现象其实直到近现代都没有发生根本的改变。例如，就以鲁迅先生的小说中的人物群像而言，阿Q、小D、王胡、祥林嫂、华老栓、闰土……显然，这样的人群只能是有待启蒙的对象，而不可能承担民族振兴和精神文化重建的重任。

下层人民以如此形象出现在民族文化舞台上，其结果只能导致一种恶性循环：越是以诸如此类的人物形象作为下层人民的代表，就越是找不到民族振兴与精神文化重建的主力；越是找不到民族振兴与精神文化重建的主力，就越是觉得启蒙教育的任务太重，民族精英们也就越是感到孤独，越是看不到希望，越是没有信心，越是感到“民族劣根性”的严重。显然，这种认识是不利于我们民族大步向前、快速赶超的。

三、东方睡狮“昏睡百年”的多角度思考

综上所述，我们不难看到，一百多年来，中华民族一代又一代的精英人物曾经非常执着于“唤醒国民”，并将此作为自己终生的事业，但是，他们最终都难免感到现实与理想之间相差太远，以至有人将此归因于“民族劣根性”，并对下层国民“哀其不幸，怒其不争”。

从今天的角度反思历史，我们看到，“东方睡狮”之所以一百多年也难以唤醒，主要原因有三个方面：

第一个方面是，一百多年来，人们对于“东方睡狮”究竟是在哪一点上开始“昏睡不醒”，其实并不是非常清楚，而且也还没有上升到必须改造与完善民族精神文化的高度来理解把握。

第二个方面是，民族精英们自身的种种原因，例如，经济地位、文化程度的差异，还有目标追求的差异等，都导致了他们与下层民众难以实现有效的沟通。结果，尽管“呼唤方”是倾心尽力，“被呼唤方”可能始终还不知道是怎么回事。

马斯洛心理学的指导理论告诉我们，每一个人在自己的人生历程上，实际所处的经济地位对于其思想与追求目标的具体设定是有影响的。就以新中国成立前上海的公园不让中国人进去的那个“华人与狗不得入内”事件而言，即使真的有这么一块牌子挂在了公园门口，这个牌子也确实足以让有进公园需求的中国人怒火难遏，但是，对于肚子饿得咕咕叫的乞丐来说，恐怕未必能在精神上产生多大的刺激。因为首先，他们可能根本就不认识字，甚至可能不知道自己也是“华人”，如果旁边没有人解释给他听，他们就不会知道、也不想知道那个牌子上写的究竟是什么意思；其次，他们还没有逛公园的热切需求，即使公园向他们敞开大门，他们也未必就有时常进去逛一逛的兴趣，因为逛公园无助于解决温饱问题。

同理，民族精英们写在日记、报刊文章中的对下层民众“哀其不幸、怒其不争”的叹息，下层民众们其实也是听不到的。即使听到，也未必能产生多大的激励作用，因为下层民众对于“不幸”的理解，与我们的民族精英们的理解不同，需求也未必一致，而他们所欲抗争的，与民族精英们希望他们去抗争的目标恐怕也有差异。就以鲁迅先生的小说《阿Q正传》为例，在其发表时，生活在社会底层的“引车卖浆者流”的读者有几个？

中国原本就是一个等级差异明显的社会，民族精英们（例如康有为、梁启超、鲁迅、胡适等人）相对富足的生活条件显然又扩大了这种等级差异，增加了与下层民众互相之间精神与情感沟通的阻碍，而在缺乏精神与情感沟通的情况下，期盼下层民众与民族精英们理想和目标的契合，显然是很难实现的。何况，民族精英们从理想主义的角度向下层民众发出的呼唤，本身就显现出一种缺乏对“经济基础与上层建筑之间的辩证关系”的了解，因而，这种呼唤即使被下层民众所接收并转化为他们的革命行动，也不可能真的推动中华民族到达理想境界的彼岸。

第三个方面是，一个民族的精神文化体系是在一定的社会经济基础之上形成的，二者之间具有某种内在的适应性。建立在以小自耕农经济为基础的经济体制之上的传统精神文化，在宗法制社会的小自耕农经济基础没有发生全面的根本性变革以前，民族传统精神文化体系凭借与经济基础的适应性关系而几乎不可能发生革命性改变。

这大概也就是“东方睡狮”昏睡百年而难以被唤醒的根本原因吧！

第十一章　举步维艰：精神文化优化之路山重水复崎岖坎坷

纵观世界各民族精神文化的转型历程，我们不难发现其大致遵循着两种优化规律，一种规律是在来自外部的打击下被迫转型，当然，“外部打击”的结果又可能有两个，一个结果是被硬打击至毁灭（例如，历史上曾经一度辉煌的文明古国在被侵略中灭亡，当然，即使被毁灭也可以解释为“凤凰涅槃”式的转型），另一个结果是在发展竞争落后的软打击中“绝地求生”，奋起而更新转型。

第二种规律则是起自社会发展推动的经济基础变革。经济基础改变了，上层建筑最终必须保持与经济基础相适应的本质特点，推动上层建筑（包括精神文化）开始适应性改变，例如，欧洲自地理大发现之后在工业革命推动下开始的精神文化优化。

两者相比，第一种规律可能具有速效的特点，全民族受外部打击的刺激，可以迅速达到某种反弹式的崛起状态，但应当看到的是，一旦打击消失则崛起状态可能渐趋消失以致恢复原状。而第二种规律往往具有长效性，可能一开始改变并不明显，但是步步深入，渐趋深刻，由改变发展成变革，再从量变转为质变。

我们民族作为世界文明古国之一，不知是有幸还是不幸，经历了多次来自外部（包括来自自身内部）的硬打击，却始终没有灭亡，而只是过多地经历了被打击而奋起，打击消除则又恢复原状的轮回。

只有在改革开放推进三十余年的今天，我们才能具体真切地感受到，两种优化尽管都是一个举步维艰的过程，但第二种规律目前正在推动国民个体从内而外地、渐趋深入地，尽管很多时候还是不自觉地迈开了精神文化优化的步伐。

一、传统精神文化一般是不会主动“优化”的

时至今日，尽管我们这个民族在经济和科学方面终于取得了令世界瞩目的成就，但令人遗憾的是，在民族精神文化层面上，至今我们似乎还没有真正起步，似乎还在坚持“以不变应万变”，时不时地还要重复一下阿Q的名言：我们祖上，比你们可阔多了，你们算什么东西！

切勿轻视阿Q这句典型的、顽固的、“以自我为中心”的名言背后的精神文化根基。大量的历史事实证明，任何一个民族的传统精神文化一般都不会主动觉醒而且主动思考如何变革，尤其是我们这个拥有数千年精神文化厚重积淀的古老民族。

随着历史的发展，当我们从一个新的时代角度，尤其是从市场经济的精神文化需求角度来反思在自然经济基础上形成的民族精神文化体系时，就立即会发现老祖宗传给我们的，其实是一个既博大精深、积累厚实，又良莠混杂、精华与糟粕共存的思想体系。而当我们想对老古董的“斑斑锈迹”做一点清洗时，就会发现这些锈迹也同样也是“坚不可摧”，且不说这些即使现在看来已经明显属于糟粕的成分（当初形成并逐步融入民族精神文化体系时，确实具有高度的合理性，没有这一点，也就不能成为民族精神文化要素），就说那些已经明显落后于时代的观点理念，何曾愿意主动放弃对民族成员的“制控”？远的不说，审视1919年“五四运动”至今的近百年来的反封建史，中国人除了“男人剪了辫子，女人放了小脚”，除了面对“天、地、君、亲、师”不再下跪磕头是确确凿凿的改变之外，从日常生活到精神面貌，传统精神文化又何曾准备“让出自己的地盘”？

在这里，笔者拟通过两个很小的实例来说明，即使已经被事实证明应当优化，而且还有强大的行政力量推动优化，但是传统精神文化体系的优化依然是一个举步维艰的过程。

第一个例子，康熙皇帝的“女子放足”圣旨4年无效。

传言女子缠足陋习约始于南唐李后主时期，元代的陶宗仪在《南村辍耕录》卷十“缠足”一节中写道：“后主有宫窅娘，纤细善舞，后主

作金莲，高六尺，饰以宝物系带璎珞，莲中作品色瑞莲，令窅娘以帛绕脚，令纤小，屈上做新月形，素袜舞莲中，回旋有凌云之态。由是人皆效之，以纤工为妙。由此知扎脚自五代以来方为。”

清朝一统江山后，在中原文化的影响下，八旗贵族的审美观很快发生了巨大的变化。汉族妇女的“三寸金莲”，也很快被满族皇族所欣赏，或公开纳妾，或金屋藏娇。在这种形势下，原本生就一对天足，并与男人一同游牧和劳动的满族妇女，也有很多人效法汉族妇女，给自己的女孩子缠了足。

与“弯曲如月”的美足相对应的是“金莲绣鞋”。汉族妇女的缠足绣鞋小巧精致，满族妇女穿的是足底略平的“花盆鞋”或者“马蹄鞋”。所以，八旗妇女的缠足方式与汉族略有不同，即将女孩子的脚缠成平板形，踩上“花盆鞋”后，长裙缠住脚面，走起路来，虽不如汉族妇女迎风摆柳，但多少也有婀娜之态了。

时尚的流行是飞快的。满族妇女的缠足很快蔓延成风，不少地区的满族妇女不但缠足，所穿之鞋也逐渐趋同于汉族的缠足妇女。史载清廷驻防广州军人的女眷，不但大多缠足，所穿之鞋也同汉族缠足妇女无异。

在满族妇女的天足敌不过汉族妇女的缠足，缠足陋习已经形成的情况下，1664 年正月，也就是在清朝一统江山的第二十个年头，康熙皇帝召集议政王、贝勒、九卿和科道官员会议，讨论禁止满族妇女缠足问题。与会大臣都认为缠足之风不可长，要制止满族妇女缠足，必须禁止汉族妇女缠足。于是规定自 1662 年以后所生之女，不论满汉，一律禁止缠足，“若有违法裹足者，其女父为官者，交吏兵二部议处。兵民交付刑部，责四十板，流徙；其家长不行稽查，枷一个月，责四十板。该管督抚以下，文职官员，有疏忽于觉察者，听吏部议处在案”。禁止缠足，这本来是一件利国利民的大好事，不料却遭到中下层满汉官僚，特别是汉族官僚的强烈反对。不少官僚上书反对禁止缠足，要求解禁。不少家庭不惜违法缠足，等到官府前来稽查，谎称孩子为 1662 年以前所生；也有不少贪官污吏假借缠足一事，抢夺豪富缠足家庭的房产田地。如此沸沸扬扬闹了几年，冤假错案出了不少，缠足也没有禁止住。1668 年 7 月，汉族官僚左都御史王熙再次上奏，请“酌复旧章，宽民间女子缠足之禁”。康熙皇帝见缠足之习禁而不止，为了表示尊重汉俗，下旨废除了缠足禁令。

康熙帝的禁止缠足圣旨就这样失效了。如果再将考察的视角往近代推，我们又发现，权倾一时的慈禧太后本人也同样是坚决反对女子缠足的，但是，她也同样未能结束女子缠足的历史。

这就是某种理念一旦进入精神文化层面以后所具有的强大制控力，即使是封建皇权，也没有办法与之抗衡，但是，当社会经济基础发生改变以后，“女子缠足”现象也就自然而然地消失了。

第二个例子，非典期间风行一时的“分食制”烟消云散。

2003 年，全球遭遇了“非典型性肺炎”（SARS），即非典的肆虐。根据世界卫生组织的最终统计报告，全球累计非典病例共 8 422 例，涉及 32 个国家和地区。全球因非典死亡人数 919 人，病死率近 11%。统计显示，中国内地累计病例 5 327 例，死亡 349 人；中国香港 1 755 例，死亡 300 人；中国台湾 665 例，死亡 180 人。

面对“非典”如此苛待我们这个民族，而且一传染就是传染一家，一死就死一家。又根据非典的传染方式，专家很快就找到了原因，原来中国人吃饭的传统方式是“共食制”（一家人分别用各自的筷子向同一盛菜、盛汤的器皿中夹取食物）。于是一时间，举国上下，纷纷接受了西方的餐饮模式——“分食制”，甚至在餐馆饭店也“无不分而食之”。现在，好几年过去了，非典的威胁早已成为历史，可是，如果再从餐馆饭店到家庭用餐作一番调查，除了餐馆的自助餐之外，哪里还能找得到“分食制”？早就恢复“共食制”了！

仅凭这两个实例，我们就不难看出精神文化体系的优化难度有多大，哪怕已经证明是过时的、落后的，只要当初形成这些理念的经济基础、社会环境依然如故，或者已经在改变但是还没有彻底改变，那么，这些观点理念就依然拥有着生命力。

这就不难理解，在我们这个民族，即使只是一个将“文化复古”转变为“文化复兴”的建议，要想实施起来也将是相当艰难的。在某种意义上，单纯的“文化复兴”就像农民锄草，只要这些杂草的根还扎在土壤中，它就会“春风吹又生”。

就以近些年来在我国文化领域的热闹景象而言，我们看到，被不断推出的仍然是一系列以“中学为本”的“固本”行动，一位接着一位的专家学者登上讲台，只是绘形绘色地“讲古”，几乎全然没有借题发挥的“论今”，只是一味地夸赞老祖宗留下的东西如何好，却罕见阐述老祖宗的遗产应当如何扬弃，以古为今用并推进创新。

这就无异于刻舟求剑了。我们这个民族即将从“桃花源”式的“堰塞湖”驶入通向“地球村”的新航道了，却不去思考如何以变应变，以适应未来的新环境，而仍然是一味强调以老祖宗在“桃花源”里留下的刻痕标志为行动指南去寻找治世良方，如此行事，怎能成功？

回顾100多年前，连鸦片战争期间入侵中国的帝国主义列强似乎也在努力地唤醒“东方睡狮”，他们利用战争中获得的赔款在中国办起新式大学，利用接受留学生来灌输新的文化理念。而我们民族也只有在那种一连串的战败压力下、实在走投无路的困境中，才硬着头皮开始向西方学习，一边学习一边还不时地嘟囔着：“中学为本，西学为用。”时至今日，只要我们民族进入“顺风扬帆”的发展境遇之中，就立即恢复“以自我为中心”，依然故我地对外部世界的关注缺乏兴趣。

由此我们则不难理解，我们这个民族，尽管拥有数千年的文明史，但是，历朝历代，无论是元朝、清朝，乃至日本帝国主义的入侵等来自外民族的打击，还是本民族内部“造反起义”式的改朝换代，都因始终没有涉及“生产力与生产方式”的变革，而致使我们的精神文化体系，始终深深扎根于小自耕农的自给自足的自然经济，代代相传，几乎没有丝毫撼动。

如此观之，我们就不难理解，已经进入21世纪的当代国人与“不知秦汉，无论魏晋”的古代桃花源中人相比，在精神文化层面，究竟有了多大的根本性转变呢？我们的政府官员，和当年自认为“天朝物产丰盈，无所不有，原不借外夷货物以通有无”的乾隆皇帝相比，在精神文化层面上，又拉开了多大的差距呢？

二、传统精神文化存在的合理性会排斥主动优化更新

一个民族的精神文化转型，一方面取决于这个民族的精英人物的精神文化是否实现了转型，另一方面更取决于这个民族底层国民的精神文化是否实现了转型。也就是说，如果不能及时完成身处社会底层的“小民”的精神文化体系的更新与完善，那么，我们这个民族将既难以摆脱“桃花源”的精神桎梏，又难以进入“地球村”的理想境界，“地球村

村民证”的领取可能将无限期地推迟。

面对传统精神文化体系的坚实存在与深远影响，我们民族要想成功转型为“地球村村民”，还面临着精神文化体系对普通国民控制力的反作用排斥。

在国人的老古话或俗话中，有一个耳熟能详的话语：“良药苦口利于病，忠言逆耳利于行。”只是，道理人人都懂，一旦转向现实生活，忠言一逆耳往往就“弃之如敝屣”，也就是说，在道理上，尽管人人都懂得，“被丑陋点”其实正是“优化”的唤醒钟与起步点，但是，一旦进入现实生活付诸实施并不容易，因为人们往往很容易地就会把“批评否定”混同于“反对自己”甚至视为“糟践污蔑”。

也许正是因为我们民族曾经在很长一段时间里都处于世界各国文明的水平顶峰，因而我们往往难以接受对国人野蛮、落后、丑陋的指斥，而更习惯于认定“我们祖上比你们阔多了”。

如果双方只是“人格平等”地各持己见，那还不是什么大问题。问题在于我们这个民族“君臣父子”、“上尊下卑”的精神文化理念与长达数千年之久的“自我中心”文明传统并存，这就难免形成一种听不进批评意见，而且很容易就会将原本是具体针对的批评意见上升为一般泛指的具有政治含义的“反对”。于是，因人废言导致拒绝批评，就暴露出听话人（往往多为位居上层者、有权势者）其实并没有理解，“被丑陋点”正是“优化”的唤醒警钟与起步点。

我国古典文学名著《红楼梦》第三十六回中，贾宝玉曾经有过一句名言：“人谁不死，只要死得好。那些个须眉浊物，只知道文死谏、武死战，这二死是大丈夫死名死节。”贾宝玉的这段话究竟应当怎样理解，自有评论家们去各抒己见。只是“文死谏，武死战”这 6 个字却颇为精准地点明了，在传统官场上，“以下对上”地提出批评同样也要冒失去生命的危险。这就足见尽管人人都懂“忠言逆耳利于行”，但是“忠言”、“逆耳”，有时候还难免话一出口，自己的脑袋就危险了。关于这一点，历朝历代此起彼伏的“文字狱”、“口舌狱”就不必赘述。就以新中国成立不久国内发生的“反右派”运动为例，几十年后反思，其中恰恰多的是“忠言”，而且这些忠言有的甚至并不“逆耳”，只是与主政者所思所想的高度不统一，于是，忠言者被戴上“右派分子”帽子，从此政治生涯结束。

深入思考，那些沦为“右派分子”的人固然人生发展折戟沉沙，但是受到更大损失的还是国家与民族。因为不准指斥“丑陋”，于是这些“丑陋点”不仅长期存在，而且“小洞不补，大洞吃苦”，久而久之，政策、体制方面的瑕疵逐步扩大为漏洞、缺失，甚至“千里大堤，毁于蚁穴”，形成灾难！

囿于篇幅，这些历史不再赘述，但是“忠言一逆耳就难免会被弃之如敝屣”，以致传统精神文化的优化进程至今仍然举步维艰，则是一个不争的事实。

与此同时还应当看到，一个新的文化理念开始萌生甚至确立了，也绝不意味着旧的传统理念随即自行消亡。种种现象告诉我们，无论新的文化理念多么先进正确，旧的传统理念仍然会在相当长的一个时期里依然存在，而且其对国民“精神制控力”依然强劲有力，有时候还会与新的文化理念对阵叫板。

我们不妨以奥运会——这个原“桃花源”普通居民与外部“地球村”村民共同参与、接触广泛的“面”为剖析点，尝试进行一番思考。

新中国正式参加奥运会，是从1984年洛杉矶奥运会开始的，从此开始，通过一届一届的比赛可以看到，我们的运动员在与外国运动员的交往中越来越得体（这同时也就意味着，“地球村文化”正一点一点地在萌生并日益成长），但与此同时也可以清晰地看到，“桃花源文化”又是怎样顽强地不肯退让，“步步为营”地死守着自己的领地。

具体地说，既然参加奥运会，就要遵守《奥林匹克宪章》，而据《奥林匹克宪章》中的“基本原则”指出，奥林匹克运动的宗旨是“通过没有任何歧视、具有奥林匹克精神——以友谊、团结和公平精神互相了解——的体育活动来教育青年，从而为建立一个和平的更美好的世界作出贡献”。

2012年7月28日，《三秦都市报》记者采访了1984年中国首次组团参加奥运会的举旗手王立彬，他就谈到第一次参加奥运会给自己带来的“观念更新”。在美国期间，他真切地感受到，真正的体育强国是“强”在它的体育覆盖率上。“奥运想告诉我们的绝对不只是赢。它更多的是想倡导一种健康积极的运动氛围，告诉我们不要只关注奥运赛场，还要参与到平时运动当中去。一个国家只有运动员好是没用的，要每个人都有好身体，才算得上是真正的体育强国。真正的金牌是百姓的健康。”王立彬还认为：“似乎对于中国老百姓而言，能拿到奥运的‘第一’就是体育强国了。一个国家的体育水平并不是由金牌数量决定的。别看中国每次参加奥运会都能拿到不少金牌，其实，我们国家真正的体育水平并不高。”

于是，从1984年到2012年，在一届又一届的比赛中，我们可以看到国民在精神文化层面上的两种理念的鲜明对立。一方面是以王立彬为代表的理念开始露头（包括姚明等人关于体育见解的发声），开始将国际体育界的理念逐步引进中国，但是，这些观点往往多见于媒体，而且多是由精英人物发出，比较理性。另一方面我们看到，洛杉矶奥运会上，在许海峰为中国队拿到第一块金牌证明中国人水平不低的强刺激下，举国上下为之欢呼雀跃，为之热血沸腾。由此开始，竟然从“成者王败者寇”的传统文化中派生出一种“以金牌论成功”的精神文化要素，而这种文化要素很快也就演变成一种“金牌崇拜病毒”，在某种意义上甚至可以说，这种与奥运理念相反相克的“病毒”在2008年北京奥运会时甚至发展到了顶峰。

2008年北京成功举办了第29届奥运会，其辉煌之处举世瞩目。奥运会上中国夺得金牌51枚、银牌21枚、铜牌28枚，总共100枚；美国夺得金牌36枚、银牌38枚、铜牌36枚，总共110枚。

中国在金牌总数上超过美国，当然是一件值得高兴的事情，但是素来非常在意国外评价的国人立即注意到，在美国的媒体上，竟然不是按照金牌总数而是按照奖牌总数来排序的，这样一来，在美国的多家媒体上，中国始终只能排在第二位。于是，国内有人愤愤不平，有人撰文指责“美国媒体搞猫腻”，“美国人脸皮厚，为了排名第一竟偷换概念，在自己的网站上不以金牌而是奖牌数额排座次，以掩饰美国已经降为金牌数排名第二的尴尬”。

如果这是个别人的说法，当然不值得多加评论，但是问题在于，素来拥有“胜者王败者寇”、“以成败论英雄”的精神文化传统的国人心态，克制不住地还是要通过各种方式显现出来。2008年8月12日，在北京奥运会男子50米手枪决赛中，谭宗亮获得铜牌，记者却问他：“你奋斗了二十多年，参加了四届奥运会，却只获得了一枚铜牌，你不觉得有愧于祖国吗？”请看，这简直就不是在采访，而是怒火难平的责难了。3天之后的8月15日，在女子个人全能比赛中，中国队的杨伊琳获得铜牌，大家表示庆贺，而有人立即在百度帖吧里发帖子质疑：大家为什么都在这里庆祝铜牌，而没有人遗憾丢了金牌！

这就难怪杜丽在痛失射击首金之后掩面而哭了，而且这更让中国队的外籍教练感到困惑。中国在女子佩剑赛中获得奥运会亚军之后，来自法国的外籍教练鲍埃尔一方面表示，银牌虽然不免遗憾，但中国女子佩剑在过去一个奥运周期中取得的成绩有目共睹。奥运银牌已经是个巨大成绩，对于中国女佩队，对于他本人，都有很重要的意义。但与此同时，他也发表了另外一种感受，他说他很不明白，女佩团体赛一剑之差输掉决赛拿了银牌，为什么观众甚至还有队员都觉得很遗憾而不是感到高兴。他说，觉得似乎是丢了金牌而不是赢得了银牌。

问题到此并没有结束，就在奥运会还在举行中的 8 月 23 日，温家宝总理在北京中南海紫光阁会见了美国劳工部部长赵小兰女士。会见中，温总理对美国支持中国举办奥运表示感谢，同时祝贺美国运动员在这次奥运会上取得的良好成绩。温家宝总理明确说道，你们的奖牌总数还是第一名。按说，国家总理对这一事件的表态应当足以平息这一“孰为第一”的争议了，可是这样也不行，据中国新闻网报道，对于温家宝总理的这一番话，有人立即进行另样理解，认为这是温总理对美国人的“含蓄的讽刺”，因为明明是中国第一嘛！

2012 年 7 月 31 日，《中国青年报》发表严辉文的署名文章，写道：“中国青年报社会调查中心同期通过题客网和民意中国网，对全国 31 个省（区、市）5 834 人进行的一项调查显示，62.8% 的受访者在持续关注伦敦奥运会。而金牌崇拜正在淡化，相比金牌数，78% 的公众更重视中国奥运健儿赛出风范，国人最期待看到中国运动员胜不骄败不馁、赢得漂亮和敢于竞争。”请注意，这里的一个用词是，金牌崇拜心理正在“淡化”而不是“消解”。

确实，在媒体以及网络上，关于金牌的理性见解越来越多，而“追究金牌丢失”的声音越来越少，但是这并不能阻止人们在实际行动中表现出来的依然是“金牌崇拜病毒”在身。就在金牌崇拜意识被“淡化”的现状下我们看到，伦敦奥运会第一天，当为中国夺得首金的射击运动员易思玲高高站在舞台中间，被聚光灯与鲜花包围时，她身边获得铜牌的喻丹却无人理睬。比赛结束 6 小时之后，备受冷落的喻丹在微博上写下这样的话：“对不起，我尽力了。”喻丹的话更像是对大家说的，在轰轰烈烈的首金攻势中，“成王败寇”的理念依然如故，没有获得金牌就等于失败，于是喻丹——一个将上届冠军埃蒙斯甩在身后的人，居然还要对国人说“对不起”。而在7月30日的举重比赛中，只获得一枚银牌的吴景彪在赛后接受记者采访时，情绪激动，对着摄像机连鞠三个躬，并发出悔恨的哭吼：“我有愧于祖国，我有愧于中国举重队，有愧于所有关心我的人，对不起大家!”

转到国内，同样的鲜明对比也在迅速蔓延。在金牌得主的家乡，人们掀起了庆祝的狂潮。首枚金牌得主易思玲的家乡湖南郴州桂阳县，大大小小的祝贺条幅出现在易思玲家所在的小区，她曾读过的学校……至少有一整队身穿整齐制服的鼓乐队在广场上表演，庆祝易思玲夺金。当晚，由桂阳县委、县政府组织，在桂阳最大的欧阳海广场燃放起了烟花，据说足足持续了一个多小时。至于易思玲的家人，则早已不堪“骚扰”而“失踪”了。对比鲜明的是，在夺得女子400米混合泳铜牌的湘妹子李玄旭家中就清静多了。李玄旭的父亲向记者透露：“玄旭的比赛是凌晨2点多，当时家中也有几个亲戚朋友和记者跟我们一起看，总共七八个人吧。看完比赛和颁奖仪式，大家聊了几句，就散了。”李玄旭夺得铜牌之后，“没有放鞭炮，也没有拉横幅”。小李的母亲已经到了北京，准备接从伦敦抵京的李玄旭：“在北京倒两天时差然后回家，没什么特别安排。”

仅在奥运会这一个“文化点”上，我们就不难看到，从“桃花源”到“地球村”的民族精神文化转型，将有多么漫长的路要走!

三、管理强势难以遏止“短平快”地推进精神文化优化的冲动

我们这个民族具有全世界最为悠久的教育强势传统，从《三字经》开篇的“养不教，父之过，教不严，师之惰”开始，我们这个民族就始终把“教育与教化”置于极为重要的地位。

只是，在过去30年的计划经济时代里，我们固然在理念上极为重视全民“教育与教化”的历史任务，却不幸用错了“处方”。我们在“大政府”的统一领导下，用军事化的快速推进方式，一个运动接着一

个运动快速地进行民族精神文化的优化提升，却没有认识到，精神文化的转型不仅需要以经济文化生活的相应改变为坚实基础，而且更表现为一个全民精神文化浸润的过程。

打一个通俗的比喻。中国民间有腌咸菜以备不时之需的传统，而有过腌咸菜实践经验的人都知道，用1斤盐腌7天的咸菜与用7斤盐腌一天的同数量咸菜，二者的效果是完全不一样的。但令人遗憾的是，在新中国成立之后的前30年里，我们误认为可以通过用7斤盐腌一天咸菜的“短平快”来取代用1斤盐腌7天咸菜的“长透慢”，例如，我们用斗私批修——“狠斗私字一闪念”来快速提高全民“大公无私”的水平，我们通过把雷锋塑造成为“共产主义战士”来提升全民“共产主义世界观”的水平，此外还有以“过革命化春节”的宣传来推进“移风易俗”……长达数十年之久的全民努力，不能说行为不认真，不能说态度不虔诚，但是最终，文化大革命的10年磨难证明了“运动式优化”民族精神文化的失败。只是，尽管历史已经反复证明了这个规律，但社会管理方仍然难以遏止“短平快”地推进精神文化转型的冲动。

河南周口3个月平坟200万座，党员不带头开除党籍。报道称，2012年3月，周口市委、市政府发布的“1号文件”《关于进一步推进殡葬改革的实施意见》提到，全市基本农田现有坟头300多万个，占耕地3.5万亩。文件要求，用3年时间完成农村公益性公墓全覆盖；火化率100%；彻底遏制偷埋乱葬和骨灰二次装棺；不再出现新坟头，逐步取消旧坟头。为了让农民平坟，周口出台了免费火化、公墓建设等殡葬惠民政策，规定：每具遗体600元的火化费用由财政承担，并免费提供骨灰盒以及遗体接送等服务；全市规划建设3 130座农村公益性公墓。为推动平坟复耕工作，商水县组建了县殡葬改革执法大队，专职开展殡葬改革执法活动。执法大队的招聘人员有一部分是退伍兵。与此同时，商水县还组织督导组，对各乡镇（场、办、区）殡葬改革各项任务进展情况督导。对于完不成任务且排名后三位的单位，第一次，县里对党政正职诫勉谈话；第二次，将降职半格使用；第三次，将就地免职。而每平一个坟头，村民可获200元。有村干部称，他们村里三天两头就会迎来县里宣传平坟的队伍，后面还跟着挖掘机和推土机。

可是由于种种原因，平坟遭到农民的抵触，最终，政策被迫作出让步修订。2013年2月间，一则报道再次传遍国内各大媒体：《河南周口用数月平坟百万座，新规一出一夜恢复所有坟墓》。记者通过调查称，“周口圆坟”是许多周口人春节期间遇到的最快乐的一件事情。新浪微博网友@洛阳杜康说，周口市200万坟头在龙年的一场平坟运动中荡然无存，而蛇年春节至今还不到一周，200万坟头重新隆起挺立。所有的暴戾都抵不过传统的柔韧，所有的争议都烟消云散。正如一位前媒体人士的评价：农民以自己的智慧，保存着自己对祖先的信仰。

显然，仅此一例就不难明白，传统精神文化的转型有时候并不是一个是非正误的分辨过程，也不是一个利弊权衡的取舍过程，它是一个民族在同一环境中代代相传的价值标准与生活方式为了顺应新的时代条件的生活而作出的调适演变。由此进一步思考更应当不难理解，只有顺应着社会经济基础变革推动传统精神文化出现适应性的调适演变，才是严格意义上的传统精神文化的转型。

第十二章　千年远望：中华民族将怎样入籍“地球村”？

如果我们把“地球村”的村民文化等同于跨越国家、阶级、政党等理念制约的国际公民文化，那么，不难想象，下降一个层次，就应当是受到国家、阶级、政党等理念制约的国家公民，再往下一个层次就是经济上有一定实力、政治上有一定地位，并且能在需要时发挥一定的能量影响的大市民，再往下就是可能在政治上也没有什么地位的小市民，再往下，大概就是对国家、社会影响力更小的居民、臣民了。

而按照欧洲从中世纪开始的历史划分，其国民的人格成长历程恰好是，从某一地域的居民、臣民（中世纪的城邦国家）开始，继而出现以经商为其主要职业，并且越来越对参政议政有兴趣的小市民，再继而出现拥有较强经济实力并且有一定政治地位的大市民，再发展至国家公民，最后出现国际公民。

关于“国际公民”，从理论上说，首先应当是一个合格的（或优秀的）国家公民，但是，其心胸、眼界可以超越国家界域、民族见解的桎梏，而以人类公认的“正义、公理”为自己的追求乃至可以为之献身的目标。

一、只有全民意义上的改革开放才能唤醒“东方睡狮”

1949 年 10 月 1 日，毛泽东代表中华民族向全世界宣告：“中华人民共和国成立了！”从这一天开始，随着历史一步一步向前推进，中华民族不但终于以一个统一的国家形象伫立在东方，而且一步一步地改变了“一穷二白”的落后面貌，一步一步地在政治、军事、文化、体育等多个方面焕发出青春和力量，直至在国际舞台上拥有话语权，迫使当年的列强再也不敢“小瞧中国”。这一觉醒过程可以一直延伸到1978年。

今天，当我们回顾这一段历史时，仍然不能不真切地感到，新中国的成立曾经给世界带来一种什么样的震撼，尤其是与历史的过去相比。旧中国不仅在政治上受欺负、军事上吃败仗、经济上也任列强宰割，而1949年中华人民共和国的成立，则成了中华民族忍受凌辱的时代一去不再复返的标志。

然而，细致分析这一阶段，政治觉醒对于全民族来说，还只能是部分机体的苏醒——我们民族在精神文化上并未完全清醒。所谓并未完全清醒主要表现为政治形势已经长期稳定（已经坐稳了江山），但是，整个国家还保持着战争时期的特点，老是觉得身边暗藏着形形色色的敌人，老是在追求下一场对敌斗争（政治运动）的胜利。于是，在国内，以过于频繁的政治运动持续地清除人民内部的“异己分子”；在国外，一厢情愿地划分敌友界限，“重政治、轻经济”，进而演绎出一场又一场的自我设定的“敌人一天天烂下去，我们一天天好起来”的辉煌局面。而在经济上，在“劳动人民当家做主”的“政治觉醒”的召唤下，过久地以“人定胜天”的臆想为指挥棒，以“人多力量大”的蛮干追求经济发展的高速度，最终适得其反。

在这一阶段，尽管很多人觉得中国已经是“醒狮”了，但实际上，全体国民在精神文化上似乎还处于“被叫醒”的状态，并没有自己的自觉意识。他们按照上级的指示，被动地投身于一个又一个的全国规模的集体行动。最终，由于多方面的原因（国内过于频繁的政治运动内耗，国际上负担过重的政治经济外交支出等），国家与民族没能实现严格意义上的经济腾飞，与国外的文化交流也多局限在以意识形态为主导的社会主义阵营内部。也就是说，由于在这一阶段，新中国在经济硬实力与文化软实力等诸多方面并没有得到充分的发展，因而在某种意义上，还不能认定为已经迈开向强国挺进的步伐。对于这一段历史，我们可以说，中华民族最大的成功表现是在国际舞台上逐步拥有政治话语权，而且在近现代历史上，第一次以国家形象凸显了内在的政治觉醒。

以1978年的改革开放为起点的经济觉醒。举国上下开始认识到“贫穷不是社会主义”、“落后就要挨打”，由此推动我们这个民族开始放弃已经绵延数十年之久的“勒紧裤腰带干革命”、“越穷越革命”的理念。越来越多的国人不再迷恋“铁饭碗”，开始勇敢地转向自主决定人生，于是，个体户、专业户开始涌现，“跳槽”、“辞职”、“下海”越来越被视为平常行动，越来越多的人在理念上被催醒了自主意识。民营企业、股份制企业，以及民办教育、民办医院等如雨后春笋般涌现。国家开始富裕起来，国民开始富裕起来。

从此，新中国开始从“大政府小社会”向“小政府大社会”迈出历史过渡的步伐。这一过渡的标志性特点，则是以“长三角地区”、“珠三角地区”、“环渤海湾地区”等“城市经济圈”为标志的经济发展的地域崛起。应当看到，这种地域经济形象的多元化涌现，并不是国家“自上而下”的行政结构重组，而是市场经济“自下而上”地向纵深发展的规律性推动使然（美、英、日、法等经济发达国家无不各有其“城市发展经济圈”，例如，美国不仅有以纽约、洛杉矶、芝加哥为代表的三大都市经济圈，而且还有一批非都市经济圈）。这种经济圈的结构标志之一，就是“圈”内的对等地域之间，经济发展实力与水平大致相近，因而可以齐头并进、共创辉煌。

“地域经济圈”之所以能够被看作市场经济意识“自下而上”推动使然，还有一个重要特点，那就是这些“经济圈”不同于国家设定的“华东区”、“华南区”等行政区划。在这些区内，基本上没有上级任命的“主政官员”，圈内的集体活动则往往是由本地域组成单位的主管官员“轮流坐庄”，这就充分地表现出市场经济以经济发展的实力与水平为内在依据的特点。而且，这些“经济圈”往往直接对外开展“招商引资”等多种活动，更表现为一种对传统的“行政管理区划”对经济发展束缚的突破，而国外的商人也往往根据自己的经济实力与发展特点自由选择自己下一步事业拓展的地域位置。

换言之，以“长三角地区”、“珠三角地区”、“环渤海湾地区”等为标志的“地域经济圈”的涌现，彰显的是我们这个民族的经济意识觉醒——整个民族开始进入经济发展阶段。

这一经济意识觉醒显现的成功标志之一，莫过于2008年金融危机在全球爆发后，世界各国对于中国“出手救助”的高度期盼，尽管表达这一期盼的各类角色各有其目的与需求，但是，中国改革开放三十余年积聚的经济能量开始对世界发挥影响，并且在世界各国各民族中深入人心，这是一个不容忽视的事实。

第三阶段则是以2008年的北京奥运会为起点，同时在2010年上海世博会形成一个巨大亮点，那就是中华民族终于开始向世界凸显其文化的觉醒。

所谓“文化觉醒”，是一个看似可有可无，实为不可或缺的、显示这个民族是否真正开始走向全面觉醒的重要标志。

考察世界各大国或强国的发展史，无不遵循着一个“以国家形象凸显政治意识觉醒—以地域“经济发展圈”发展凸显经济意识觉醒—以城市形象的个性化发展凸显文化意识觉醒”的基本规律，西方国家从来就有以城市形象独立面对世界的传统（世博会、奥运会和世界杯等全球三大顶级盛事中就有两个是以举办城市命名的）。而中国从2008年北京奥运会到2010年上海世博会，再到今后的以城市为地域标志的经济、体育、文化盛会，都将是中国从“以多民族统一的国家政权形象到以城市为标志的多元文化形象”的升华，进而彰显现代国家不可或缺的文化软实力的重要一步。

一个民族或一个国家，只有既在国际政治舞台上拥有话语权，在世界经济领域具有影响力，精神文化上又能够和其他国家民族进行平等交流，才能说得上是真正开始走向强大。

应当强调的是，相对于政治觉醒以政治家的理论水平为引领标志，经济觉醒以企业家的实践水平为引领标志而言，一个民族的文化觉醒，则表现为一种全民觉醒（以包括底层市民在内的全民觉醒为标志），“千里之行，始于足下”，“不积跬步，无以至千里”，这将是一个水滴石穿的千年呼唤过程，是一个更为漫长的推进过程。

毫不夸张地说，只有完成了全民意义上的（以包括底层市民在内的全民觉醒为标志的）第三阶段的精神文化觉醒，我们这个民族才能成为一个真正强大的民族，才能成为一头真正的醒狮。

这就是水桶原理或者叫作木桶短板原理所揭示的——民族精神文化觉醒的历程的艰难！在这个觉醒层面上，一定只能是以全民觉醒为标准，否则，无论这个民族中有多少人已经达到很高的水平，只要出现一个例外，那就像一只盛满了水的木桶突然出现了一个小洞，于是桶里的水立即向外漏，并且将一直漏到这个小洞所在高度的水平面才会停止。

显然，一个重大的历史任务就这样出现在我们这个民族面前，无论是愿意也罢、不愿意也罢，也无论是主动也罢、被动也罢，随着中国改革开放的逐步深化，怎样更新与完善我们的民族精神文化体系，进而推动全民族的精神文化觉醒与提升，已经成为无法回避的历史任务。而这个任务的重中之重，则是怎样在全民意义上更新与完善我们的下层市民精神文化。因为，不管这种文化是否只在社会下层徘徊，还是已经向社会上层弥漫，如果不能完成这一历史任务，我们就很难在全民意义上取得“地球村村民”的合格证。

二、“东方睡狮”的觉醒将是一个细密、漫长的过程

一个人、一群人、一类人或一个民族的个性特点、精神气质的形成其实自有其形成的理由与依据，而且主要表现为对其生存环境的适应。因此，只要置身于原环境中，就很难对其精神气质提出“丑陋”指斥，而且，即使他自己也承认“丑陋”，但有时要想改变也会很困难。然而，在改革开放的大形势下，原先的生存环境已经发生天翻地覆的变化，这就导致“桃花源”精神文化得以长期存在的合理性依据已经被动摇并在逐步瓦解之中，显然，最终必然形成与新兴的“地球村”相适应的地球村精神文化。而国民性（国民精神文化）研究的现实价值或指导性意义其实并不仅仅在于如何振聋发聩地发出呐喊，而更在于如何把握时机、因势利导地顺势而行，既不过急也不迟缓地推进民族精神文化更新与完善的步伐。

要知道“东方睡狮的觉醒”需要多长时间，恐怕还是要再次明确两个问题。

第一个问题，什么样的觉醒才叫觉醒？

回顾中华民族在世界民族之林中的地位变迁，也许是因为过于长久地位居“顶级俊美”或者是“被俊美”的状态，结果导致过久地不思进取，于是落后并且很快陷入“被丑陋”的泥坑。与此同时，又因为习惯于“被俊美”而难以接受指斥“丑陋”的批评，结果在受到“丑陋”的指斥时，潜意识地会反唇相讥。

认真思考这种“互相丑化、互相排斥”的现象，其实是有其合理性的。因为我们的传统精神文化并不是不文明，恰恰相反，它不但属于人类精神文明体系，而且还曾经在相当长一段历史时期里，引领着人类的精神文明。因此，除了一些具有反思意识的精英人士之外，在整个国民心理上，往往很难形成“自我批判、自我扬弃”的心理，由于民族精神文化对于生活地域、生存方式的适应性、合理性并没有完全消除，在国民心理上也很难产生“自我批判、自我扬弃”的动力。

其实，转换一个角度，只要我们认识到，人类文明本来就是一个从低级阶段向高级阶段不断提升的过程，一个不断“变丑为美”的改造过程，被认定为“俊美”又怎么样呢？被认定为“丑陋”又怎么样呢？如果我们因为被“俊美”而故步自封、不思进取，那么很快地，今天的“俊美”就有可能转变成明天的“丑陋”；反之，只要我们勇于奋进，扬己之长补己之短，那么，现存的“丑陋”明天就可能被优化而变得“俊美”。因而，无论是被“丑陋”还是被“俊美”，真正可怕的是一方面拒绝批评，一方面继续孤芳自赏或呼呼大睡。

因此，只要我们看到，从农业文明向工业文明发展或转型，不仅是文明的提升，更是一种不可逆转的历史发展的必然。那么，就应当不难理解，中国的改革开放，就绝不仅仅是“从小农经济转向商品经济”、“从自然经济转向市场经济”的单一经济结构的转型，随之而来的，不仅是这个社会构成必将逐步发生适应性转变，而且国民精神文化也将逐步发生适应性的优化。这个优化升华的过程，就是一个“扬（美）弃（丑)”的过程，有人指斥我们“丑陋”，就说明我们存在着需要改进的不文明之处。

我们看到，实现全民族的精神文化优化与升华，进而实现民族精神文化的转型，“变丑为美”，不外乎两种方式。一种是“自上而下”的，由率先觉醒的精英群体对国民进行教育启蒙；而另一种则是“自下而上”的，从社会底层国民自己顺应社会生活的改变中一点一点地自我感悟、自我调适。宏观把握，两种形式都不可或缺，但是深入思考，两种形式的效果却大不相同。

“自上而下”的教育启蒙往往具有很好的声势效果，形式上轰轰烈烈，但是，真正见到效果的，往往是紧随精英人物的“准精英人物”、“次精英人物”。尤其是那种比较单一的教育启蒙灌输，对于绝大多数底层国民来说，教育启蒙内容如果与他们的现实生活联系不够紧密，往往是受教育归受教育、过日子归过日子。在某种意义上，这也就是百年“东方睡狮”难以唤醒的内在原因。

而“自下而上”的自我感悟、自我调适，则往往微波细浪，有时甚至难见涟漪。但是，由于改变的推动力来自国民对身边现实生活的具体感知，是一种自我调适、自我矫正，有很强的主动性，所以这种改变一经出现，往往不会逆转。但是，这种“自我调适”、“自我矫正”往往需要借助环境的改变、生活的改变。

同时，这也就告诉我们，曾经被我们的民族精英群体痛心疾首的因“国民劣根性”而难以文明教化的问题，其实并不在于国民性自身的“劣”，而在于其生长的环境与生存、生产、生活方式，基于经济基础决定上层建筑的发展规律。曾经的难以教化，根本原因在于经济基础没有改变，相应的上层建筑（包括精神文化）也就难以改变。也就是说，只要改封闭为开放，进而形成养育“地球村村民”的经济基础，就会自然而然地（尽管可能是缓慢地）萌生并养成“地球村村民”文化。这也就是“橘生淮南则为橘，生于淮北则为枳”的根本原因。它同时也提醒我们，由于生存环境与生产、生活方式而导致的人的精神文化的变化，有时看似不过是不起眼的细枝末节，但是往往都会像春笋破土而出那样，随之而来的则是其强大的生命力。

第二个问题，民族精神文化从优化到升华需要多长时间？要阐释这个问题，我们不妨再看一个来自国外的实例。

[案例 12－1]

据《中国新闻网》2007 年 6 月 15 日报道（作者：任成琦），2007 年 6 月 8 日，加拿大第一个由华人筹组及主导的政党——民族联盟党（NAP）在温哥华正式宣布建党。该党于 4 月 16 日正式在温哥华所在的卑诗省注册，目前有 20 名创党党员，主要核心人物都是近年来自中国大陆的新移民。该党领袖人物陈卫平表示，民族联盟党鼓励少数族裔人士参政，将在适当的时机推荐优秀的候选人，以“集体参政”的形式，参与加拿大的市、省政治选举。

在我们这个民族，向海外移民古已有之，但是，海外华人多的是个人经过奋斗进入所在国的政界，而少见以组建政党形式在所在国参政议政，加拿大第一个由华人筹组及主导的政党——民族联盟党（NAP）的创建不可小视。

文章分析称，现今华人在海外参政已经不是什么新鲜事，各种当选的利好消息不断传来，但离真正的政治融入还有很长的一段距离。

政治融入难，首先难在角色的转变。在海外，华人有时候被看成是有些怪异的“经济动物”。他们大多只顾埋头做买卖赚钱，两耳不闻窗外事，政治和选举离他们非常地遥远。

海外华人面临的合法权益受损的问题日益突出，比如华人店铺突然遭到搜查、居留申请旷日持久、治安环境恶化、货物不明不白遭窃等。事实表明，华人仅仅追求经济收入是不行的，只有从政治上融入才能保障自身利益。“一个国家的少数族裔没有政治地位是非常可怕和危险的事。不管你有多少个大学校长、多少个诺贝尔奖得主、多少个亿万富翁，都无济于事。”曾经出任美国劳工部财务总长的华裔莫天成，点出了政治融入相对于经济和文化融入所具有的不可替代的作用。

如今，海外华人群体正逐渐觉醒，走在由打拼经济转向竞选参政的融合之路上，陈卫平他们正是这样一个缩影。而民族联盟党的成立，更让加拿大华人受鼓舞的，是改变了华人长期依附（所在国）主流政党参政的局面。

陈卫平表示，过去他曾经在部分场合听到“中国人一盘散沙”的言论，刺激他自组政党的决心。而政党的成立，给了在加华人一个“抱团”参政的平台，大家可以扭成一股绳，劲往一处使，喊出维护华裔自身权益的声音。

华人在海外建有无数的“唐人街”，其实他们心中也有个“唐人街”，就是“各人自扫门前雪，莫管他人瓦上霜”的封闭观念，守着自己的一片田地不愿意走出来融入当地社会。事实上，冷淡正是华人参政的心理“拦路虎”，只有突破才有出路。

19 世纪末美国通过了歧视华工、让华裔备感屈辱的《排华法案》，而百余年后的今天，沧海已变桑田，美国劳工部长一职正由华人担任。加拿大华人近年来通过团结努力、踊跃参政，最终唤起举国上下的良知，平反了同样超过百年的“人头税”案。越来越多的事实表明，华人的政治融入已经取得了一定的成绩；但是，综上所述，百尺竿头，他们还需要继续努力。

已经移民海外的国人从“寄人篱下”、“一盘散沙”地自己顾自己的求生存，到为了求发展的政治觉醒，终于在海外开始建立华人政党，这一觉醒过程尚需受到西方文化浸润达百年之久才算有所动作。我们就应当不难理解，为什么东方睡狮的“精神文化觉醒”必将是一个更为漫长的发展过程了。

三、民族精神文化的转型将逐层次螺旋式上升

综观当今世界，第一，从政治角度看，尽管以国家为单位组成不同阵营的世界大战正在越来越远离我们，但是在局部地区发生的政治纷争却一直此起彼伏，而联合国组建的“维和部队”在越来越大地发挥作用的同时，也在淡化着国家、民族的传统概念；第二，从自然角度看，沙尘暴、臭氧层空洞、“温室”现象、地震，以及2004年印度洋海啸等巨大灾难，也在推动人们超越国家、民族等政治理念，在“地球村”的理念上构建新的跨越国际的人际关系；此外，人类在征服外太空以及攻克疾病顽症、打击不法行为等方面，也越来越需要跨越国界的联手合作……伴随着这一历史发展趋势，必将有越来越多的人跻身于“国际公民”的行列，并在此基础上形成新的精神文化——“地球村村民”的精神文化。

“地球村村民”究竟是个什么样的形象，眼前恐怕还难以具体描画，但可以预测的是，在他们的思想意识中予以更多的关注的，将是全人类的利益与发展，也就是说，他们将更多地以全球和谐的平等意识、人与自然的协调意识等，作为自己的精神境界的主要构成。

而人类就将在这样一个从低级阶段向高级阶段不断前进的“螺旋式上升”的进程中，由“市民化”向“公民化”，接着再向自己发展的“更高阶梯”——哲学意义上的“自由人”一步一步地前进。

需要强调指出的是，人类社会是否已经进入“一个更高的阶梯”，并不是由置身于这个阶段中的人自己贴标签来主观认定的，而应以能否保证（而不是压抑）人格真实完美地自然显现、能否保证以“每个人的自由发展成为一切人的自由发展的条件”为客观标志，这也是马克思关于人类社会发展命题的科学价值之所在。

用这一螺旋式上升的阶梯来度量中国人的“地球村村民”成长之路，不得不遗憾地指出，和欧洲人相比，可能还要在“居民”、“臣民”的层次之下，再增加一个封建色彩鲜明的“子民”层次。所谓“子民”层次，也就是以“天”、“地”、“君”、“亲”、“师”为跪拜对象的“君叫臣死，臣不得不死；父叫子亡，子不得不亡”的“臣”、“子”层次，因为这一时期在中华文化史上为时过于久远，所以，很多人难免会在心理上留有“子民”的刻痕而不自知。但是，如果不能将这一时期的文化刻痕清除，则“地球村村民”文化就难免留下残缺与遗憾，实际上也就难以进入“地球村村民”的层次。

如果将2008年北京奥运会、2010年上海世博会作为我们民族开始“文化苏醒”的标志，应当指出的是，光有起点标志是不够的，重要在于要有持续发展内容。而令人欣喜的是，当今国人，无论是身在国外还是身在国内，“东方睡狮”开始关注大小事件，终于开始“文化苏醒”了。

一个显然的事实就在眼前，改革开放以来，我国几乎以平均每天消失一个自然村的速度进行着人口大迁徙，与此同时，以“北（京）上（海）广（州）”为领衔城市开始，各大、中、小城市人口剧增（尽管究竟应当怎样评价这一城市人口剧增，而农村人口急速下降，属于另外一个问题，这里不做赘述），仅以近代中国发展史而言，这一变革之深、之透，对普通国民精神触动之细、之广，却是辛亥革命乃至抗日战争，再至新中国建立以后所发动的各种政治运动都难以实现的颠覆性的变革。

中国的社会经济基础被改变了，原本在此基础上绵延千年的传统精神文化理念就被动摇了，由此开始，我们这个民族就真正迈开了保持头脑清醒地关注精神文化优化的步伐。“被丑陋点”很自然地就被逐步转换为精神文化优化的“起步点”。

值得注意的是，伴随着国内改革开放的向纵深推进，“地球村文化”意识也开始在基层社会出现了。

［**案例**12－2］

如果不是改革开放，恐怕很少有国人知道世界上还有“无国界医生”这个组织。

中国网2004年11月23日报道《内地首位女“侠医”三赴非洲》（记者：曾湘婷）。报道称，所谓“无国界医生”组织（Doctors Without Borders，Medecins Sans Frontiers——MSF）于1971年12月20日在巴黎成立，是一个由各国专业医学人员组成的国际性的志愿者组织，是全球最大的独立人道医疗救援组织。“无国界医生”组织的宪章是，无国界医生的救援行动无分种族、政治及宗教，目标为受天灾、人祸及战火影响的受害者提供援助。“无国界医生”严格遵守国际医疗守则，坚守提供人道救助的权利，并且保持中立不偏的立场，同时要求在进行救援行动时不受到任何阻挠。“无国界医生”组织曾经于20世纪90年代进入中国，在10多年里参与国内多个省份数十次赈灾行动，只是后来，随着中国内地防灾抗灾能力不断提高以及政府不断采取适当措施，“无国界医生”组织介入国内赈灾行动逐渐减少。

然而，伴随着“无国界医生”组织在国内行动的减少，中国人却开始参加进去了。

王娅，原本是云南省昆明市的一名中学英语教师，有一个幸福、温馨的家庭。1998年，师范大学英语系毕业的王娅在一次偶然的机会下加入“无国界医生”组织，负责后勤和行政工作。

自2002年开始，王娅先后三次远赴医疗系统崩溃或设施严重不足的发展中国家，展开她形容为“生死置之度外”的海外救援工作。她虽然不是医护人员，因而只能在“无国界医生”组织中负责统筹救援计划、管理资源人员以及理财。她知道自己迟早要退出这一组织的活动，但是作为首名参与“无国界医生”组织海外救援工作的内地女性志愿人员，她对这段人生经历感到无比自豪和骄傲。她说，“无国界医生”组织在内地的知名度相对较低，但她会通过各种渠道去推动自愿救援事业的发展，让更多人知道在世界的某个角落，正有一大堆人等着救援。她鼓励有志者加入“无国界医生”组织。

王娅的行动令人不禁想起为中国人民抗日战争献出生命的国际主义战士诺尔曼·白求恩。当然，眼下就在这两人之间画等号显然是不恰当的，但是，应当看到，王娅的工作与白求恩大夫在中国所从事的工作的性质是一样的。

王娅的行动在某种意义上其实可以看作是一个标志，它不仅标志着一个改革开放后的中国正在越来越敞开胸怀面对世界，而且还标志着中华民族精神文化确实已经开始在进行更新，正在从传统的“桃花源”心态向“地球村”心态过渡。

其实，王娅的行动正在日渐一日地淡化着新闻价值，因为在中国，它已经越来越不再令人惊奇，而越来越被人们看作是自然而然地寻常事件。

［**案例** 12－3］

2005 年 3 月 10 日《上海晨报》报道《探访赴泰国潜水志愿者》（记者：王大鹏）。报道称，2005 年，印度洋发生海啸。大灾过后，泰国受灾的海岛附近海域，大量的杂物、垃圾，包括数米长的木头、铁片，几十公斤重的铁板、铁桶以及碗口粗的缆绳被卷入海底，海岛旅游胜地变成了海底垃圾场，必须及时清除。

于是中国志愿者一行 18 人应邀赴泰，完成清除海底垃圾的任务。这 18 名志愿者，分别都有着至少 6 年的海底潜水救捞经验。不仅如此，这次中国“蛙人”的作业、生活、雇人产生的所有费用全部由中国买单，连工作用的母船和小快艇也是蛙人们自己花钱租的。经过整整 10 天的紧张工作，中国赴泰国海啸灾区潜水志愿者队伍圆满完成了泰国受灾海域的清理工作，打捞上来的垃圾装满了 29 条船，美丽的海岛又可以开始接待客人了。

［**案例** 12－4］

中青网 2006 年 9 月 5 日报道《团中央、商务部将招募上百名志愿者赴海外服务》（记者：钟志敏）。2006 年 9 月，又有一条新闻没有引起似乎应有的轰动。共青团中央青年志愿者工作部、商务部援外司、援外青年志愿者工作联席会议办公室联合发布消息：从 9 月份起，相关部门计划招募 150～200 名中国青年志愿者到亚洲、非洲、拉丁美洲国家服务。招募人数超过以往 4 年的总和，援助项目包括汉语教学、中医治疗、农业科技、体育教学、计算机培训、国际救援等多个方面。

诸如此类的现象标志着一个重大的精神优化正在我们的身边悄无声息地发生。尤其值得关注的是，这些变化的表现主角是普通国民、普通百姓，而不是传统意义上的精英人物，因而才更具有“文化苏醒”的价值，而本书之所以将此称为“苏醒”而不是“觉醒”，仅仅是因为“苏醒人群”还不够人多势众而已。当这些几年前还可能是特大新闻的消息在今天却越来越不再具有新闻价值时，它意味着我们民族在精神文化层面确实在发生着更新，意味着我们正在向“地球村文化”迈步。因为，当今时代，一个民族的成员尤其是普通国民，如果在国内能够坚持自立、自强，在国外，能够保持自尊、自信，且能平和善待外客。同时，身处陋室而能眼观世界，“先天下之忧而忧，后天下之乐而乐”，保持对外部世界的关注，与外部大环境和谐融洽，那么，他离成为“地球村”的合格村民也就不远了。

后　记

我原本并不是从事社会研究的，也没有想到自己会在退休后反而乐此不疲地开始了中华文化与国民性研究。追究成因，只因为自己工作所在的上海嘉定区成了全国社区教育实验区以后，有关领导希望我能去帮他们在论文撰写方面“把把关、润润色”（就这样，2003 年在自己 55 岁时，我也就知道了世界上还有“社区教育”，中国还有“社区教育实验”）。

因为个性顶真，我坚持要研究社区教育，必须先要知道社区是怎么回事。没想到对社区越研究越有味道，不到两年，写成了《中华文化与中国社区》。

《中华文化与中国社区》完稿并于 2005 年交由暨南大学出版社出版后，也没见社会上有什么反响，但却实实在在成了我研究社区教育的行动指南。2013 年，该书在出版 8 年之后被国务院侨办采购，分送世界各地孔子学院、中文学校作为建立中文图书馆的指定藏书。这实在是国家给了我一个意外的殊荣。而此时，我早已因为《大国小民——中国市民精神解剖报告》等书在 2011 年的接连出版，沉浸于国民性研究的乐此不疲的状态了。

在《大国小民——中国市民精神解剖报告》的写作过程中我又发现，当前中国国民在面向世界时所表现出的种种“丑陋”，其实不过是由于被过于久远地置身于“桃花源”式的对外隔绝的封闭环境中，现在突然进入“地球村”这个开放的环境，难免会在众目睽睽之下表现出一种手足无措的狼狈。而那些备受社会广角关注的“丑陋点”，其实正是从“桃花源居民”转型为“地球村村民”的优化起步点，于是，又写成了《从大国小民到富国强民——国民精神文化转型指南》。

在终于决定将书稿寄交出版社之际，我不由得想起19世纪英国诗人雪莱的《西风颂》里的名句：“西风已经来了，春天还会远吗?”据说就该诗的中文翻译，还有过一场关于西风的内涵论证。因为由于地理方位的原因，英国的西风实际上应当理解为我国的东风，即冬末春初的“暖风”。因而，雪莱的名句“西风已经来了，春天还会远吗?”正确的理解应当是：“暖风已经来了（冬天已经过去了），春天还会远吗?”而不应当是：“寒风已经来了（冬天快要到了），春天还会远吗?”

然而，由于民族精神文化体系的优化必将是一个漫长的过程，由于“东方睡狮”的觉醒必将还会持续存在着一个“唤不醒—开始苏醒—拒绝苏醒—再唤醒—拒绝被唤醒—终于觉醒”的反复过程，我在这里借用《西风颂》里的名句倒还是宁愿将西风的理解选用偏冷的含义（例如，还难免“倒春寒”，而不是“从此温暖”）。只是，尽管是“料峭春寒”，“东方睡狮”毕竟苏醒了，从此开始，觉醒就将是一个不再可以逆转的过程，国民在未来的“地球村”里，必将成为一个合格的优秀村民！

在本书即将付印之际，我接受了华智库首席专家的任职聘书，这是一家由华图教育集团创办的为政府提供咨询和研究等公共服务的民间智库。看来，我的国民性转型研究以及社会教育研究的项目还将持续下去了。

刘伯奎

2014年4月写于上海嘉定寓所